中華文化促進會主持編纂

國家“十一五”重點圖書出版規劃項目

中國社會科學院哲學社會科學創新工程學術出版資助項目

出品人 王石 段先念

今注本二十四史

金史

一六

傳〔七〕

元 脱脱等 撰

張博泉 程妮娜 主持校注

中国社会科学出版社

金史　卷一一一

列傳第四十九

古里甲石倫　内族訛可　撒合輦　强伸　烏林荅胡土
内族思烈　紇石烈牙吾塔

古里甲石倫，隆安人。[1]以武舉登第。[2]爲人剛悍頗自用，所在與人不合，宣宗以其勇善戰，[3]每任用之。貞祐二年，[4]累遷副提控、太原府判官，[5]與從宜都提控、振武軍節度使完顏蒲剌都議拒守不合，[6]措置乖方，[7]敵因大入，幾不可禦。既乃交章論列以自辨其無罪，[8]上惡其不和，詔分統其兵。

[1]隆安：府名。原名黄龍府、濟州、隆州，貞祐初升爲隆安府，治所在今吉林省農安縣城。

[2]武舉登第：金科舉兼采遼、宋之法，亦設有武舉，中第者稱武進士。

[3]宣宗：廟號。金朝第八任皇帝，即完顏吾睹補，漢名珣。1213 年至 1223 年在位。本書卷一四至卷一六有紀。

[4]貞祐：金宣宗年號（1213—1217）。

[5]副提控：亦稱副總領。金末招募義軍，以四萬户爲一副統，兩副統爲一都統，都統之外另設一總領提控，原爲從五品，後升爲四品。副提控是總領提控的副佐，從六品。1971年，在陝西省西安市出土一方金末"義軍副提控印"（見景愛《金代官印集》，文物出版社1991年版，第214頁）。　太原府判官：太原府屬官。主管紀綱總府衆務、分判兵案之事。從六品。太原府治所在今山西省太原市。

[6]從宜都提控：都提控意爲總提控。本書卷四四《兵志》載，金廷南遷之後，"沿河諸城置行樞密院元帥府，大者有'便宜'之號，小者有'從宜'之名"。都提控前加"從宜"，意爲有相對的自主權。　振武軍節度使：主管鎮撫諸軍防刺，總判本鎮兵馬，兼代州管内觀察使事。從三品。治所在今山西省代縣。"振武軍"，本書卷二六《地理志下》作"震武軍"。　完顔蒲剌都：女真人。本書卷一〇三有傳。

[7]措置乖方：軍事布置違背常規。

[8]交章論列：即一章接一章的連續上奏。

未幾，遷同知太原府事。[1]奏請招集義軍，[2]設置長校，各立等差。都統授正七品職，[3]副統正八品，萬户正九品，千户正班任使，[4]謀克雜班。[5]仍三十人爲一謀克，五謀克爲一千户，四千户爲一萬户，四萬户爲一副統，兩副統爲一都統，外設一總領提控。[6]制可。

[1]同知太原府事：即太原府同知，爲太原府尹副佐。正四品。

[2]義軍：軍名。金宣宗南渡以後，金蒙戰爭的規模日益擴大，正規軍已經無力全面承擔起抗蒙重任，於是開始實行募軍，稱爲"義軍"。

[3]都統：武職。金初以三百户爲一謀克，十謀克爲一猛安，

猛安之上置軍帥、萬户、都統，都統是高級軍事指揮官。金末義軍亦設都統，但僅爲正七品。1972 年，在河南省密縣徵集一方金末“義軍都統之印”，印背刻“天興元年行部造”（見景愛《金代官印集》，第 167 頁）。

[4]千户：武職。即猛安，此指義軍千户。

[5]謀克：武職。亦稱百户，此指義軍謀克，所領衹二十五至三十人，幾不成軍。

[6]總領提控：武職。本書卷五五《百官志一》記“元光間，招義軍，置總領使，從五品。副使，從六品”。總領提控即總領使。出土的金代官印中有“總領提控印”（見景愛《金代官印集》，第 192 頁）。

四年，遷河東宣撫副使，[1]上章言宣撫使烏古論禮不肯分兵禦敵，[2]且所行多不法。詔禮罷職，石倫遷絳陽軍節度使，[3]權經略使，[4]尋知延安府事、兼鄜延路兵馬都總管。[5]大元兵圍忻州，[6]石倫率兵往援，以兵護其民入太原，所保軍民甚衆。

[1]河東宣撫副使：河東宣撫使副佐。正三品。時河東南、北路置一宣撫司，節制河東兵馬公事，治所在今山西省太原市。

[2]宣撫使烏古論禮：宣撫使，爲宣撫司長官，掌鎮撫人民，譏察邊防軍旅，審録重刑事。從一品。烏古論禮，益都猛安女真人。官至河東北路宣撫使，兼左副元帥。本書卷一〇三有傳。

[3]絳陽軍：州軍名。治所在今山西省新絳縣。

[4]權經略使：權，代理。經略使，爲經略司長官。本書卷一〇三《完顏蒲剌都傳》，“貞祐初，置東西面經略司，就充西面經略使”。卷二六《地理志下》代州，“貞祐二年四月僑置西面經略司”。古里甲石倫所代理的爲西面經略使。經略司，全稱爲經略

使司，本書《百官志》失載。1973 年 5 月，在黑龍江省賓縣出土一方金代“經略使司之印”（見景愛《金代官印集》，第 33 頁）。

[5]知延安府事：即延安府尹，延安府行政長官。正三品。治所在今陝西省延安市。　鄜（fū）延路兵馬都總管：鄜延路總管府長官，主管統領諸城隍兵馬甲仗，總判府事。正三品。治所與延安府同。金總管府府尹兼本路兵馬都總管，古里甲石倫任延安府尹，所以兼此職。

[6]大元：元朝的國號。按，當時蒙古國尚未建大元國號，《金史》爲元朝人所修，所以稱蒙古國爲“大元”。　忻州：治所在今山西省忻州市。

興定元年七月，[1]改河平軍節度、兼衛州管内觀察使，[2]詔諭曰：“朕初謂汝勇果，爲國盡力，故倚以濟事。尋聞汝嗜酒不法，而太原知府烏古論德升亦屢嘗爲朕言之，[3]然皆瑣屑，乃若不救汾州，[4]豈細事哉。有司議罪如此，汝其悉之，益當戮力，以掩前過。”是年十一月，遷鎮西軍節度使、兼嵐州管内觀察使、行元帥府事。[5]

[1]興定：金宣宗年號（1217—1222）。

[2]河平軍：州軍名。治所在今河南省衛輝市。

[3]太原知府烏古論德升：太原知府，即太原府尹，爲太原府行政長官，兼河東北路兵馬都總管。正三品。烏古論德升，女真人。本書卷一二二有傳。

[4]汾州：治所在今山西省汾陽市。

[5]鎮西軍：州軍名。治所在今山西省嵐縣北古嵐州舊城址。　行元帥府事：即行元帥府長官。行元帥府簡稱“行府”，即代行元帥府權事的官署機構。

二年四月，石倫言：“去歲北兵破太原，游兵時入嵐州境，而官民將士悉力扞禦，卒能保守無虞。向者河東内郡皆駐以精甲，實以資儲，視邊城尤爲完富，然兵一至相繼淪没。嵐兵寡而食不足，惟其上下協同，表裏相應，遂獲安帖。當大軍初入，郡縣倉皇，非此帥府控制，則隩、管、保德、岢嵐、寧化皆不可知矣。[1]今防秋不遠，[2]乞朝廷量加旌賞，[3]務令益盡心力，易以鎮守。”詔有功者各遷官一級，[4]仍給降空名宣勅，[5]令樞密院遣授之。[6]

[1]隩（ào，或讀 yù）、管、保德、岢（kě）嵐、寧化：皆州名。隩州治所在今山西省河曲縣南，管州治所在今山西省静樂縣，保德州治所在今山西省保德縣，岢嵐州治所在今山西省岢嵐縣，寧化州治所在今山西省寧武縣西南。

[2]防秋：古軍事術語。指秋季備戰。古人多在秋季莊稼收割之後交戰，所以稱備戰爲“防秋”。

[3]旌賞：旌表和賞賜。

[4]遷官一級：指升散官階一級。

[5]空名宣勅：空白任官委任狀。

[6]樞密院：軍政官署名。掌國家軍務機密之事。

三年二月，石倫奏：“向者并、汾既破，[1]兵入内地，臣謂必攻平陽，[2]平陽不守，將及潞州，[3]其還當由龍州谷以入太原。[4]故臣嘗請兵欲扼其歸路，朝廷不以爲然，既而皆如臣所料。始敵入河東時，郡縣民皆携老幼徙居山險，後雖太原失守，而衆卒不從，其意謂敵不久留，且望官軍復至也。今敵居半歲，遣步騎擾諸保聚，而官軍竟無至者，民其能久抗乎。夫太原，河東之要郡；平陽，陝西、河南之藩籬也。[5]若敵兵久不去，居民盡從，屯兵積粮以固基本，而復擾吾郡縣未殘者，則邊城指日皆下矣。北路不守，則南路爲邊，去陝西、河南益近，臣竊憂之，故復請兵以圖戰守。而樞府檄臣，[6]并將權太原治中郭遹祖、義軍李天禄等萬餘人，[7]就其粮五千石，會汾州權元帥右都監抹撚胡剌復太原。[8]臣召遹祖，欲號令其衆，遹祖不從。尋得胡剌報曰：‘嘗問軍數於遹祖，但稱天禄等言之，未嘗親閲。問粮，則曰散在數處。’蓋其情本欲視朝廷以己有兵粮，冀或見用，以取重職，不可指爲實用也。雖然，臣已遣提控石盞吾里忻等領軍以往矣。[9]但敵勢頗重，而往者皆新集白徒，絶無精鋭，恐不能勝。乞于河南、陝西量分精兵，以增臣力，仍令陝西州郡近河東者給之資粮，更令南路諸軍綴敵之南，[10]以分其勢，如此庶幾太原可復也。”詔陝西、河東行省分粮與之，[11]請兵之事以方伐宋不從。

[1]并：州名。金無并州，此系借用古地名，古稱太原爲并州，治所在今山西省太原市。

[2]平陽：府、路名。治所在今山西省臨汾市。

[3]潞州：治所在今山西省長治市。

[4]龍州谷：地名。在今山西省太原市南。

[5]藩籬：屏障。

[6]樞府：樞密院、元帥府的簡稱。 檄（xí）：官府間的往來文書，内容多爲徵召、曉諭和聲討。

[7]太原治中郭遹（yù）祖：太原治中，即太原府治中。按本書《百官志》府級屬官中不載治中官名。治中官始設於漢代，唐稱司馬，金稱少尹，正五品。郭遹祖，生平不詳。

[8]權元帥右都監抹撚胡剌：元帥右都監，爲都元帥府屬官，掌征討之事。正三品。抹撚胡剌，女真人。本書卷一五《宣宗紀下》、卷一六《哀宗紀上》作“抹撚胡魯剌”，宣宗興定二年（1218）任禮部侍郎，後爲汾陽軍節度使，權元帥右都監。

[9]石盞吾里忻：女真人。即赤盞畏忻，亦作“赤盞尉忻”。本書卷一一五有傳。

[10]綴：與“輟”通，意爲牽制。

[11]行省：官署名。行尚書省的簡稱。亦作“行臺尚書省”，是尚書省在地方上的代行機構。

三月，石倫復上言曰：“頃者大兵破太原，招民耕稼，爲久駐之基。臣以太原要鎮，所當必争，遣提控石盞吾里忻引官兵義兵共圖收復。又以軍士有功者宜速賞之，故擬令吾里忻得注授九品之職，以是請于朝，而執政以爲賞功罰罪皆須中覆。[1]夫河東去京師甚遠，移報往返不暇數十日，官軍皆敗亡之餘，鋒鋭略盡，而義兵亦不習行陣，無異烏合，以重賞誘之猶恐不爲用，况有功而久不見報乎。夫衆不可用則不能退敵，敵不退則太原不可復，太原不可復則平陽之勢日危，而境土日蹙矣。今朝廷抑而不許，不過慮其濫賞耳。借使有濫賞之弊，其與失太原之害孰重？”於是詔從其請，自太原治中及他州從七品以下職、四品以下散官，[2]並聽石倫遷調焉。[3]

[1]執政：金朝以尚書左、右丞和參知政事爲執政官，這裏是指宰相和副宰相。　中覆：朝廷回覆。

[2]散官：亦稱散官階。其制始於隋，散官與職官階級不盡相同。有文散官和武散官，金文、武散階各分四十二級。散官階高者可就低職，階低者亦可出任高職。宋代官員以階官領取俸禄，所以稱“寄禄官”。至明清兩代，階官始與職官級别相符。

[3]遷調：升遷和降調。

是月，石倫復言：“日者遣軍潛擣敵壘，欲分石州兵五百權屯方山，[1]剿殺土寇，且備嵐州，而同知蒲察桓端拒而不發。[2]又召同知寧邊軍節度使姚里鴉鶻與之議兵，[3]竟不聽命。近領兵將取太原，委石州刺史納合萬家權行六部，[4]而辭以他故，幾誤軍粮。約武州刺史郭憲率所領併進，[5]憲亦不至。臣猥當方面之任，而所統官屬並不稟從，乞朝廷嚴爲懲誡，庶人知職分，易以責辦。”宰臣惡之，乃奏曰：“桓端、鴉鶻已經奏改，無復可議。石倫身兼行部，不自規畫，而使萬家往來應給，石州無人恐亦有失。武州邊郡正當兵衝，使憲率軍離城，敵或乘之，孰與守禦。萬家等不從，未爲過也。”上以爲然，因遣諭石倫曰：“卿嘗行院于歸德，[6]衛州防備之事非不素知，[7]乃屢以步騎爲請何耶。比授卿三品，且數免罪譴卿，嘗自誓以死報國，今所爲如此，豈報國之道哉！意謂河南之衆必不可分，但圖他日得以藉口耳。卿果赤心爲國，盡力經畫，亦足自効。萬家等若必懲戒，彼中誰復可使者，姑爲容忍可也。”

［1］石州：州名。治所在今山西省離石縣。　方山：縣名。爲石州屬縣，治所在今山西省離石縣西北的北川河上游。

［2］同知蒲察桓端：同知，即石州同知。爲刺史副佐，通判州事。正七品。蒲察桓端，女真人，生平不詳。

［3］同知寧邊軍節度使：寧邊軍節度使副佐。正五品。按“寧邊軍”，本書卷一二二《伯德窊哥傳》作“寧遠軍”。檢本書《地理志》，金無“寧邊軍”“寧遠軍”之名。從本傳叙事的地理位置看，似與西京路的寧邊州有關，疑寧邊州在金末曾升爲節度州，待考。　姚里鴉鶻：人名。本書卷一二二《伯德窊哥傳》作“姚里鴉胡”。

［4］刺史：刺史州長官。主治州事。正五品。　納合萬家：女真人。生平不詳。　行六部：官署名。即在地方上所设代行尚書省六部之權的官署機構。

［5］武州：州名。治所在今山西省五寨縣北。　郭憲：生平不詳。

［6］歸德：府名。治所在今河南省商丘市。

［7］衛州：州名。治所在今河南省衛輝市。

閏三月，石倫駐兵太原之西，俟諸道兵至進戰，聞脅從人頗有革心，[1]上言于朝，乞降空名宣勅、金銀符，[2]許便宜遷注，[3]以招誘之。上從其請，並給付之，仍聽注五品以下官職。

［1］脅從人：指被迫降附於敵的金人。

［2］金銀符：即金、銀制的兵符。其制始於金初，時稱“信牌”。有金牌、銀牌和木牌之分，金牌以授萬户，銀牌以授猛安，

木牌以授謀克和蒲輦。金銀符是領兵將領的憑證。領兵官有時持兵符督戰，如《辛巳泣蘄録》，“金牌郎、銀牌郎執刀斧，以脅造筏之兵，不向前者斫之”。

[3]便宜遷注：根據需要自行升遷和注授官職，不必上請。

六月，保德州振威軍萬户王章、弩軍萬户齊鎮殺其刺史孛术魯銀术哥，[1]仍滅其家，脅官吏軍官同狀白嵐州帥府，言銀术哥專恣慘酷，私造甲仗，將謀不軌。石倫密令同知州事把蒲剌都圖之，[2]蒲剌都乃與兵吏置酒召章等飲，擒而族誅之。至是，朝廷命行省胥鼎量宜遷賞，[3]仍令蒲剌都攝州事，撫安其衆焉。

[1]振威軍：軍名。金末易總領之名爲都尉，升其職爲四品。都尉有建威、虎威、破虜、振威等名號，“振威軍”即振威都尉所統領的軍隊。　王章：生平不詳。　弩軍：軍名。本書卷四四《兵志》，“興定二年，選募河南、陝西弩手軍二千人爲一軍，賜號威勇”。　齊鎮：人名。生平不詳。　孛术魯銀术哥：女真人。生平不詳。

[2]同知州事：指保德州同知。　把蒲剌都：女真人。生平不詳。

[3]胥鼎：繁峙（今山西省繁峙縣）人，尚書右丞胥持國之子。大定二十八年（1188）進士，金末一代名相。時爲平章政事兼樞密副使，行省於河東。本書卷一〇八有傳。

六月，遷金安軍節度使，[1]行帥府事於葭州。[2]時鄜州元帥内族承立慮夏人入寇，[3]遣納合買住以兵駐葭州，[4]石倫輒分留買住兵千八百人，令以餘兵屯綏德，[5]

而後奏之。有司論罪當絞，既而遇赦，乃止除名。元光元年，[6]起爲鄭州同知防禦使，[7]與防禦使裴滿羊哥部内酤酒不償直，[8]皆除名。三月，上諭元帥監軍内族訛可曰：[9]“石倫今以罪廢，欲再起之，恐生物議，汝軍前得無用之乎。此人頗善戰，果可用便當遣去。古亦有白衣領職者，渠雖除名何害也。”十月，大元兵圍青龍堡，[10]詔以石倫權左都監，[11]將兵會上黨公、晉陽公往援之。[12]兵次彈平寨東三十里，[13]敵兵梗道不得進，會青龍堡破，召還。既而復以罪免。

[1]金安軍：州軍名。治所在今陝西省華縣。

[2]行帥府事於葭州：行帥府，軍政官署名。即行元帥府，是在地方設立的代行元帥府權事的軍政官署機構。葭（jiā）州治所在今陝西省佳縣。

[3]鄜（fū）州：治所在今陝西省富縣。　内族：即完顔氏皇族宗室成員。本書卷五九《宗室表序》，“大定以前稱‘宗室’，明昌以後避睿宗（世宗父宗輔，亦名宗堯）諱，稱‘内族’”。　承立：女真人。即完顔承立，本名慶山奴。本書卷一一六有傳。

[4]納合買住：女真人。本書卷一五《宣宗紀中》載，納合買住興定三年（1219）爲提控。

[5]綏德：州名。治所在今陝西省綏德縣。

[6]元光：金宣宗年號（1222—1223）。

[7]鄭州同知防禦使：爲鄭州防禦使副佐，主管通判防禦使事。正六品。鄭州治所在今河南省鄭州市。

[8]防禦使裴滿羊哥：防禦使，爲防禦州長官，掌防捍不虞、禦制盜賊，主治州事。從四品。裴滿羊哥：女真人。生平不詳。

[9]元帥監軍内族訛可：元帥監軍，元帥府屬官。有元帥左監

軍和元帥右監軍，皆爲正三品。出土的金代官印中有“元帥府監軍印”（見景愛《金代官印集》，文物出版社 1991 年版，第 88 頁）。訛可，女真人。即完顏訛可，本卷《訛可傳》記，時内族有兩訛可，一綽號“草火訛可”，一綽號“板子訛可”。此任元帥監軍者，應是後來被杖死的“板子訛可”。

［10］青龍堡：舊址在今山西省吉縣東南。

［11］左都監：即元帥左都監。1954 年，在河北省保定市徵集一方金代“元帥左都監印”（見景愛《金代官印集》，第 92 頁）。

［12］上黨公：封爵名。郡公封號，二品。時封上黨公者是昭義軍節度使張開，賜姓完顏。本書卷一一八有傳。　晋陽公：封爵名。郡公封號，二品。時封晋陽公者是遼州從宜都提控郭文振。本書卷一一八有傳。

［13］彈平寨：所在地點不詳。

正大八年，大兵入河南，[1]州郡無不下者，朝議以權昌武軍節度使粘葛仝周不知兵事，[2]起石倫代之。[3]石倫初赴昌武，詔諭曰：“卿先朝宿將，甚有威望，故起拜是職。元帥蘇椿、武監軍皆曉兵事，[4]今在昌武，宜與同議，勿復不睦失計也。”時北兵已至許，[5]石倫赴鎮幾爲游騎所獲。[6]數日，知兩省軍敗，[7]潰軍踵來，有忠孝軍完顏副統入城，[8]兩手皆折，血污滿身，州人憂怖不知所出。石倫遣歸順軍提控嵐州人高珪往斥候，[9]珪因持在州軍馬粮草數目奔大元軍，仍告以城池深淺。俄大兵至城下，以鳳翔府韓壽孫持檄招降，[10]言三峰敗狀。[11]石倫、蘇椿不詰問即斬之市中。既而武監軍偏裨何魏輩開東門，内族按春開南門，[12]夾谷太守開西門，[13]大元軍入城，擒蘇椿，問以大名南奔之事，[14]椿曰："我本金朝人，無力故降，我歸國得爲大官，何謂反耶？"大將怒其不屈，即殺之。石倫投廨後井中，仝周自縊州廨。武監軍者初不預開門之謀，何魏輩欲保全之，故言於大將曰："監軍令我輩獻門。"然亦怒其不迎軍而降，亦殺之。

[1]大兵：指蒙古軍隊。元朝人修《金史》，稱蒙古國軍隊爲"大兵""天兵"。

[2]昌武軍：州軍名。治所在今河南省許昌市。　粘葛仝周：女真人。"粘葛"亦作"粘割""粘合""粘哥"。

[3]起石倫代之：按本書卷一七《哀宗紀上》載，起用古里甲石倫爲昌武軍節度使在天興元年（1232），與本傳所記正大八年（1231）異。據有關史料，應以《哀宗紀上》爲是。

[4]武監軍：武爲姓氏，監軍即元帥監軍。武監軍，其名不詳。

[5]許：州名。治所在今河南省許昌市。

[6]游騎：指蒙古的散哨騎兵。

[7]兩省軍：指京兆行省和平凉行省指揮的軍隊。時兩行省的軍隊從陝西撤至河南，潰敗於河南均州三峰山。

[8]忠孝軍：軍名。金末以回鶻、乃蠻、羌人、吐谷渾人以及河北逃亡人員組織起來的一支軍隊。本書卷四四《兵志》，"增月給三倍它軍，授以官馬，得千餘人，歲時犒宴，名曰忠孝軍"。忠孝軍待遇優厚，戰鬬力强，曾增至一萬八千餘人。　完顔副統：其名不詳。

[9]歸順軍提控：即歸順軍總領，歸順軍不詳所指。　高珪：生平不詳。

[10]鳳翔府：府名。治所在今陝西省鳳翔縣。　韓壽孫：生平不詳。

[11]三峰：山名。在今河南省禹州市境内。三峰山之戰是金末

金兵與蒙古之間的一次重要戰役。金兵潰敗，此後金朝幾不能成軍。

[12]按春：女真人。尚書右丞完顔賽不之子，先降蒙，後逃歸金朝，伏誅。詳見本書卷一一三《完顔賽不傳》。

[13]夾谷太守：其名不詳。

[14]大名：治所在今河北省大名縣。

仝周名暉，字子陽，策論進士，[1]興定間爲徐州行樞密院參議官，[2]上章言："惟名與器不可假人，[3]自古帝王靡不爲重。今之金銀牌，即古符節也，其上有太祖御畫，往年得佩者甚難，兵興以來授予頗濫，市井道路黄白相望，[4]恐非所以示信於下也。乞寶惜之，有所甄别。"上以語宰臣，而丞相高琪等奏：[5]"時方多難，急於用人，駕馭之方，此其一也，如故爲便。"

[1]策論進士：金科舉科目名。亦稱女真進士科，是專門爲女真文士所設立的進士科，應考者以女真文字答卷，録取時與漢進士分爲兩榜。

[2]徐州行樞密院參議官：徐州行樞密院屬官。官品不詳。本書《百官志》失載。徐州治所在今江蘇省徐州市。

[3]唯器與名不可以假人：語出《左傳》成公二年。杜預注："器，車服；名，爵號。"孔穎達疏："若以名器借人，則是與人政也。政教既亡，則國家從之而亡，不復可救止也。"

[4]黄白：黄指金牌，白指銀牌。

[5]高琪：女真人。即术虎高琪，時爲平章政事。本書卷一〇六有傳。

蘇椿，大名人，初守大名，歸順于大元。正大二年九月，自大名奔汴，[1]詔置許州，至是見殺。

[1]正大二年九月，自大名奔汴：按本書卷一七《哀宗紀上》記此事在正大二年（1225）五月，與此異。

完顔訛可，内族也。時有兩訛可，皆護衛出身，[1]一曰“草火訛可”，每得賊好以草火燎之，一曰“板子訛可”，嘗誤以宫中牙牌報班齊者爲板子，[2]故時人各以是目之。

[1]護衛：皇帝的侍衛親軍。

[2]一曰“板子訛可”，嘗誤以宫中牙牌報班齊者爲板子：《歸潛志》卷六，“完顔訛可，亦以能打毬，號‘板子訛可’”。與本傳異。

正大八年九月，大兵攻河中。初，宣宗議遷都，朝臣謂可遷河中：“河中背負關陝五路，士馬全盛，南阻大河，可建行臺以爲右翼。[1]前有絳陽、平陽、太原三大鎮，敵兵不敢輕入。應三鎮郡縣之民皆聚之山寨，敵至則爲晝攻夜劫之計。屯重軍中條，[2]則行在有萬全矣。”[3]主議者以河中在河朔，[4]又無宫室，不及汴梁，[5]議遂寢。

[1]行臺：官署名。即行尚書省。

[2]中條：山名。今山西省境内的中條山。

[3]行在：皇帝御駕駐蹕之地。

[4]河朔：地區名。指河北、河東之地，即今河北省及山西省中南部之地。

[5]汴梁：都城名。北宋都城，名開封府，金爲南京，治所在今河南省開封市。

宣宗既遷河南，三二年之後，詔元帥都監内族阿禄帶行帥府事。[1]阿禄帶恇怯不能軍，竭民膏血爲浚築之計。未幾，絳州破，阿禄帶益懼，馳奏河中孤城不可守，有旨親視，果不可守則棄之，無至資敵。阿禄帶遂棄河中，燒民户官府，一二日而盡。尋有言河中重鎮，國家基本所在，棄之爲失策，設爲敵人所據，則大河之險我不得專恃矣。宣宗悔悟，繫阿禄帶同州獄，[2]累命完復之，隨守隨破。至是，以内族兩訛可將兵三萬守之。

[1]阿禄帶：女真人。即完顔阿禄帶，本書卷一一〇《馮璧傳》作"阿虎帶"。

[2]同州：治所在今陝西省大荔縣。

大兵謀取宋武休關。[1]未幾，鳳翔破，睿宗分騎兵三萬入散關，[2]攻破鳳州，[3]徑過華陽，[4]屠洋州，[5]攻武休關。開生山，[6]截焦崖，[7]出武休東南，遂圍興元。[8]興元軍民散走，死於沙窩者數十萬。[9]分軍而西，西軍由别路入沔州，[10]取大安軍路開魚鱉山，[11]撤屋爲筏，渡嘉陵江入關堡，[12]並江趨葭萌，[13]略地至西水縣而還。[14]東軍止屯興元、洋州之間，遂趨饒峰。[15]宋人棄關不守，大兵乃得入。

[1]武休關：關隘名。在今陝西省留壩縣西南。

[2]睿宗：元太祖第四子拖雷的廟號。按拖雷並未正式作皇帝，元太祖死後，拖雷一度監國，所以死後廟號睿宗。　散關：關隘名。即大散關，在今陝西省寶鷄市西南。

[3]鳳州：宋州名。治所在今陝西省鳳縣東北，時爲南宋所轄。

[4]華陽：鎮名。在今陝西省洋縣北，時爲南宋轄境。

[5]洋州：宋州名。治所在今陝西省洋縣。

[6]生山：山名。具體地點不詳。

[7]焦崖：地名。具體地點不詳。

[8]興元：宋府名。治所在今陝西省漢中市。

[9]沙窩：地名。具體地點不詳。

[10]沔（miǎn）州：治所在今陝西省略陽縣。

[11]大安軍：宋軍州名。治所在今陝西省强縣西北。　魚鱉山：所在地不詳。

[12]嘉陵江：江名。即今四川省岷江支流嘉陵江。

[13]葭萌：宋縣名。屬利州都督府，治所在今四川省廣元市南。

[14]西水縣：宋縣名。屬閬（làng）州，治所在今四川省閬中市西。

[15]饒峰：宋關隘名。在今陝西省石泉縣西。

初，大兵期以明年正月合南北軍攻汴梁，[1]故自將攻河中。河中告急，合打、蒲阿遣王敢率步兵一萬救之。[2]十二月，河中破。初，河中主將知大兵將至，懼軍力不足，截故城之半守之。及被攻，行帳命築松樓高二百尺，下瞰城中，土山地穴百道並進。[3]至十一月，攻愈急。自王敢救軍至，軍士殊死鬬，日夜不休，西北樓櫓俱盡，白戰又半月，[4]力盡乃陷。草訛可戰數十合始被擒，尋殺之。[5]板訛可提敗卒三千奪船走，北兵追及，鼓噪北岸上，矢石如雨。數里之外有戰船橫截之，敗軍不得過，船中有齎火炮名“震天雷”者連發之，[6]炮火明，見北船軍無幾人，力斫橫船開，[7]得至潼關，[8]遂入閿鄉。[9]尋有赦詔將佐以下，[10]責訛可以不能死，車載入陜州，[11]决杖二百。識者以爲河中城守不下，德順力竭而陷，非戰之罪，故訛可之死人有寃之者。

[1]期：約定時日。

[2]合打、蒲阿：人名。合打即完顔合達，女真人。蒲阿即移剌蒲阿，契丹人。本書卷一一二各有傳。　王敢：生平不詳。

[3]土山地穴：在城外堆築土山，往城裏挖掘地道，爲當時的攻城之術。

[4]白戰：通常認爲是徒手作戰。蘇軾有詩云，“白戰不許持寸鐵”（《東坡全集》卷一九《聚星堂雪》），宋人趙蕃也有詩云，“寸鐵不持難白戰”（《章泉稿》）。但是，從文中内容看，适時守城金軍有了援軍的支援，武器裝備也應有了一定的補充。況且在蒙古軍隊的强攻下，金軍若是“徒手作戰”，不可能堅守半個月。在宋金時期，“白戰”一詞可能有他解。

[5]草訛可：按《元史》卷一一九《木華黎傳》記，辛卯年（即金正大八年，1231），元太宗破河中府，“金元帥完顔火燎遁，塔思追斬之”。所謂“完顔火燎”，即“草訛可”“草火訛可”。

[6]震天雷：一種用火藥製造的爆炸性武器。外殼爲鐵制，内裝火藥，形如合碗，殺傷威力很大。

[7]斫：原意有謂之斧刃，《墨子·備穴》："斧以金爲斫。"孫詒讓《墨子閑詁》："斫亦即斧刃。"也有謂之大鋤，沈廷芳《十三經註疏正字》："斫謂之鐯，疏钁大鋤也。"引申爲砍、削。

[8]潼關：關隘名。在今陝西省潼關縣北。

[9]閿（wén）鄉：縣名。治所在今陝西省潼關縣東。

[10]尋有赦詔將佐以下：中華點校本據文義改"赦詔"爲"詔赦"。

[11]陝州：治所在今河南省陝縣。

初，訛可以元帥右監軍、邠涇總帥、權參知政事，奉旨於邠、涇、鳳翔往來防秋，奉御六兒監戰，[1]於訛可爲孫行，而訛可動爲所制，意頗不平，漸生猜隙。七年九月，召赴京師，改河中總帥，受京兆節制。[2]此時六兒同赴召，謂訛可奉旨往來防秋，而乃畏怯避遠，正與朝旨相違，上意頗罪訛可。及河中陷，苦戰力盡，而北兵百倍臨之，人謂雖至不守猶可以自贖，竟杖而死，蓋六兒先入之言主之也。

[1]奉御：皇帝親隨職稱。本書卷五三《選舉志三》，"奉御，十六人，以内駙馬充，舊名入殿小底，大定十二年更今名"。至金末，宗室成員亦有充任奉御者。　六兒：女真人。即完顔六兒，皇族成員。

[2]京兆：府、路名。治所在今陝西省西安市。

劉祁曰：[1]"金人南渡之後，近侍之權尤重，蓋宣宗喜用其人以爲耳目，伺察百官，故奉御輩采訪民間，號'行路御史'，或得一二事即入奏之，上因所責臺官漏泄，[2]皆抵罪。又方面之柄雖委將帥，又差一奉御在軍中，號曰‘監戰’，每臨機制變多爲所牽制，遇敵輒先奔，故師多喪敗。”哀宗因之不改，[3]終至亡國。

[1]劉祁：原作“祈”，中華點校本改“祈”爲“祁”，甚是，今從。刘祁，應州渾源縣人，金末名士。金亡，撰《歸潛志》以記金朝遺事。其生平詳見《王文定公惲渾源劉氏世德碑》（《歸潛志》卷一四附録，中華書局 1983 年版）。

[2]上因所責臺官漏泄：中華點校本據《歸潛志》卷七改“所”字爲“以”。臺官，指御史臺的官員。

[3]哀宗：廟號。亦稱義宗，金朝末代皇帝，本名寧甲速，漢名守禮，後改名守緒。1224 年至 1234 年在位。本書卷一七至卷一八有紀。

論曰：古里甲石倫善戰而好犯法，故見廢者屢，晚起爲將，卒死於難。金運將終，又用數奇之李廣，[1]其乏絶不亦宜乎。草訛可力戰而死，板訛可亦力戰，不死於陣而死于刑，論者以爲有近侍先入之言。夫以暬御治軍，[2]既掣之肘，又信其讒以殺人，金失政刑矣。唐之亡，坐以近侍監軍，金蹈其轍，哀哉。

[1]李廣：漢隴西郡成紀人。官至右北平郡太守，威震匈奴，被稱爲“飛將軍”。詳見《史記》卷一〇九《李將軍列傳》。

[2]暬（xiè）御：暬，同褻。指近侍小臣。

撒合輦字安之，内族也。宣宗朝，累遷同簽樞密院事。[1]元光二年十二月庚寅夜，宣宗病篤，英王盤都先入侍，[2]哀宗後至，東華門已閉，[3]聞英王在宫，遣樞密院官及東宫親衛軍總領移剌蒲阿勒兵東華門，[4]都點檢駙馬都尉徒單合住奏中宫，[5]得旨，領符鑰啓門。[6]合住見上，上命撤合輦解合住刀佩之，哀宗遂入，明日即位，由是見親信。正大元年正月庚申，以輦同判大睦親府事，[7]兼前職。刑部完顏素蘭言：[8]"把胡魯策功第一，[9]非超拜右丞相無以酬之。"然同功數人亦有不次之望，故胡魯之命中輟，輦猶升二品云。

[1]同簽樞密院事：樞密院屬官。正四品。

[2]英王盤都：英王，封爵名。次國封號，明昌格第二十八位。盤都，女真人。即完顏守純，本書卷九三有傳。

[3]東華門：城門名。金南京皇城正東門。

[4]東宫親衛軍總領：按本書卷五五《百官志一》，"元光間，招義軍，置總領使，從五品"。東宫親衛軍總領即東宫親衛軍總領使，統軍保衛東宫。　移剌蒲阿：契丹人。本書卷一一二有傳。

[5]都點檢：即殿前都點檢，爲殿前都點檢司長官。主管皇帝行從宿衛，關防門禁，督攝隊仗總判殿前都點檢事，兼領侍衛親軍都指揮使之職。正三品。　駙馬都尉：駙馬的專授官職。正四品。本書《百官志》失載。　徒單合住：女真人。生平不詳。

[6]符鑰：出入宫門的憑證和鑰匙。

[7]同判大睦親府事：大睦親府，原名大宗正府，章宗泰和六年（1206）避世宗之父宗輔（一名宗堯）諱，改爲大睦親府，其長官大宗正事亦改爲大睦親府事。同判大睦親府事爲大睦親府事副佐，原名同判大宗正事，從二品。大睦親府的官員均以皇族成員充任。

[8]完顏素蘭：女真人。《歸潛志》卷六作"完顏速蘭"。本書卷一〇九有傳。

[9]把胡魯：女真人。本書卷一〇八有傳。

四年，大元既滅西夏，進軍陝西。四月丙申，召尚書温蒂罕壽孫、[1]中丞烏古孫卜吉、[2]祭酒裴滿阿虎帶、[3]直學士蒲察世達、[4]右司諫陳規、[5]監察烏古論四和完顔習顯、[6]同判睦親府事撒合輦同議西事，上曰："已諭合達盡力决一戰矣。"[7]群臣多主和事，獨輦力破和議，語在《陳規傳》。

[1]尚書：尚書省六部長官皆稱尚書。正三品。　温蒂罕壽孫：女真人。生平不詳。

[2]中丞：即御史中丞。爲御史臺屬官，爲御史大夫副佐。從三品。　烏古孫卜吉：女真人。不詳。

[3]祭酒：國子監長官。主管學校。正四品。　裴滿阿虎帶，女真人。本書卷一一五《崔立傳》作"阿忽帶"。《歸潛志》卷五記，阿虎帶字仲寧，女真進士出身，曾任陳州防禦使，官至御史大夫。使北朝，崔立之變，阿虎帶自縊殉國。

[4]直學士：即翰林直學士，爲翰林院屬官。不限員，從四品。　蒲察世達：女真人。章宗泰和三年（1203）中進士，官至同簽樞密院事。

[5]右司諫：諫院屬官。從五品。　陳規：本書卷一〇九有傳。

[6]監察：即監察御史，爲御史臺屬官。正員十二人，正七品。　烏古論四和、完顔習顯：女真人。生平俱不詳。

[7]合達：女真人。即完顔合達。本書卷一一二有傳。

八月，朝廷得清水之報，[1]令有司罷防城及修城丁壯，凡軍需租調不急者權停。初，聞大兵自鳳翔入京兆，關中大震，[2]以中丞卜吉、祭酒阿忽帶兼司農卿，[3]簽民兵，督秋税，令民入保爲避遷計。當時議者以謂大兵未至而河南先亂，且曰："御史監察城洛陽，[4]治書供帳北使，[5]中丞下兼司農簽軍督税，臺政可知矣。"至是，上謂撒合輦曰："諺云，水深見長人。朝臣或欲我一戰，汝獨言當静以待之，與朕意合，今日有太平之望，皆汝謀也。先帝嘗言汝可用，可謂知人矣。"

[1]清水：縣名。治所在今甘肅省清水縣。

[2]關中：地區名。泛指函谷關以西的陝西之地。

[3]司農卿：司農司屬官。爲大司農副佐。正四品。

[4]洛陽：古城名。金爲河南府，宣宗興定元年（1217）升爲中京，改府名金昌，治所在今河南省洛陽市。

[5]治書：即治書御史，爲御史臺屬官。主管奏事，判臺事。正員二人，從六品。　北使：指蒙古國使者。

未幾，右拾遺李大節、右司諫陳規言，[1]撒合輦諂佞納賄及不公事，[2]奏帖留中不報。明惠皇后嘗傳旨戒曰：[3]"汝諂事上，上之騎鞠皆汝所教。"[4]尉忻亦極言之，[5]上頗悟，出爲中京留守、兼行樞密院事。[6]初，宣宗改河南府爲金昌府，號中京，又擬少室山頂爲御營，[7]命移剌粘合築之，[8]至是撒合輦爲留守。

[1]右拾遺李大節：右拾遺，爲諫院屬官，正七品。李大節，生平不詳。

[2]諂（chǎn）佞：巴結奉迎。

[3]明惠皇后：金宣宗正宫皇后王氏之姊，哀宗生母，死後追

封爲明惠皇后。

［4］騎鞠（jū）：指騎馬打馬球，是當時一種游戲和體育運動。

［5］尉忻：女真人。即赤盞尉忻，亦作“石盞吾畏忻”。本書卷一一五有傳。

［6］中京留守：中京行政長官，兼金昌府尹及本路兵馬都總管之職。正三品。治所在今河南省洛陽市。

［7］少室山：在今河南省登封市西。

［8］移剌粘合：契丹人。本書卷一〇八《胥鼎傳》作“移剌粘何”。《歸潛志》卷六，“移剌樞密粘合，字庭玉，契丹世襲猛安也，弟兄俱好文，幕府延致名士。雷希顔在幕，楊叔能、元裕之皆游其門，一時士望甚重”。後率鄧州軍民降宋，病卒於宋境。

九年正月，北兵從河清徑渡，[1]分兵至洛，出没四十餘日。二月乙亥，立炮攻城。洛中初無軍，得三峰潰卒三四千人，與忠孝軍百餘守禦。時輦疽發于背，不能軍，同知温蒂罕斡朵羅主軍務，[2]有大事則就輦稟之。三月甲申，忠孝軍百餘騎入使宅，强擁輦出奔，輦不得已從之，并以官屬及其子自隨，才出南裏城門，城上軍覺，閉之甕城中，[3]矢石亂下，人馬多死傷。輦知不能出，仰呼求救，軍士知出奔非輦意，以繩引而上，送入其宅，不敢出。鎮撫官縛出奔之黨，欲殺之，已斬三人，輦親爲乞命，得免。

［1］河清：鎮名。在今河南省孟津縣北的黄河北岸。

［2］同知温蒂罕斡朵羅：同知，此指中京同知留守事，爲中京留守副佐。正四品。温蒂罕斡朵羅，女真人。生平不詳。

［3］甕城：原作“壅”，中華點校本據文義改“壅”字爲

“甕”。甚是，今從。甕城，又稱月城，是防護城門的小城。

乙酉，斡朵羅齎金帛出北門，[1]如前日巡城犒軍之狀，既出即沿城而西，直出外壕，城上人呼曰：“同知講和去矣。”軍士及將領隨而下者三四百人。少之，輦傳令云：“同知叛降，有再下城者斬。”凡斬三四人，乃定。丙戌夜，城東北角破，輦奪南門出不得，投濠水死。[2]已而，大兵退，强伸復立帥府。

[1]齎（jī）：携帶。

[2]濠水：河名。在洛陽城南。

强伸，本河中射粮軍子弟，[1]貌極寢陋，[2]而膂力過人。興定初，從華州副都統安寧復潼關，[3]以勞任使，嘗監郃陽醋。[4]後客洛下，選充官軍，戍陝鐵嶺，[5]軍潰被虜，從都尉兀林荅胡土竄歸中京。[6]時中京已破，留守兼行樞密院使内族撒合輦死之，元帥任守真復立府事，[7]以便宜署伸警巡使。[8]後守真率部曲軍從行省思烈入援，[9]鄭州之敗守真死。[10]

[1]射粮軍：軍名。本書卷四四《兵志》，“諸路所募射粮軍，五年一籍三十以下、十七以上强壯者，皆刺其□（疑所缺一字爲“面”或“頰”），所以兼充雜役者也”。

[2]寢陋：醜陋。

[3]華州副都統安寧：華州副都統，即華州義軍副統。正八品。華州治所在今陝西省華縣。安寧，生平不詳。

[4]監郃（hé）陽醋：官名。即郃陽醋監，主管釀醋和醋類專賣事務。郃陽，縣名。治所在今陝西省合陽縣。

[5]鐵嶺：山嶺名。在今河南省盧氏縣北。

[6]都尉：金末義軍官名。武職，原名總領，哀宗正大二年（1225）改爲都尉。正四品，後升爲從三品。　兀林荅胡土：女真人。即烏林荅胡土，本卷有傳。

[7]元帥任守真：本書卷一七《哀宗紀上》作"中京元帥左監軍任守貞"。

[8]警巡使：即中京警巡使，爲警巡院長官。掌平理獄訟，警察本部，總判警巡院事。正六品。

[9]思烈：女真人。即完顏思烈。本卷有傳。

[10]鄭州：治所在今河南省鄭州市。

天興元年八月，[1]中京人推伸爲府簽事，[2]領所有軍二千五百人，傷殘老幼半之。甫三日，北兵圍之，東西北三面多樹大炮，伸括衣帛爲幟，立之城上，率士卒赤身而戰，以壯士五十人往來救應，大叫，以憨子軍爲號，其聲勢與萬衆無異。兵器已盡，以錢爲鏃，[3]得大兵一箭截而爲四，以筒鞭發之。[4]又創遏炮，用不過數人，能發大石於百步外，所擊無不中。伸奔走四應，所至必捷。得二駞及所乘馬皆殺之，以犒軍士，人不過一啗，[5]而得者如百金之賜。九月，大兵退百里外。閏月，復攻，兵數倍於前。又一月，不能拔。事聞，哀宗降詔褒諭，以伸爲中京留守、元帥左都監、世襲謀克、行元帥府事。

[1]天興：金哀宗年號（1232—1234）。

[2]府簽事：即金昌府簽按察司事，正五品。

[3]以錢爲鏃：用銅錢作箭頭。

[4]筒鞭：一種武器名。

[5]啗（dàn）：同“啖”，吃。

十月，參知政事内族思烈自南山領軍民十餘萬入洛，[1]行省事。二年二月，伸建一堂於洛川驛之東，[2]名曰報恩，刻詔文於石，願以死自効。三月，中使至，[3]以伸便宜從事。是月，大兵自汴驅思烈之子於東門下，誘思烈降。思烈即命左右射之，既而知崔立之變，[4]病不能語而死。總帥忽林荅胡土代行省事，[5]伸行總帥府事，月餘粮盡，軍民稍稍散去。

[1]參知政事：金尚書省執政官。佐治尚書省事。正員二人，從二品。　南山：在今河南省洛陽市南。

[2]洛川驛：驛站名。後魏置洛川縣，以縣境有洛水得名。在今陝西省洛川縣。

[3]中使：皇帝派遣的内宫使者。

[4]崔立之變：天興元年（1232）十二月，金哀宗離汴京赴蔡州。第二年正月，留守汴京的西面元帥崔立在汴京發動政變，殺參政完顔奴申、樞密使完顔斜撚阿不，投降蒙古，史稱“崔立之變”。

[5]忽林荅胡土：女真人。即烏林荅胡土。

五月，大兵復來，陣於洛南，伸陣水北。有韓帥者匹馬立水濱，[1]招伸降，伸曰：“君獨非我家臣子耶？一日勤王，[2]猶遺令名于世，君既不能，乃欲誘我降耶？我本一軍卒，今貴爲留守，誓以死報國耳。”遂躍而射之。帥奔陣，率步卒數百奪橋，伸軍一旗手獨出拒之，殺數人，伸乃手解都統銀符與之佩，士卒氣復振。初，築戰壘於城外四隅，[3]至五門内外皆有屏，謂之迷魂牆。大兵以五百騎迫之，伸率卒二百鼓噪而出，大兵退。

［1］韓帥：蒙古軍元帥。原是金人，降於蒙古，不詳其名。

［2］勤王：臣子出兵救君主之急難叫作“勤王”。

［3］戰壘：防禦堡壘。

六月，行省胡土率衆走南山，鷹揚都尉獻西門以降，[1]伸知城不能守，率死士數十人突東門出，轉戰至偃師，[2]力盡就執。載以一馬，擁迫而行，伸宛轉不肯進，强掖之，將見大帥塔察。[3]及中京七里河，[4]伸語不遜，兵卒相謂曰：“此人乖角如此，[5]若見大帥其能降乎，不若殺之。”因好語誘之曰：“汝能北面一屈膝，吾貸汝命。”伸不從，左右力持使北面，伸拗頭南向，[6]遂殺之。

［1］鷹揚都尉：武職，金末哀宗時所封十三都尉之一。據本書卷四四《兵志》，内族大婁室、全節曾封鷹揚都尉。本書卷一一九記，大婁室於正大八年（1231）已戰死白鹿原，此封鷹揚都尉者應爲内族完顏全節。

［2］偃師：縣名。治所在今河南省偃師市。

［3］塔察：蒙古人。一名倴盞，亦作“塔察兒”。姓許兀慎氏，隨元太宗窩闊台伐金，授行省兵馬都元帥。《元史》卷一一九有傳。

［4］中京七里河：中京，都城名。宣宗興定元年（1217）八月升河南府爲中京，治所在今河南省洛陽市。七里河，河名。七里河

鋪在今河南省洛陽市南澗河西岸。

[5]乖角：做事不循常規。此處喻指强伸被擒而不屈服。

[6]伸拗頭南向：中華點校本據殿本改"拗"字爲"拗"。甚是。

烏林荅胡土。正大九年正月戊子，北兵以河中一軍由洛陽東四十里白坡渡河。[1]白坡故河清縣，[2]河有石底，歲旱水不能尋丈。國初以三千騎由此路趨汴，是後縣廢爲鎮，宣宗南遷，河防上下千里，常以此路爲憂，每冬日命洛陽一軍戍之。河中破，有言此路可徒涉者，已而果然。北兵既渡，奪河陰官舟以濟諸軍。[3]時胡土爲破虜都尉，[4]戍潼關，以去冬十二月被旨入援，至偃師，聞白坡徑渡之耗，直趨少室，夜至少林寺。[5]時登封縣官民已遷太平頂御寨。[6]明日，胡土使人紿縣官云："吾軍中家屬輜重欲留此山，即率兵赴汴京。"因攝縣官下山，使之前導，一軍隨之而上。山既險固，粮亦充足，遂有久住之意。尋縱軍下山劫掠居民，甚於盜賊，旁近一二百里無不被害。胡土畏變，知而不禁，又所劫牛畜粮糗亦分有之。[7]

[1]白坡：鎮名。在今河南省孟州市西的黄河北岸。

[2]白坡故河清縣：按白坡爲舊河清縣所轄，舊河清縣治所在今白坡西的河清鎮。

[3]河陰：縣名。治所在今河南省鄭州市西北。

[4]破虜都尉：武職，金末所封十三都尉之一。原名總領，正大二年（1225）改稱都尉。原爲正四品，正大四年（1227）升爲從三品。

[5]少林寺：佛寺名。即今河南省登封市嵩山少林寺。

[6]登封縣：治所在今河南省登封市。　太平頂御寨：本書卷二五《地理志中》，“少室山，宣宗置御寨其上”。太平頂御寨當指此。

[7]粮糗（qiǔ）：“糗”字原意爲乾糧，“粮糗”即糧食等食用品。

七月，恒山公武仙、參政思烈兩行省軍，[1]屯登封城南大林下，遣人約之入京。胡土百計不肯下，不得已，乃分其軍四千，與思烈俱東。八月三日，兩行省軍潰於中牟，[2]胡土狼狽上山，殘卒三二十人外偏裨無一人至者。十二月，思烈自留山行省於中京，[3]徵兵同保洛陽，又遷延不行。思烈以檄來，言：“若依前逗遛，自有典憲，[4]吾不汝容矣。”胡土懼，乃挈妻子及軍往中京，留其半山上以爲巢穴。天興二年三月，思烈病卒，留語胡土代行省事。六月，敵勢益重，强伸方盡力戰禦，而胡土即領輕騎、挈妻子棄城南奔，遂失中京。

[1]恒山公武仙：恒山公，封爵名。郡公封號，爲宣宗時所封九郡公之一，二品。武仙，本書卷一一八有傳。

[2]中牟：縣名。治所在今河南省中牟縣。

[3]留山：有留山鎮在今河南省南召縣西，留山當在其附近。

[4]典憲：國家法度。

初，胡土在太平頂既顧望不進，又懼人議己，乃出榜募人爲救駕軍，云：“一旅之衆可以興復國家，諸人有能奮發許國捐軀者，豈不濟大事乎！”於是，不逞之徒隨募而出，得澤人緝麻觜、武録事等二十餘人，[1]促令赴京，行及盧店即行劫，[2]械至，杖之二百，人無不竊笑。

[1]澤：州名。治所在今山西省晋城市。　緝麻觜（zī）、武録事：緝麻觜，人名。武録事，当爲武姓録事，不知其名。二人其他事迹俱不詳。

[2]盧店：地名。所在地不詳。

既而，走蔡州，[1]上召見慰問，而心薄之。會宋人攻唐州，[2]元帥烏古論黑漢屢遣人告急，[3]即命胡土領忠孝軍百人，就徵西山招撫烏古論换住、黄八兒等軍赴之。[4]胡土率兵至唐，宋人斂避，縱其半入城，夾擊之，胡土大敗，僅存三十騎以還，换住死焉。

[1]蔡州：治所在今河南省汝南縣。

[2]唐州：治所在今河南省唐河縣。

[3]烏古論黑漢：女真人。時爲唐州刺史、行元帥府事，本書卷一二三有傳。

[4]西山招撫：即西山招撫使。　烏古論换住：女真人。生平不詳。　黄八兒：生平不詳。

既而，以胡土爲殿前都點檢，罷權参政。大兵圍蔡，分軍防守，胡土守西面。十一月，胡土之奴竊其金牌，[1]夜縋城降，朝士喧播謂胡土縱之往，將有異志。胡土聞之，内不自安，乞解軍職。上慰之曰："卿父子昆弟皆爲帥臣，受恩不爲不厚，顧肯降耶。且卿向在洛陽不即降，而千里遠來降於蔡，豈人情也哉。聞卿遇奴太察，[2]且其衣食不常給之，此蓋往求溫飽耳，卿何慊焉。”因賜饌以安其心。初，胡土罷機政，頗有怨言，左右勸上誅之，上不聽。及令守西城，尤怏怏不樂，至是始感恩無他慮矣。

[1]金牌：金制兵符。

[2]遇奴太察：對待家奴過於嚴苛。

尋以總帥孛术魯婁室與胡土皆權參政，[1]婁室與右丞仲德同事，[2]胡土防守如故，復以都尉承麟爲東面元帥權總帥。[3]先是，攻東城，婁室隨機備禦。二日移攻南城，烏古論鎬易之，[4]炮擊城樓幾僕，右丞仲德率軍救援，乃罷攻。俄而四面受敵，仲德艱於獨援，遂薦承麟代婁室東面，而乞與婁室同救應。初，胡土失外城，頗慚恨，聲言力小不能令衆，仲德亦薦之，故有是命。蔡城破，投汝水死。

[1]孛术魯婁室：女真人。後死於蔡州之難，其餘事迹不詳。

[2]右丞仲德：右丞，爲副宰相之一，與左丞同爲正二品，位在左丞之下。仲德，女真人。即完顏仲德。本書卷一一九有傳。

[3]承麟：女真人。即完顏承麟，金哀宗臨死前傳皇位於承麟，蔡州破，死於亂軍之中。

[4]烏古論鎬：女真人。本書卷一一九有傳。

贊曰：撒合輦本以佞進，烏林荅胡土戰陣不武，[1]

付以孤城，望其捍禦大難，豈得爲知人乎。强伸一射粮卒耳，及授以兵，乃能應變制勝，遠過二人，力盡乃斃，猶有烈丈夫之風焉。古人有言："四郊多壘，拔士爲將。"[2]使金運未去，伸足以建功名矣夫。

[1]戰陣不武：陣前作戰不勇猛。

[2]四郊多壘，拔士爲將："四郊多壘"，語出《禮記·曲禮上》。"拔士爲將"，《後漢書》卷五一《陳龜傳》，"蠻夷不恭，拔卒爲將"。按此"士"當是指士兵、士卒。

内族思烈，南陽郡王襄之子也。[1]資性詳雅，頗知書史。自五六歲入宫充奉御，甚見寵倖，世號曰"自在奉御"。當宣宗入承大統，[2]胡沙虎跋扈，[3]思烈尚在髫齔，嘗涕泣跪抱帝膝致説曰："願早誅權臣，以靖王室。"帝急顧左右掩其口。自是，帝甚器重之。後由提點近侍局遷都點檢。[4]

[1]南陽郡王襄：南陽郡王，封爵名。金朝十郡王封號之一，正一品。襄，女真人。即完顔襄，本書卷九四有傳。

[2]大統：指皇位。

[3]胡沙虎：女真人。即紇石烈執中。本書卷一三二有傳。

[4]提點近侍局：亦稱近侍局提點，爲近侍局長官。主管皇帝侍從，承宣勅命，轉進奏貼。正五品。

天興元年，汴京被圍，哀宗以思烈權參知政事，行省事于鄧州。會武仙引兵入援，於是思烈率諸軍發自汝州，[1]過密縣，[2]遇大元兵，不用武仙阻澗之策，遂敗績于京水，[3]語在《武仙傳》。中京留守、元帥左監軍任守真死之。上聞，罷思烈行省之職，以守中京。無何，大兵圍中京未能下，崔立遣人監思烈子於中京城下，招之使降。思烈不顧，令軍士射之，既而知崔立已以汴京歸順，病數日而死。

[1]汝州：治所在今河南省汝州市。

[2]密縣：治所在今河南省新密市。

[3]京水：河名。在今河南省新密市北。

初，思烈會武仙等軍入援，即與仙論議不同，仙以思烈方得君，[1]每假借之。思烈謂仙本無入援意，特以朝廷遣一參政召兵，迫於不得已乃行耳。然仙知兵，[2]頗以持重爲事。思烈急於入京，不聽仙策，於是左右司員外郎王渥乃勸思烈曰：[3]"武仙大小數百戰，經涉不爲不多，兵事當共議。"思烈疑其與仙有謀，幾斬之，渥自以無愧於内，不懼也。已而，思烈果敗，渥歿於陣。[4]

[1]得君：意爲受到皇帝的看重和信任。

[2]知兵：精通用兵之道。

[3]左右司員外郎：金尚書省下分左、右司，各分管尚書省三部事務。員外郎爲左、右司長官郎中的副佐，正六品。

[4]渥歿於陣：按《歸潛志》卷二記，王渥"天興改元，從赤盞合喜提兵出援武仙鄭州西，遇北兵，大戰，歿於陣"。與本傳所記事異。

渥字仲澤，後名仲澤，太原人。性明俊不羈，[1]博學善談論，工尺牘，[2]字畫清美，有晋人風。少游太學，[3]長於詞賦，登興定二年進士第。爲時帥奥屯邦獻、完顏斜烈所知，[4]故多在兵間。後辟寧陵令，[5]有治迹，入爲尚書省令史。[6]因使宋至揚州，[7]應對敏給，宋人重之。及還，爲太學助教，[8]轉樞密院經歷官，[9]俄遷右司都事，[10]稍見信用。及思烈往鄧州，以渥爲左右司員外郎，從行。

[1]明俊不羈（jī）：聰明傑出而不拘小節。

[2]工尺牘：精於文辭。古時以木簡作書信，所以稱書信爲尺牘，後引申爲文辭。

[3]太學：官學名。爲當時的最高學府。金太學有漢太學和女真太學之分。

[4]奥屯邦獻：女真人。生平不詳。　完顏斜烈：女真人。即完顏鼎，本名斜烈，畢里海世襲猛安，豐州人，封安平都尉，曾行元帥府事於壽、泗州，後病死。其生平詳見本書卷一二三《完顏陳和尚傳》及《歸潛志》卷六。

[5]寧陵：縣名。治所在今河南省寧陵縣南。

[6]尚書省令史：尚書省屬吏名。正員七十人，漢、女真各三十五人。

[7]揚州：治所在今江蘇省揚州市。

[8]太學助教：國子監屬官。主管教授太學生，爲專職教員。正員四人，正八品。

[9]樞密院經歷官：樞密院屬官。從五品。

[10]右司都事：尚書省右司屬官。正員二人，正七品。

贊曰：思烈夙惠，[1]請誅權奸以立主威，有甘羅、辟疆之風，[2]所謂"茂良不必父祖"者也。[3]中京之圍，崔立脅其子使招之降，不顧而趣射之，何愧乎橋玄。[4]至如不從武仙之言，以至於敗，此蓋時人因惜王仲澤之死而有是言，仙無入援之意則非誣之。

[1]夙惠：自幼聰明。

[2]甘羅：人名。戰國時期下蔡（今安徽省鳳臺縣）人，爲秦國名臣甘茂之孫，因文信侯吕不韋推薦，十二歲出使趙國，回國後被秦始皇封爲上卿。詳見《史記》卷七一。　辟疆：人名。本書疆爲"彊"字之誤，彊與"强"字通。辟彊，漢相張良之子。惠帝崩，辟彊爲侍中，年十五。言於陳平，請拜吕臺、吕産、吕禄等爲將，將兵居南北，陳平等免禍。

[3]茂良不必父祖：語出揚子《法言·重黎》。茂，指甘羅祖甘茂。良，指辟彊父張良。

[4]橋玄：後漢睢陽人。官至太尉。《後漢書》卷五一有傳。

紇石烈牙吾塔一名志。本出新軍，性剛悍喜戰。貞祐間，僕散安貞爲山東路宣撫使，[1]以牙吾塔爲軍中提控。是時，山東群盜蜂起，安貞遣牙吾塔破巨蒙等四堌，[2]又破馬耳山砦，[3]殺劉二祖賊黨四千餘人，[4]降賊八千，虜其僞宣差程寬、招軍大使程福，又降脅從民三萬餘人。貞祐四年六月，積功累遷欄通渡經略使。[5]十月，爲元帥左都監。十二月，行山東西路兵馬都總管府事，[6]兼武寧軍節度使、徐州管内觀察使。[7]

[1]僕散安貞：女真人。本書卷一〇三有傳。　山東路宣撫使：

宣撫使，爲宣撫司長官。金章宗泰和六年（1206）始置陝西宣撫使，節制陝西兵馬公事。八年，改宣撫使爲安撫使。時全國共設十處宣撫司。宣撫使爲從一品。山東東、西路設一宣撫使，簡稱“山東路宣撫使”，治所在今山東省青州市。

[2]巨蒙等四堌（gù）：“堌”，土堡，多用作地名。“巨蒙堌”爲四堌之一，在今山東省費縣西。其他三堌地名失載。

[3]馬耳山砦：“砦”爲“寨”的異體字。馬耳山砦在今山東省諸城市南。

[4]劉二祖：金泰安（今山東省泰安市）人，金宣宗時領導紅襖軍起義，占領泰安，後戰死。

[5]欄通渡經略使：經略司長官。本書《百官志》不載。本書卷一〇三《完顔蒲剌都傳》，“貞祐初，置東西面經略司，就充西面經略使”。1973 年，在今黑龍江省賓縣出土一方金代“經略使司之印”（見景爱《金代官印集》，第 33 頁）。欄通渡，本書卷一五《宣宗紀中》：“徙欄通渡，經略使於黄陵堈。”黄陵堈在今山東曹縣的黄河故道上，故欄通渡當在黄河下游。

[6]山東西路兵馬都總管：主管本路城隍兵馬甲杖，總判府事。正三品。治所在今山東省東平縣。

[7]武寧軍：州軍名。治所在今江蘇省徐州市。

興定二年正月，宋兵萬餘攻泗州，[1]牙吾塔赴援，至臨淮，[2]遇宋人三百，掩殺殆盡。及泗州，宋兵八千圍甚急，督衆進戰，大破之，溺水死者甚衆，獲馬三百餘匹，俘五十餘人。又圍盱眙，[3]宋人閉門堅守不敢出。以騎兵分掠境内，而時遣羸卒薄城誘之。[4]宋人出騎數百來拒，牙吾塔麾兵佯北，[5]發伏擊之，斬首二百。宋人復出步騎八千來援，合擊敗之，殺一太尉，[6]斬首三百。尋獲覘者，[7]稱青平宋兵甚衆，[8]將救盱眙。牙吾塔移兵赴之，宋兵步騎七千人突出，兵少却，旋以輕騎扼其後，[9]初逗遛不與戰，縱之走東南，薄諸河，斬首千餘，溺死者無筭，獲馬牛數百，甲仗以千計。師還，遇宋兵三千於連塘村，[10]斬首千餘級，俘五十人，獲馬三十五疋。[11]宣宗以其有功，賜金帶一。

[1]泗州：治所在今江蘇省盱眙縣北的淮河北岸，舊址已沉入洪澤湖中。

[2]臨淮：縣名。治所在今江蘇省泗洪縣東南，古泗州之北。

[3]盱（xū）眙（yí）：縣名。泗州依郭縣，治所與泗州同。

[4]羸（léi）卒：老弱兵士。　薄：逼近。

[5]佯北：假裝敗北。

[6]太尉：宋朝官名。

[7]覘（chān）者：指南宋的偵察兵。

[8]青平：地名。所在地不詳。

[9]扼（è）：把住、握住之意。

[10]連塘村：所在地不詳。

[11]疋：與“匹”字通。

三年正月，敗宋人於濠州之香山村。[1]二月，又敗於滁州，[2]斬首千級。拔小江寨，[3]殺統制王大篷等，[4]斬三萬，俘萬餘人。又拔輔嘉平山寨，斬首數千，俘五百餘人，獲馬牛數百，粮萬斛。三月，提控奥敦吾里不大敗宋人于上津縣，[5]兵還至濠州，宋人以軍八千拒戰，牙吾塔迎擊敗之，獲馬百餘疋。

[1]濠州：治所在今安徽省鳳陽縣東北。

[2]又敗於滁州：中華點校本據本書卷一五《宣宗紀中》補正爲“又敗之於滁州”。滁州，治所在今安徽省滁州市。

[3]小江寨：所在地不詳。

[4]統制王大蓬：統制，爲南宋領兵官。王大蓬，生平不詳。

[5]奧敦吾里不：女真人。生平不詳。“奧敦”亦作“奧屯”。上津縣：南宋縣名。治所在今湖北省鄖西縣西北。

五年正月，上以紅襖賊助宋爲害，邊兵久勞苦，詔牙吾塔遺宋人書求戰，略曰：“宋與我國通好，百年於此，頃歲以來，納我叛亡，絶我貢幣，[1]又遣紅襖賊乘間竊出，跳梁邊疆，使吾民不得休息。彼國若以此曹爲足恃，請悉衆而來，一決勝負，果能當我之鋒，沿邊城邑當以相奉。度不能，即宜安分保境，何必狐號鼠竊、乘陰伺夜以爲此態耶？且彼之將帥亦自受鉞總戎，[2]而臨敵則望風遠遁，被攻則閉壘深藏，逮吾師還，然後現形耀影以示武。夫小民尚氣，[3]女子有志者猶不爾也，切爲彼國羞之。”

[1]貢幣：指南宋紹興十一年（1141）金宋雙方簽署“紹興和議”，規定南宋每年貢給金朝“歲幣”。和議規定，南宋向金稱臣，每年貢金白銀二十五萬兩、絹二十五萬匹。

[2]受鉞總戎（róng）：“鉞”，古兵器的一種，狀像大斧。這裏的鉞是節鉞的省稱，古時命將先授節鉞。“戎”爲古代兵器的總稱。“受鉞總戎”意爲接受王命，總軍旅之事。

[3]小民尚氣：意思是説鄉間平民最好賭氣争勝。

先是，宋將時青襲破泗州西城。[1]二月，牙吾塔將兵取之，宋兵拒守甚力，乃募死士以梯衝並進，大敗宋兵。時青乘城指麾，射中其目，遂拔衆南奔。乃陳兵橫絶走路擊之，宋兵大潰，遂復泗州西城。三月，復出兵宋境，以報其役，破團山、買家等諸寨，[2]進逼濠州。牙吾塔慮州人出拒，躬率勁兵逆之，遇邏騎二百于城東，[3]擊殺過半。會偵者言前路芻糧甚艱，[4]乃西掠定遠，[5]由渦口而還。[6]九月，又率兵渡淮，大破宋兵於圍山，[7]詔遷官升職有差。

[1]時青：滕陽人。原爲紅襖軍首領，楊安兒等敗，時青降附朝廷，爲濟州義軍萬户。宣宗興定二年（1218），時青又降於宋。興定四年，又上書金朝表示歸附，後再爲宋守，係反復無常之輩。本書卷一一七有傳。

[2]團山、買家：寨堡名。所在地不詳。

[3]邏騎：巡邏騎兵。

[4]芻糧：軍用糧草。

[5]定遠：縣名。南宋濠州屬縣，治所在今安徽省定遠縣。

[6]渦口：地名。按渦河在今安徽省懷遠縣入淮河處，渦口當指渦河河口。

[7]圍山：山名。在淮河南岸。

元光元年五月，以京東便宜總帥兼行户、工部事，[1]上因謂宰臣曰："牙吾塔性剛，人皆畏之，委之行部，無不辦者。至於御下亦頗有術，提控有胡論出者，[2]渠厚待之，常同器而食，其人感奮，遂以戰死。"英王守純曰："凡爲將帥，駕馭人材皆當如此。"上曰：

“然。”未幾，宋人三千潛渡淮，至聊林，[3]盡伐堤柳，塞汴水以斷吾粮道。[4]牙吾塔遣精甲千餘破之，獲其舟及渡者七百人，汴流由是復通。

[1]京東便宜總帥：即京東地區有相對自决權的總領官。　行户、工部事：即代行尚書省户、工部職權。

[2]胡論出：其餘事迹不詳。

[3]聊林：地名。所在地不可考。

[4]汴水：河名。流經今安徽省宿州市、靈璧市，入淮河。

二年四月，上言：“賞罰國之大信，帝王所以勸善而懲惡，其令一出不可中變。向官軍戰殁者皆廩給其家，[1]恩至厚也。臣近抵宿州，乃知例以楮幣折支，[2]往往不給，至于失所。此殆有司出納之吝，不能奉行朝廷德意之過也。自今願支本色，[3]令得贍濟。”以粮儲方艱，詔有司給其半。

[1]廩給其家：由官方供給其家屬生活費用。

[2]楮（chǔ）幣：按“楮”爲木名，皮可造桑皮紙。金朝紙幣以桑皮紙印製，稱“交鈔”。所以“楮幣”即指紙幣交鈔。

[3]本色：按，自唐楊炎實行兩税法，國家賦税分夏秋兩季徵收，夏收錢，秋收糧米，稱“夏税秋糧”。夏税叫“折色”，秋糧稱“本色”。此本色指糧米。

紅襖賊寇壽、潁，[1]剽掠數日而去。牙吾塔聞之，率兵渡淮，偵知朱村、孝義村有賊各數百，分兵攻之，連破兩栅，及焚其村塢數十。[2]還遇宋兵數百，陣淮南岸，擊殺其半，有兵千餘自東南來追，復大敗之。

[1]壽、潁：州名。壽州治所在今安徽省鳳臺縣，潁州治所在今安徽省阜陽市。

[2]村塢：村寨堡壘。

先是，納合六哥殺元帥蒙古綱，[1]據邳州以叛。[2]十月，牙吾塔圍之，焚其樓櫓，斬首百餘。於是，宋鈐轄高顯、統制侯進、正將陳榮等知不能守，[3]共誅六哥，持其首縋城降。六哥既誅，衆猶拒守，方督兵進攻，宋總領劉斌、提控黄温等縛首亂顏俊、戚誼、完顏乞哥，[4]及梟提控金山八打首，[5]遣其校馬俊、吴珪來獻。既而紅襖監軍徐福、統制王喜等亦遣其總領孫成、總押徐琦納款。[6]劉斌等遂率軍民出降，牙吾塔入城，撫慰其衆，各使安集，又招獲紅襖統制十有五人，將官訓練百三十有九人。[7]十一月，遣人來報，仍函六哥首以獻。宣宗大喜，進牙吾塔官一階，賜金三百兩、内府重幣十端，[8]將士遷賞有差。

[1]納合六哥：女真人。時爲邳州從宜經略使，金宣宗元光二年（1223）八月，納合六哥與都統金山顏俊殺害元帥蒙古綱。

[2]邳州：治所在今江蘇省邳州市西南的古下邳城。

[3]鈐轄、正將：南宋官名。武職，爲領兵官。

[4]總領：南宋官名。武職，爲領兵官。　完顏乞哥：女真人。生平不詳。

[5]金山八打：其餘事迹不詳。

[6]總押：紅襖起義政權官名。武職，爲領兵官。

[7]訓練：紅襖起義政權官名。此借用宋官名，訓練官爲軍隊中下級偏裨將校。

[8]重幣十端：即多種顏色的絲織品。端，古代度量單位。古人以二丈爲一端，二端爲一匹。

正大三年十一月，北兵猝入西夏，攻中興府甚急。[1]召陝西行省及陝州、靈寶二總帥訛可、牙吾塔議兵。[2]又詔諭兩省曰："倘邊方有警，内地可憂，若不早圖，恐成噬臍。[3]旦夕事勢不同，隨機應變，若逐旋申奏，恐失事機，並從行省從宜規畫。"

[1]中興府：西夏都城。治所在今寧夏回族自治區銀川市。

[2]靈寶：縣名。治所在今河南省靈寶市北。

[3]噬（shì）臍："噬臍之患"的省語。比喻爲心腹之患。"噬"的原意是咬，"臍"指肚臍。

四年，牙吾塔復取平陽，[1]獲馬三千。是歲，大兵既滅夏國，進攻陝西德順、秦州、清水等城，[2]遂自鳳翔入京兆，關中大震。五年，圍慶陽。[3]六年十月，上命陝省以羊酒及幣赴慶陽犒北帥，爲緩師計。北中亦遣唐慶等往來議和，[4]尋遣斡骨欒爲小使，[5]徑來行省。十二月，詔以牙吾塔與副樞蒲阿權簽樞密院事，内族訛可將兵救慶陽。七年正月，戰于大昌原，[6]慶陽圍解。詔以牙吾塔爲左副元帥，[7]屯京兆。初，斡骨欒來，行省恐泄事機，因留之。蒲阿等既解慶陽之圍，志氣驕滿，乃遣還，謂使者曰："我已準備軍馬，可戰鬭來。"語甚不孫，[8]斡骨欒以此言上聞，太宗皇帝大怒，[9]至應州，[10]以九日拜天，[11]即親統大兵入陝西。八年，遷居民於河南，棄京兆東還。五月，至閿鄉，得寒疾，汗不出，死。

[1]平陽：府、路名。治所在今山西省臨汾市。

[2]德順：州名。治所在今甘肅省静寧縣。

[3]五年，圍慶陽：據中華點校本本卷校勘記，本書卷一七《哀宗紀上》不載正大五年元兵圍慶陽事，而記六年十月"犒北師""緩師"事則與下文同，疑此"五年"或誤。今按本書卷一二三《完顔陳和尚傳》及《遺山文集》卷二七《贈鎮南軍節度使良佐碑》均載，正大五年（1228），蒙古軍隊進入大昌原，陳和尚以忠孝軍四百人敗敵八千。本書卷一一二《移剌蒲阿傳》記正大五年"北軍之在陝西者駸駸至涇州，且阻慶陽糧道"。由此知是年蒙古國雖由拖雷監國，進入陝西的軍隊並未停止攻金，而是進入大昌原（在慶陽府之南），斷慶陽糧道，所以本傳"五年圍慶陽"史事不誤。

[4]唐慶：時爲蒙古國使者，頻繁往來於金蒙之間，名爲議和，實則威脅金人投降。天興元年（1232），唐慶到汴京勸降，激怒金朝軍民，被飛虎軍衛士殺死在館驛中。《元史》卷一五二有傳。

[5]斡骨欒：時爲蒙古國的低級使者，所以稱"小使"。

[6]大昌原：地名。在今甘肅省寧縣東南。金蒙大昌原之戰有兩次，第一次爲正大五年，此爲第二次。

[7]左副元帥：元帥府屬官。與右副元帥並爲都元帥副佐。正二品。

[8]語甚不孫：中華點校本據文義改"孫"爲"遜"。

[9]太宗：此指元太宗，元朝第二任皇帝窩闊台的廟號。元太宗爲成吉思汗第三子，1229年至1241年在位。

[10]應州：治所在今山西省應縣。

[11]以九日拜天：蒙古舊俗，逢九之日舉行拜天之禮，乞求上天保佑。

"塔"亦作"太"，亦曰"牙忽帶"，蓋女直語，無正字也。是歲九月，國信使内族乘慶自北使還，[1]始知牙吾塔不遜激怒之語，且言慶等在旁心魄震蕩，殆不忍聞。當時以帥臣不知書，悮國乃爾。[2]

[1]乘慶：女真人。即完顔乘慶，時爲出使蒙古的使者。

[2]悮國乃爾：中華點校本據文義改"耳"爲"爾"。悮，"誤"的異體字。

塔爲人鷙狠狼戾，[1]好結小人，不聽朝廷節制。嘗入朝，詣省堂，[2]詆毁宰執，[3]宰執亦不敢言，而上倚其鎮東方，亦優容之。尤不喜文士，僚屬有長裾者輒以刀截去。又喜凌侮使者，凡朝廷遣使來，必以酒食困之，或辭以不飲，因併食不給，使餓而去。司農少卿張用章以行户部過宿，[4]塔飲以酒，張辭以寒疾，塔笑曰："此易治耳。"趨左右持艾來，[5]卧張於床，灸之數十。[6]又以銀符佩妓，[7]屢往州郡取賕，州將之妻皆遠迎迓，[8]號"省差行首"，[9]厚賄之。御史康錫上章劾之，且曰："朝廷容之，適所以害之。欲保全其人，宜加裁制。"朝廷竟不治其罪。以屢敗宋兵，威震淮、泗，好用鼓椎擊人，[10]世呼曰"盧鼓椎"，其名可以怖兒啼，大概如呼"麻胡"云。[11]

[1]鷙（zhì）狠狼戾：兇狠殘暴。

[2]省堂：亦稱"都堂"，尚書省辦公之處。

[3]宰執：宰相與執政官。金尚書省設尚書令一員，下設左、右丞相各一員，平章政事二員，爲宰相。左、右丞各一員，參知政事二員，爲副宰相，亦稱"執政官"。

[4]司農少卿：司農司屬官。司農司原名勸農使司，金宣宗興定六年（1222）改稱司農司，掌勸課天下力田之事，兼采訪公事。正員三人，正五品。　張用章：即張俊民。《歸潛志》卷五，"張户部俊民，字用章，延安人。撰第，以材幹稱。嘗爲户部郎中，進侍郎。遭亂北遷，病卒"。

[5]艾：中草藥名。即艾蒿，可以點燃去寒毒。

[6]灸：燒。

[7]銀符佩妓：讓妓女佩帶銀制兵符。

[8]迎迓（yà）：迎接。

[9]行（háng）首：宋元時期對上等妓女的一種稱呼。

[10]鼓椎：敲鼓的木棰。

[11]麻胡：傳説中人名。舊時民間常用以嚇唬小孩。宋人王楙《野客叢書》卷二一，"今人呼'麻胡來'以怖小兒"。

有子名阿里合，世目曰"小鼓椎"，嘗爲元帥，從哀宗至歸德，與蒲察官奴作亂，[1]伏誅。

[1]蒲察官奴：契丹人。本書卷一一六有傳。

康錫字伯禄，趙州人。[1]至寧元年進士。[2]正大初，由省掾拜御史，[3]劾侯摯、師安石非相材，[4]近侍局宗室撒合輦聲勢熏灼，[5]請托公行，不可使在禁近，時論韙之。[6]轉右司都事、京南路司農丞，[7]爲河中路治中。[8]河中破，從時帥率兵南奔，濟河，船敗死。[9]爲人氣質重厚，公家之事知無不爲，與雷淵、冀禹錫齊名。[10]

[1]趙州：原爲北宋慶源府趙郡慶源軍，金天會七年（1129）改爲趙州，天德三年（1151）又改爲沃州，治所在今河北省趙縣。按《遺山文集》卷二一《大司農丞康君墓表》記康錫是寧晋人。寧晋爲縣名，時爲趙州（沃州）屬縣，治所在今河北省寧晋縣，所以知康錫是趙州寧晋縣人。

[2]至寧：金衛紹王年號（1213）。

[3]省掾（yuàn）：尚書省屬吏。指尚書省令史。

[4]侯摯、師安石：本書卷一〇八各有傳。

[5]近侍局：官署名。主管皇帝侍從，承宣勑命，轉進奏帖。《歸潛志》卷七："金朝近習之權甚重，置近侍局於宮中，職雖五品，其要密與宰相等，如舊日中書，故多以貴戚、世家、恩倖者居其職，士大夫不預焉。"

[6]時論韙之：時人贊同其説。"韙"字原意是"對"。

[7]右司都事：尚書省右司屬官。正員二人，正七品。　京南路司農丞：即南京路司農丞。宣宗興定六年（1222），於陝西和河南三路置行司農司。哀宗正大元年（1224），歸德、許州、河南、陝西等各置行司農司。京南路司農丞爲京南路行司農司屬官，正六品。

[8]河中路治中：按金無河中路。《遺山文集》卷二一《大司農丞康公墓表》作"河中府治中"。所以"路"當爲"府"字之誤。河中府治中爲官名，即河中府少尹，正五品。

[9]船敗死：敗，毁壞。據上引墓表記，康錫"出爲河中府治中，充行尚書六部郎中。城陷，投水死，時年四十八"。與本傳稍異。

[10]冀禹錫：《歸潛志》卷二記，冀禹錫字京父，惠州龍山縣人，十九歲舉大興府府試第一名，衛紹王至寧元年與雷淵同榜中進士。哀宗時官至尚書省都事，隨哀宗東狩，歿於蒲察官奴之亂，死年四十三。按，《中州集》小傳作“四十二”。

贊曰：金自胡沙虎、高琪用事，風俗一變，朝廷矯寬厚之政，好爲苛察，然爲之不果，反成姑息。將帥鄙儒雅之風，好爲粗豪，然用非其宜，終至跋扈。牙吾塔戰勝攻取，威行江、淮，而矜暴不法，[1]肆侮王人，[2]此豈可制者乎？棄陝而歸，死於道途，殆其幸歟。其子効尤，[3]竟陷大僇，[4]君子乃知康錫之言不爲過也。

[1]矜（jīn）暴：倨傲而殘暴。

[2]肆侮王人：毫無顧忌地侮辱朝廷大臣。

[3]効尤：明知有錯仍仿効之。“尤”字意爲錯誤。

[4]僇（lù）：與“戮”字通。

金史　卷一一二

列傳第五十

完顏合達　移剌蒲阿

完顏合達名瞻，[1]字景山。少長兵間，習弓馬，能得人死力。貞祐初，[2]以親衛軍送岐國公主，[3]充護衛。[4]三年，授臨潢府推官，[5]權元帥右監軍。[6]時臨潢避遷，與全、慶兩州之民共壁平州。[7]合達隸其經略使烏林荅乞住，[8]乞住以便宜授軍中都統，[9]累遷提控，[10]佩金符。[11]未幾，會燕南諸帥將兵復中都城，[12]行至平州遷安縣，[13]臨潢、全慶兩軍變，殺乞住，擁合達還平州，推爲帥，統乞住軍。合達以計誅首亂者數人。其年六月，北兵大將喊得不遣監戰提軍至平州城下，[14]以州人黄裳入城招降，父老不從，合達引兵逆戰，知事勢不敵，以本軍降於陣。監戰以合達北上，留半歲，令還守平州。已而，謀自拔歸，乃遣奉先縣令紇石烈布里哥、北京教授蒲察胡里安、右三部檢法蒲察蒲女涉海來報。[15]

［1］完顔合達：本書卷一一一《訛可傳》作“完顔合打”。“打”“達”爲同音字。

［2］貞祐：金宣宗年號（1213—1217）。

［3］岐國公主：公主封爵名。岐國公主是衛紹王之女。本書卷一四《宣宗紀上》貞祐二年三月，“奉衛紹王公主歸於大元太祖皇帝，是爲公主皇后”，即岐國公主。

［4］護衛：原作“護尉”，中華點校本改爲“護衛”，甚是。護衛，皇帝的侍衛親軍。

［5］臨潢府推官：臨潢府屬官。主管綱紀衆務，分判工、刑案事。正七品。臨潢府治所在今内蒙古自治區巴林左旗林東鎮東南原遼上京舊城址。

［6］權元帥右監軍：權，代理。元帥右監軍，都元帥府屬官，掌征伐之事。正三品。

［7］全、慶：州名。全州治所在今西拉木倫河與察罕木倫河合流處附近。慶州治所在今内蒙古自治區巴林右旗白塔子，又名“插漢城”。　平州：治所在今河北省盧龍縣。

［8］經略使：經略司長官。本書《百官志》不載。本書卷一〇三《完顔蒲剌都傳》，“貞祐初，置東西面經略司，就充西面經略使”。卷二四《地理志上》平州，“貞祐二年四月置東面經略司，八月罷”。　烏林荅乞住：大名路猛安女真人。世宗大定二十八年（1188）進士，宣宗時，官至元帥右都監，赴援中都，戰死。本書卷一二二有傳。

［9］便宜：本書卷四四《兵志》，“及南遷，河北封九公，沿河諸城置行樞密院元帥府，大者有‘便宜’之號，小者有‘從宜’之名”。“便宜”行府、行院全權决定不必申報朝廷。　軍中都統：武職，即領兵都統官。金末招募義軍，以四萬户爲一副統，兩副統爲一都統，都統官爲正七品。

［10］提控：亦稱總領。金末義軍於都統官之外又設總領使提控

其軍，所以又稱提控。提控官原爲從五品，哀宗正大二年（1225）升爲正四品。出土的金代官印中有“提控之印”（見景愛《金代官印集》，文物出版社 1991 年版，第 195、196 頁）。

［11］金符：金制兵符，亦稱“金牌”。金初以金牌授萬户，銀牌授猛安，木牌授謀克、蒲輦。金、銀、木牌是領兵官的憑證，亦可以督戰。見《辛巳泣蘄録》，“金牌郎、銀牌郎執刀斧，以脅造筏之兵，不向前者斫之”。

［12］燕南：地域名。指燕山以南地區。　中都：都城名。原名燕京，遼稱南京析津府，金海陵王行都於此，改稱中都大興府，簡稱中都，治所在今北京市。

［13］遷安縣：遼稱安喜縣，金世宗大定七年（1167）改爲遷安縣，治所在今河北省遷安縣。

［14］北兵：指蒙古軍隊。　喊得不：蒙古人，時爲蒙古領兵將領。

［15］奉先縣：按本書卷二四《地理志上》廣寧府，“舊有奉玄縣，天會八年改爲鍾秀縣”。“奉玄”即“奉先”，原爲遼縣名，治所在今遼寧省北鎮市。本傳既稱奉先縣，疑金末鍾秀縣又復舊稱，待考。　紇石烈布里哥：女真人。生平不詳。　北京教授：本書卷五一《選舉志一》記，金世宗大定十三年（1173）“始設女真國子學，諸路設女真府學，以新進士爲教授”。北京教授，即北京路女真府學教授，掌教授女真府學生。　蒲察胡里安：女真人。生平不詳。　右三部檢法：尚書省右三部檢法司屬官。正員二十二人，從八品。　蒲察蒲女：女真人。生平不詳。

四年十一月，合達果率所部及州民並海西南歸國。詔進官三階，[1]升鎮南軍節度使，[2]駐益都，[3]與元帥蒙古綱相應接，[4]充宣差都提控。[5]十二月，大元兵徇地博興、樂安、壽光，[6]東涉濰州之境，[7]蒙古綱遣合達率兵屢戰於壽光、臨淄。[8]興定元年正月，[9]轉通遠軍節度使、兼鞏州管内觀察使。[10]七月，改平西軍節度使、兼河州管内觀察使。[11]二年正月，知延安府事、兼鄜延路兵馬都總管。[12]

［1］進官三階：升散官階三級。

［2］鎮南軍節度使：州軍名。掌鎮撫諸軍防刺，總判本鎮兵馬，兼蔡州管内觀察使事。從三品。治所在今河南省汝南縣。

［3］益都：府、路名。治所在今山東省青州市。

［4］蒙古綱：咸平府猛安女真人。章宗承安五年（1200）進士，宣宗時，行省於邳州，興定五年（1221），邳州發生兵變，遇害。本書卷一〇二有傳。

［5］宣差都提控：按，"提控"是金末官名，前加"都"字，意爲"總"。"宣差"與後代欽差之意相似，表明有很大的自決權。此官職本書《百官志》不載，現發現金代"宣差都提控印"兩方。其一印背刻"□定三年十一月行宫禮部造"，出土地點和時間不詳。另一方1975年5月出土於遼寧省法庫縣（二印並見景愛《金代官印集》，第63頁）。

［6］大元：元代國號。按時蒙古國尚未改國號爲大元，《金史》是元朝人所修，所以稱蒙古國爲"大元"。　博興、樂安、壽光：縣名。博興縣治所在今山東省博興縣，樂安縣治所在今山東省惠民縣，壽光縣治所在今山東省壽光市。

［7］濰州：治所在今山東省濰坊市。

［8］臨淄：縣名。治所在今山東省淄博市東北。

［9］興定：金宣宗年號（1217—1222）。

［10］通遠軍：州軍名。治所在今甘肅省隴西縣。

［11］平西軍：州軍名。治所在今甘肅省東鄉縣西南舊河州城。

［12］知延安府事：即延安府尹，延安府行政長官。正三品。治

所在今陝西省延安市。　鄜（fū）延路兵馬都總管：由總管府府尹兼職。掌統諸城隍兵馬甲杖，總判府事。正三品。治所與延安府同。

三年正月，詔伐宋，以合達爲元帥右都監。三月，破宋兵於梅林關，[1]擒統領張時。[2]又敗宋兵於馬嶺堡，[3]獲馬百匹。又拔麻城縣，[4]獲其令張倜、幹辦官郭守紀。[5]

[1]梅林關：關隘名。所在地不詳。

[2]統領張時：統領，宋官名。屬下級領兵官。張時，生平不詳。

[3]馬嶺堡：寨堡名。按馬嶺鎮在今甘肅省環縣南一百二十里，馬嶺堡當在其地。

[4]麻城縣：治所在今湖北省麻城市東北。

[5]令張倜：令，即縣令。張倜，生平不詳。　幹辦官郭守紀：幹辦官，亦稱“幹辦公事”，是軍事機構的屬官。郭守紀，生平不詳。

四月，夏人犯通秦，[1]合達出兵安塞堡，[2]抵隆州，[3]夏人自城中出步騎二千逆戰，進兵擊之，斬首數十級，俘十人，遂攻隆州，陷其西北隅，[4]會日暮乃還。六月，行元帥府事於唐、鄧，[5]上遣諭曰：“以卿才幹故委卿，無使敵人侵軼，[6]第固吾圉可也。”[7]四年正月，復爲元帥右都監，屯延安。十月，夏人攻綏德州，[8]駐兵于拄天山，[9]合達將兵擊之，別遣先鋒提控樊澤等各率所部分三道以進，[10]畢會于山顛，見夏人數萬餘傅山而陣，[11]即縱兵分擊，澤先登，摧其左軍，諸將繼攻其右，敗之。

[1]夏人犯通秦：中華點校本據本書卷一五《宣宗紀中》和卷一三四《西夏傳》的相關記載，於句末補“寨”字。通秦砦，寨堡名。亦作“通秦寨”，在今陝西省佳縣西北。

[2]安塞堡：寨堡名。在今陝西省安塞縣西北。

[3]隆州：西夏轄地，今地不詳。

[4]陷其西北隅：中華點校本據本書卷一五《宣宗紀中》和卷一三四《西夏傳》的相關記載，改“西北”爲“西南”。

[5]行元帥府事：即代行元帥府的權事，行元帥府簡稱“行府”。已發現金代“行元帥府之印”二方，一藏上海博物館，一藏吉林大學（見景愛《金代官印集》，第99頁）。　唐、鄧：州名。唐州治所在今河南省唐河縣，鄧州治所在今河南省鄧州市。

[6]侵軼：侵犯襲擊。

[7]圉（yǔ）：此喻指邊疆。

[8]綏德州：治所在今陝西省綏德縣。

[9]拄天山：山名。所在地不詳。

[10]樊澤：按本書卷四四《兵志》記，天興初十五都尉（應爲十三都尉，參見都興智《金代官制的幾個問題》，《遼寧師範大學學報》1999年第4期）中有“許州折衝夾谷澤”，下注“本姓樊”。知樊澤即夾谷澤，“夾谷”或是賜姓。

[11]傅山而陣：傅，“逼近”之意。

五年五月，知延安府事，兼前職。上言：“諸軍官以屢徙，故往往不知所居地形迂直險易，緩急之際恐至敗事，自今乞勿徙。”又言：“河南、陝西鎮防軍皆分屯諸路，在營惟老稚而已。乞選老成人爲各路統軍以鎮撫之，[1]且督其子弟習騎射，將來可用。”皆從之。

[1]統軍：即統軍使。金初置大名統軍司，海陵王天德二年（1150）罷，而改設統軍司於陝西、山西、山東、河南，以元帥府的都監、監軍爲統軍使，分統天下兵馬。此處所説的統軍，即指各路的領兵官。

十一月，夏人攻安塞堡，其軍先至，合達與征行元帥納合買住禦之。[1]合達策之曰：“比北方兵至，先破夏人則後易爲力。”於是潛軍裹糧倍道兼進，夜襲其營，夏人果大潰，追殺四十里，墜崖谷死者不可勝計。上聞之，賜金各五十兩、重幣十端，[2]且詔諭曰：“卿等克成大功，朕聞之良喜。經畫如此，彼當知畏，期之數年，卿等可以休息矣。”仍詔以合達之功徧諭河南帥臣。是月，與元帥買住又戰延安，皆被重創。十二月，以保延安功賜金帶一、玉吐鶻一、重幣十端。[3]

[1]納合買住：女真人。本書卷一五《宣宗紀中》載，納合買住興定三年（1219）爲提控官。

[2]重幣十端：重幣，有色彩的絲織品。端，古代度量單位。古人以二丈爲一端，二端爲一匹。

[3]玉吐鶻：一種雕有鷹鶻圖案的玉帶。

元光元年正月，[1]遷元帥左監軍，[2]授山東西路吾改必剌世襲謀克。[3]權参知政事，[4]行省事於京兆。[5]未幾，真拜。[6]是年五月，上言：“頃河中安撫司報，[7]北將按察兒率兵入隰、吉、翼州，[8]寖及榮、解之境，[9]今時已暑，猶無回意，蓋將蹂吾禾麥。倘如此，則河東之土非吾有也。[10]又河南、陝西調度仰給解鹽，今正漉鹽之時，[11]而敵擾之，將失其利。乞速濟師，臣已擬分兵二萬，與平陽、上黨、晋陽三公府兵同力禦之。[12]竊見河中、榮、解司縣官與軍民多不相諳，守禦之間或失事機。乞從舊法，凡司縣官使兼軍民，庶幾上下相得，易以集事。”又言鹽利，“今方敵兵迫境，不厚以分人，孰肯冒險而取之。若自輸運者十與其八，則人争赴以濟國用。”從之。

[1]元光：金宣宗年號（1222—1223）。

[2]元帥左監軍：都元帥府屬官。掌征伐之事。正三品。1954年，在河北省保定市徵集一方金代“元帥府監軍印”（見景愛《金代官印集》，第88頁）。

[3]山東西路吾改必剌世襲謀克：女真地方行政設置長官的名稱。謀克相當於縣，亦稱百户，受封人有領地、封户，爲世襲職。山東西路，路名。治所東平府，在今山東省東平縣。吾改必剌世襲謀克，“必剌”是女真語“河”之意，此謀克當得名於吾改河。吾改河今名待考。

[4]參知政事：尚書省執政官。佐治省事。正員二人，從二品。

[5]京兆：府、路名。治所在今陝西省西安市。

[6]真拜：正式委任。中華點校本本卷校勘記云，按本書卷一七《哀宗紀上》記，正大元年三月，完顏合達“授金虎符，權參知政事，行尚書省於京兆，兼統河東兩路”。本傳將其事繫於宣宗元光元年，實誤。

[7]河中安撫司：官署名。原名宣撫司，始設於金章宗泰和六

年（1206）。八年，改爲安撫司。金末全國共設十安撫司，主管鎮撫人民、譏察邊防軍旅、審録重刑事。河中安撫司治所河中府，在今山西省永濟市西南。

[8]北將按察兒：北將，指蒙古將領。按察兒，蒙古人。《元史》作“按札兒”，姓拓跋氏。時隨木華黎攻金，爲前鋒總帥。《元史》卷一二二有傳。　隰（xí）、吉、翼：州名。隰州治所在今山西省隰縣，吉州治所在今山西省吉縣。翼州原爲絳州屬縣翼城，金宣宗興定四年（1220）七月升爲翼州，治所在今山西省翼城縣。

[9]寖及榮、解之境：寖，與“浸”字通，漸漸之意。榮、解，州名。榮州原是河中府所屬榮縣，金宣宗貞祐三年（1215）升爲榮州，治所在今山西省萬榮縣西南。解州治所在今山西省遠城縣西南。

[10]河東：地區名。泛指今黄河大曲折以東的山西省中南部之地。

[11]漉（lù）鹽：曬鹽。按，“漉”字有使之乾涸之意。

[12]平陽、上黨、晋陽三公：封爵名。郡公封號，是金宣宗時所封的河朔地方武裝九郡公當中的三個。平陽公胡天作，原爲平陽招撫使；上党公張開，原爲昭義軍節度使；晋陽公郭文振，原爲遼州從宜都提控。以上三郡公本書卷一一八各有傳。

葭州提控王公佐言於合達曰：[1]“去歲十月，北兵既破葭州，構浮梁河上。公佐寓治州北石山子，[2]招集餘衆得二千餘人，欲復州城。以士卒皆自北逃歸者，且無鎧仗，故嘗請兵於帥府，將焚其浮橋，以取葭州，帥府不聽。又請兵援護老幼稍徙内地，而帥府亦不應。今葭州之民迫於敵境，皆有動摇之心。若是秋敵騎復來，則公佐力屈死於敵手，而遺民亦俱屠矣。”合達乃上言：

"臣願馳至延安，與元帥買住議，以兵護公佐軍民來屯吴堡，[3]伺隙而動。"詔省院議之，[4]於是命合達率兵取葭州。行至鄜州，[5]千户張子政等殺萬户陳紋，[6]將掠城中。合達已勒兵爲備，子政等乃出城走，合達追及之，衆復來歸，斬首惡數十人，軍乃定。

[1]葭（jiā）州提控：即葭州總領，從五品。葭州治所在今陝西省佳縣。王公佐，生平不詳。

[2]石山子：地名。在葭州之北。

[3]吴堡：亦作"吴堡寨"，在今山西省吴堡縣北。

[4]省院：指尚書省和樞密院。

[5]鄜州：治所在今陝西省富縣。

[6]千户：即女真語"猛安"，漢語稱千户。金末招募義軍，以二十五人爲一謀克，五謀克爲一千户，其千户之官已無法與中前期的猛安相比。　萬户：金末義軍萬户衹轄四千户，萬户官僅爲正九品。

六月，合達上言："累獲諜者，[1]皆云北方已約夏人，將由河中、葭州以入陝西。防秋在近，[2]宜預爲計。今陝西重兵兩行省分制之，[3]然京兆抵平凉六百餘里，[4]萬一敵梗其間，使不得通，是自孤也。宜令平凉行省内族白撒領軍東下，[5]與臣協力禦敵，以屏潼、陝，[6]敵退後復議分司爲便。"詔許之。二年二月，以保鳳翔之功進官，[7]賜金幣及通犀帶一。[8]是時，河中已破，合達提兵復取之。

[1]諜者：指蒙古的刺探偵察人員。

[2]防秋：古代軍事術語，即備戰。古人多於秋季收割莊稼後進行交戰，所以稱備戰爲“防秋”。

[3]兩行省：指當時的京兆行省和平凉行省。

[4]平凉：府名。治所在今甘肅省平凉市，時亦爲平凉行省治所。

[5]内族白撒：内族，即完顔宗室。世宗以前稱“宗室”，章宗明昌年間後因避世宗父宗輔（一名宗堯）諱，改稱“内族”。白撒，女真人。即完顔白撒。本書卷一一三有傳。

[6]潼、陜：潼，指潼關，在今陜西省潼關縣北。陜，州名。治所在今河南省陜縣。

[7]鳳翔：府名。治所在今陜西省鳳翔縣。

[8]通犀帶：一種犀牛角作佩飾的腰帶。

正大二年七月，[1]陜西旱甚，合達齋戒請雨，雨澍，[2]是歲大稔，[3]民立石頌德。延安既殘毁，合達令於西路買牛付主者，招集散亡，助其耕墾，自是延安之民稍復耕稼之利。八月，鞏州田瑞反，[4]合達討之，諸軍進攻，合達移文諭之曰：“罪止田瑞一身，餘無所問。”不數日，瑞弟濟殺瑞以降，[5]合達如約撫定一州，民賴以寧。三年，詔還平凉行省。四年二月，徵還，[6]拜平章政事、芮國公。[7]七年七月庚寅朔，以平章政事妨職樞密副使。[8]初，蒲阿面奏：[9]“合達在軍中久，今日多事之際乃在於省，用違其長。臣等欲與樞密協力軍務，擢之相位似亦未晚。”故有此授。

[1]正大：金哀宗年號（1224—1232）。

[2]雨澍（shù）：雨下得很及時。

[3]大稔（rěn）：大豐收。

[4]田瑞：時爲鞏州元帥，據鞏州反叛。

[5]田濟：按本書卷一七《哀宗紀上》記，田瑞被其同母弟十哥所殺。本書卷一二四《郭蝦蟆傳》，“瑞開門突出，爲其弟濟所殺”。知田濟别名（或小字）爲十哥。

[6]四年二月，徵還：中華點校本本卷校勘記云，按本書卷一七《哀宗紀上》正大六年二月，“召平章政事完顔合達還朝”。本傳四年當爲“六年”之誤。

[7]平章政事：金尚書省宰相之一。掌丞天子，平章萬機。定員二人，從一品。　芮國公：封爵名。小國封號，明昌格第三十位。

[8]妨職樞密副使：爲代理、攝守樞密副使。本書卷一七《哀宗紀上》七年七月條，“以平章政事合達權樞密副使”。　樞密副使：爲樞密使的副佐，協助樞密使主管武備機密之事。從二品。

[9]蒲阿：契丹人。即移剌蒲阿。

十月己未朔，詔合達及樞密副使蒲阿救衛州。[1]初，朝廷以恒山公仙屯衛州，[2]公府節制不一，[3]欲合而一之。至是，河朔諸軍圍衛，内外不通已連月，但見塔上時舉火而已。合達等既至，先以親衛兵三千嘗之，北兵小退，翼日圍解。[4]上登承天門犒軍，[5]皆授世襲謀克，賜良馬玉帶，全給月俸本色，[6]蓋異恩也。

[1]衛州：州名。治所在今河南省衛輝市。

[2]恒山公仙：恒山公，封爵名。郡公封號，爲金宣宗所封河朔九郡公之一，二品。仙，即武仙，本書卷一一八有傳。

[3]公府：官署名。即九郡公的軍府。

[4]翼日：第二天。“翼”與“翌”字通。

[5]承天門：城門名。爲南京宫城正北門。

[6]全給月俸本色：月俸全部發給俸米。金代官員的俸禄一部分發紙幣，一部分發俸米。時米貴幣輕，全部折成俸米發給，也算是對領受者的一種特殊照顧。

未幾，以蒲阿權參知政事，同合達行省事於閺鄉，[1]以備潼關。先是，陝省言備禦策，朝官集議，上策親征，中策幸陝，下策棄秦保潼關。[2]議者謂止可助陝西軍以决一戰，使陝西不守，河南亦不可保。至是，自陝以西亦不守矣。

[1]閺（wén）鄉：縣名。"閺鄉"亦作"閿鄉"，治所在今陝西省潼關縣東。

[2]秦：此指地名，指春秋戰國時期的秦國之地，即關中地區。

八年正月，北帥速不斛攻破小關，[1]殘盧氏、朱陽，[2]散漫百餘里間。潼關總帥納合買住率夾谷移迪烈、都尉高英拒之，[3]求救於二省。省以陳和尚忠孝軍一千，[4]都尉夾谷渾軍一萬往應，[5]北軍退，追至谷口而還。[6]兩省輒稱大捷，以聞。既而北軍攻鳳翔，二省提兵出關二十里，與渭北軍交，[7]至晚復收兵入關，鳳翔遂破。二省遂棄京兆，與牙古塔起遷居民於河南，[8]留慶山奴守之。[9]九月，北兵入河中，時二相防秋還陝，量以軍馬出冷水谷以爲聲援。[10]

[1]速不斛（dǎi）：蒙古兀良哈部人。亦作"速不台""速不

歹”，時隨元太宗攻金。《元史》卷一二一有傳。　小關：關隘名。在今陝西省潼關縣境，舊潼關西小谷，又名禁谷、禁坑。

［2］盧氏、朱陽：縣名。盧氏縣治所在今河南省盧氏縣，朱陽縣治所在今河南省靈寶市西南。

［3］夾谷移迪烈：女真人。生平不詳。　都尉：武職。金宣宗時招募義軍，置總領使，從五品。至哀宗正大二年（1225），改總領爲都尉，先升爲四品，後升爲三品。　高英：生平不詳。

［4］陳和尚：女真人。即完顏陳和尚，漢名彝，時爲忠孝軍提控。哀宗正大八年（1231），陳和尚曾率四百騎兵大破蒙古八千之衆於大昌原，取得抗蒙戰争一次重大的勝利。本書卷一二三有傳。忠孝軍：軍名。金末以回紇、乃蠻、羌、吐谷渾及兩河逃亡者組成的一支軍隊。由於待遇優厚，戰鬬力較强，至哀宗天興年間，忠孝軍發展到一萬八千餘人。

［5］都尉夾谷渾：中華點校本據本書卷四四《兵志》、卷一一四《白華傳》的相關記載，改“夾谷渾”爲“夾谷澤”，甚是。夾谷澤，即樊澤，本爲漢人，賜姓夾谷。據本書《兵志》，夾谷澤時爲許州折衝都尉。

［6］北軍退，追至谷口而還：按，“谷口”即倒回谷口。此次戰役稱“倒回谷之役”。倒回谷口在今陝西省藍田縣東南。

［7］渭北：地區名。泛指今陝西渭河以北之地。

［8］牙古塔：女真人。即紇石烈志，出身親軍。哀宗時，牙古塔爲左副元帥，領兵守京兆府。正大八年（1231），蒙古軍隊來攻，牙古塔棄京兆東奔，至閿鄉病死。本書卷一一一有傳

［9］慶山奴：女真人。即完顏承立，本名慶山奴。本書卷一一六有傳。

［10］冷水谷：山谷名。在今陝西省西安市臨潼區西。

十一月，鄧州報，北兵道饒峰關，[1]由金州而東。[2]

於是，兩省軍入鄧，遣提控劉天山以劄付下襄陽制置司，[3]約同禦北兵，且索軍食。兩省以前月癸卯行，留楊沃衍軍守閿鄉。[4]沃衍尋被旨取洛南路入商州，[5]屯豐陽川備上津，[6]與恒山公仙相掎角。合達復留禦侮中郎將完顏陳和尚於閿鄉南十五里，[7]乃行。陳和尚亦隨而往。沃衍軍八千及商州之木瓜平，[8]一日夜馳三百里入桃花堡，[9]知北兵由豐陽而東，亦東還，會大軍於鎮平。[10]恒山公仙萬人元駐胡陵關，[11]至是亦由荆子口、順陽來會。[12]十二月朔，俱至鄧下，屯順陽。乃遣天山入宋。

[1]饒峰關：宋關隘名。在今陝西省石泉縣西。

[2]金州：宋州名。治所在今陝西省安康市。

[3]劉天山：生平不詳。　劄付：按本傳下文有“劄付者指揮之別名”，知乃皇帝的詔勅。　襄陽制置司：官署名。時南宋在襄陽（今湖北省襄樊市）所設制置使的官署。《宋史》卷一六七《職官志七》，“制置使，不常置，掌經劃邊鄙軍旅之事”。

[4]楊沃衍：西北路招討司唐括迪剌部人。賜姓烏林荅氏，後又賜楊姓，時爲元帥左監軍。本書卷一二三有傳。

[5]商州：治所在今陝西省商洛市。

[6]豐陽川：河名。在今陝西省山陽縣東。　上津：宋縣名。治所在今湖北省鄖西縣西北。

[7]禦侮中郎將：《遺山文集》卷二七《贈鎮南軍節度使良佐碑》載，完顏陳和尚自正大八年（1231）倒回谷之役後，“不四五遷爲中郎將，官世襲”。據本傳知，全稱應爲禦侮中郎將，本書《百官志》不載。

[8]木瓜平：地名。具體地點不詳。

［9］桃花堡：寨堡名。具體地點不詳。

［10］鎮平：地名。在今河南省鎮平縣。

［11］胡陵關：關隘名。按有胡嶺關，在今陝西省商洛市南，是否爲胡陵關，待考。

［12］荆子口：地名。在今河南省淅川縣南。　順陽：鎮名。在今河南省淅川縣南。

初，宋人於國朝君之、伯之、叔之，納歲幣將百年。[1]南渡以後，[2]宋以我爲不足慮，絶不往來。故宣宗南伐，[3]士馬折耗十不一存，雖攻陷淮上數州，徒使驕將悍卒恣其殺虜、飽其私欲而已。又宣徽使奥敦阿虎使北方，[4]北中大臣有以輿地圖指示之曰："商州到此中軍馬幾何？"又指興元云："我不從商州，則取興元路入汝界矣。"[5]阿虎還奏，宣宗甚憂之。哀宗即位，[6]群臣建言可因國喪遣使報哀，副以遺留物，因與之講解，盡撤邊備，共守武休之險。[7]遂下省院議之，而當國者有仰而不能俯之疾，皆以朝廷先遣人則於國體有虧爲辭。元年，[8]上諭南鄙諸帥，遣人往滁州與宋通好，[9]宋人每以奏稟爲辭，和事遂不講。然十年之間，朝廷屢勅邊將不妄侵掠，彼我稍得休息，宋人始信之，遂有繼好之意。及天山以劄付至宋，劄付者指揮之别名，宋制使陳該怒辱天山，[10]且以惡語復之。報至，識者皆爲竊歎。

［1］宋人於國朝君之、伯之、叔之，納歲幣將百年：宋高宗紹興十一年（1141），南宋與金朝簽署"紹興和議"，宋向金稱臣，歲貢白銀二十五萬兩、絹二十五萬匹，即所謂"君之"。宋孝宗隆

興二年（1164），又與金世宗簽署“隆興和議”，宋金約爲“叔侄之國”，改“歲貢”爲“歲幣”，數量減爲白銀二十萬兩、絹二十萬匹。宋寧宗時，韓侂胄北伐失敗，宋金再次簽署“嘉定和議”，金宋改稱“伯侄之國”，增歲幣和戰争賠款，此即所謂“伯之、叔之”。

[2]南渡：宣宗貞祐二年（1214），在蒙古大軍的威逼下，將都城由中都遷於汴京，即從今北京遷到河南開封，從此金朝走向衰退。

[3]宣宗：廟號。即金朝第八任君主完顔珣，本名吾睹補。1213年至1223年在位。本書卷一四至卷一六有紀。

[4]宣徽使奥敦阿虎：宣徽使，爲宣徽院長官，有左、右宣徽使之分，主管朝會、宴會、殿廷禮儀及御膳。正三品。奥敦阿虎，懿州胡土虎猛安女真人。本書卷四八、卷五四、卷一四均作“奥屯阿虎”。阿虎是参知政事奥屯忠孝之子，世宗大定二十八年（1188）進士，曾任户部郎中和户部侍郎（詳見王鶚《汝南遺事·總論》）。

[5]興元：宋府名。治所在今陕西省漢中市。

[6]哀宗：廟號。又稱義宗，即金朝末代皇帝完顔守緒，本名寧甲速。1224年至1234年在位。本書卷一七至卷一八有紀。

[7]武休：關隘名。在今陕西省留壩縣南。

[8]元年：此指正大元年（1224）。

[9]滁（chú）州：治所在今安徽省滁州市。

[10]制使陳該：制使，官名。即宋朝的襄陽制置使。陳該，生平不詳。

戊辰，北兵渡漢江而北，[1]諸將以爲可乘其半渡擊之，蒲阿不從。丙子，兵畢渡，戰於禹山之前，[2]北兵小却，營於三十里之外。二相以大捷驛報，百官表賀，諸相置酒省中，左丞李蹊且喜且泣曰：[3]“非今日之捷，生靈之禍可勝言哉。”蓋以爲實然也。先是，河南聞北兵出饒峰，百姓往往入城壁、保險固，及聞敵已退，至有晏然不動者，不二三日游騎至，人無所逃，悉爲捷書所誤。

[1]漢江：即今長江的北支流漢江。

[2]禹山：山名，在今河南省鄧州市西。

[3]左丞：即尚書左丞，副宰相，與右丞同爲正二品，位在右丞之上。　李蹊：大興府（今北京市）人。字貫之，進士出身，累官爲吏部郎中，爲蒲察合住所陷，下獄論死，後得釋，任大司農，官至尚書左丞。隨哀宗出奔歸德，被蒲察官奴所殺，詳見《歸潛志》卷六。

九年正月丁酉，兩省軍潰於陽翟之三峰山。[1]初，禹山之戰，兩軍相拒，北軍散漫而北，金軍懼其乘虛襲京城，乃謀入援。時北兵遣三千騎趨河上，已二十餘日，泌陽、南陽、方城、襄、陜至京諸縣皆破，[2]所有積聚焚毁無餘。金軍由鄧而東無所仰給，乃並山入陽翟，既行，北兵即襲之，且行且戰，北兵傷折亦多。恒山一軍爲突騎三千所衝，[3]軍殊死鬬，北騎退走，追奔之際，忽大霧四塞，兩省命收軍。少之，霧散乃前，前一大澗長闊數里，非此霧則北兵人馬滿中矣。明日，至三峰山，遂潰，事載《蒲阿傳》。合達知大事已去，欲下馬戰，而蒲阿已失所在。合達以數百騎走鈞州，北兵塹其城外攻之，走門不得出，匿窟室中，城破，北兵發而殺之。時朝廷不知其死，或云已走京兆，賜以手詔，募人訪之。及攻汴,[4]乃揚言曰:“汝家所恃,惟黄河與合達耳。今合達爲我殺,黄河爲我有,不降何待。”

[1]陽翟之三峰山:陽翟,縣名。時爲均州依郭縣,治所在今河南省禹州市。三峰山,山名。本書卷二五《地理志中》作“三封山”,在今河南省禹州市西南。

[2]泌陽、南陽、方城、襄、陜:縣名。泌陽時爲唐州依郭縣,治所在今河省唐河縣。南陽縣治所在今河南省南陽市。方城縣治所在今河南省方城縣。襄,指襄城縣,治所在今河南省襄城縣。陜,中華點校本據本書卷二五《地理志中》的相關記載,改爲“郟(jiá)”,甚是。郟,指郟城縣,治所在今河南省郟縣。

[3]恒山:此指恒山公武仙。

[4]汴:京城名。即汴京,古稱汴梁,爲北宋都城,稱開封府,金爲南京,即今河南省開封市。

合達熟知敵情,習於行陣,且重義輕財,與下同甘苦,有俘獲即分給,遇敵則身先之而不避,衆亦樂爲之用,其爲人亦可知矣。左丞張行信嘗薦之曰:[1]“完顏合達今之良將也。”

[1]張行信:莒州日照縣(今山東省日照市)人。世宗大定二十八年(1188)進士,宣宗時官禮部尚書、參知政事。哀宗即位,行信官至尚書左丞。本書卷一〇七有傳。

移剌蒲阿本契丹人,[1]少從軍,以勞自千户遷都統。初,哀宗爲皇太子,控制樞密院,[2]選充親衛軍總領,[3]佩金符。元光二年冬十二月庚寅,宣宗疾大漸,皇太子異母兄英王守純先入侍疾，[4]太子自東宫扣門求見，令蒲阿衷甲聚兵屯於艮嶽，[5]以備非常。哀宗即位，嘗謂近臣言："向非蒲阿，何至於此。"遂自遥授同知睢州軍州事，[6]權樞密院判官，[7]自是軍國大計多從決之。

[1]移剌蒲阿：《元史》卷一一九《木華黎傳》作"移剌蒲瓦"，卷一二二《按劄兒傳》作"移刺不花"，皆爲女真語的不同漢字音譯。

[2]樞密院：軍政官署名。掌國家軍務機密之事。

[3]親衛軍總領：武職。本書卷一一一《撒合輦傳》作"東宫親衛軍總領"。按總領即總領使，從五品。東宫親衛軍總領統帥親衛軍保衛東宫和皇太子。

[4]英王守純：英王，封爵名。次國封號，明昌格第二十八位。守純，女真人。即完顔守純。本書卷九三有傳。

[5]艮嶽：土山名。宋徽宗在今開封市東北修築花苑，用從江南搜集的奇花異石築起一座人工土山，名"艮嶽山"，亦稱"艮嶽花園"。尚未峻工，北宋滅亡。

[6]遥授同知睢州軍州事：遥授，授官而因故不能到職視事。同知睢州軍州事，爲睢州刺史副佐，通判州事。正七品。睢州治所在今河南省睢縣。

[7]樞密院判官：樞密院屬官。本書《百官志》失載。

正大四年十二月，河朔軍突入商州，殘朱陽、盧氏，蒲阿逆戰至靈寶東，[1]至游騎十餘，[2]獲一人，餘即退，蒲阿輒以捷聞。賞世襲謀克，仍厚賜之。人共知其罔上，[3]而無敢言，吏部郎中楊居仁以微言取怒。[4]

[1]靈寳：縣名。治所在今河南省陝縣西南。

[2]至游騎十餘：中華點校本據殿本改“至”爲“遇”。

[3]罔（wǎng）上：欺騙皇上。

[4]吏部郎中楊居仁：吏部郎中，爲吏部屬官，正員二人，從五品。楊居仁，其先大興人，後居南京，官至左司郎中。因蒙古强迫居仁北渡，全家投黄河而死，見《歸潛志》卷五。

六年二月丙辰，以蒲阿權樞密副使。自去年夏，北軍之在陝西者駸駸至涇川，[1]且阻慶陽糧道。[2]蒲阿奏："陝西設兩行省，本以藩衛河南，今北軍之來三年於兹，行省統軍馬二三十萬，未嘗對壘，亦未嘗得一折箭，何用行省。"院官亦俱奏將來須用密院軍馬勾當，[3]上不語者久之。是後，以丞相賽不行尚書省事於關中，[4]召平章政事合達還朝，白撒亦召至闕，[5]蒲阿率完顔陳和尚忠孝軍一千駐邠州，[6]且令觀北勢。八月丙申，蒲阿再復潞州。[7]十月乙未朔，蒲阿東還。

[1]涇川：縣名。治所在今甘肅省涇川縣。

[2]慶陽：府名。治所在今甘肅省慶陽市。

[3]院官：指樞密院官員。　勾當：南宋初避高宗趙構諱改爲“幹當”，辦理之意。此喻指抵禦蒙古。

[4]賽不：女真人。即完顔賽不。本書卷一一三有傳。

[5]闕（què）：原意指皇宫宫門，喻指朝廷。

[6]邠（bīn）州：治所在今陝西省彬縣。

[7]潞州：治所在今山西省長治市。

十二月乙未，詔蒲阿與總帥牙吾塔、權簽樞密院事訛可救慶陽。[1]七年正月，戰北兵於太昌原，[2]北軍還，慶陽圍解。詔以訛可屯邠州，蒲阿、牙吾塔還京兆。未幾，以權參知政事與合達行省于閿鄉。八年正月，北軍入陝西，鳳翔破，兩行省棄京兆而東，至洛陽驛，[3]被召議河中事，語在《白華傳》。[4]

[1]簽樞密院事：亦稱簽書樞密院事。樞密院屬官。正三品。

[2]太昌原：中華點校本據本書卷一一一《纥石烈牙吾塔传》、卷一二三《完颜陈和尚传》的相關記載，改爲“大昌原”。

[3]洛陽驛：驛站名。在今河南省洛陽市。

[4]白華：隩州人。宣宗貞祐三年（1215）進士，哀宗正大年間，爲樞密院判官。天興二年（1233），白華隨哀宗出奔歸德，至鄧州，與移剌瑗一起降宋，後又投降蒙古。本書卷一一四有傳。

十二月，北兵濟自漢江，兩省軍入鄧州，議敵所從出，謂由光化截江戰爲便、放之渡而戰爲便？[1]張惠以“以截江爲便，[2]縱之渡，我腹空虛能不爲所潰乎？”蒲阿麾之曰：“汝但知南事，於北事何知。我向於裕州得制旨云，[3]‘使彼在沙磧且當往求之’，況今自來乎。汝等更勿似太昌原、舊衛州、扇車回縱出之。”[4]定住、高、樊皆謂蒲阿此言爲然。[5]合達乃問按得木，[6]木以爲不然。軍中以木北人，知其軍情，此言爲有理，然不能奪蒲阿之議。

[1]光化：宋軍州名。治所在今湖北省丹江口市和老河口市之間。

[2]張惠：燕京人。驍勇善戰，綽號“賽張飛”。曾降宋，金

哀宗時歸降金朝，被封爲臨淄郡王。

［3］裕州：原爲方城縣，金章宗泰和八年（1208）升爲裕州。以方城爲依郭縣，割汝州葉縣、許州舞陽縣屬之，治所在今河南省方城縣。

［4］扇車回：地名。從上下文義分析，似指正大八年（1231）倒回谷之役的戰場倒回谷，待考。

［5］定住、高、樊：指蒲察定住、高英和樊澤（夾谷澤）。

［6］按得木：人名。本傳下文有“郎將按忒木”，即此人。

順陽留二十日，光化探騎至，云“千騎已北渡”，兩省是夜進軍，比曉至禹山，探者續云“北騎已盡濟。”癸酉，北軍將近，兩省立軍高山，各分據地勢，步迎於山前，騎屯於山後甲戌，日未出，北兵至，大帥以兩小旗前導來觀，[1]觀竟不前，散如雁翅，轉山麓出騎兵之後，分三隊而進，輜重外餘二萬人。合達令諸軍，“觀今日事勢不當戰，且待之。”俄而北騎突前，金兵不得不戰，至以短兵相接，戰三交，北騎少退。北兵之在西者望蒲阿親繞甲騎後而突之，至於三，爲蒲察定住力拒而退。[2]大帥以旗聚諸將，議良久。合達知北兵意向。時高英軍方北顧，而北兵出其背擁之，英軍動，合達幾斬英，英復督軍力戰。北兵稍却觀變，英軍定，復擁樊澤軍，合達斬一千夫長，[3]軍殊死鬬，乃却之。

［1］大帥：指蒙古軍統帥速不䚟（速不台）。

［2］蒲察定住：女真人。時爲忠孝軍總領。

［3］千夫長：軍官名。即千户，女真語爲“猛安”。

北兵回陣，南向來路。兩省復議“彼雖號三萬，而輜重三之一焉。又相持二三日不得食，乘其却退當擁之”。[1]張惠主此議，蒲阿言：“江路已絶，黄河不冰，彼入重地，將安歸乎，何以速爲。”不從。乙亥，北兵忽不知所在，營火寂無一耗。兩省及諸將議，四日不見軍，又不見營，鄧州津送及路人不絶，而亦無見者，豈南渡而歸乎。己卯，邏騎乃知北軍在光化對岸棗林中，[2]晝作食，夜不下馬，望林中往來，不五六十步而不聞音響，其有謀可知矣。

[1]擁之：阻止之意。

[2]邏騎：巡邏騎兵。

初，禹山戰罷，有二騎迷入營，問之，知北兵凡七頭項，[1]大將統之。復有詐降者十人，弊衣羸馬泣訴艱苦，[2]兩省信之，易以肥馬，飲之酒，及煖衣食而置之陣後，[3]十人者皆鞭馬而去，始悟其爲覘騎也。[4]

[1]頭項：頭領。

[2]弊衣羸（léi）馬：穿破衣服騎瘦馬。

[3]煖：“暖”的異體字。

[4]覘（chān）騎：偵察騎兵。

庚辰，兩省議入鄧就粮，辰巳間到林後，北兵忽來突，兩省軍迎擊，交綏之際，[1]北兵以百騎邀輜重而去，金兵幾不成列，逮夜乃入城，懼軍士迷路，鳴鍾招之。

樊澤屯城西，高英屯城東。九年正月壬午朔，耀兵於鄧城下，[2]北兵不與戰，大將使來索酒，[3]兩省與之二十瓶。

[1]交綏：一是指兩軍相接，或交戰，如《梁書·武帝紀上》："接跑交綏，電激風掃。"二是指兩軍剛接觸即各自撤退，如《左傳》文公十二年（前615），"秦以勝歸，我何以報，乃皆出戰，交綏。"杜預注："秦、晋志未能堅戰，短兵未至，争而兩退，故曰交綏。"這裏應爲前者。

[2]鄧城：即鄧州城，今河南省鄧州市。

[3]大將：此指蒙古領兵元帥。

癸未，大軍發鄧州，趨京師，騎二萬，步十三萬，騎帥蒲察定住、蒲察荅吉卜，[1]郎將按忒木，忠孝軍總領夾谷愛荅、内族達魯歡，[2]總領夾谷移特剌，[3]提控步軍臨淄郡王張惠，殄寇都尉完顔阿排、高英、樊澤，[4]中軍陳和尚，與恒山公武仙、楊沃衍軍合。是日，次五朵山下，[5]取鵶路，[6]北兵以三千騎尾之，遂駐營待楊武。[7]

[1]薄察荅吉卜：女真人。本書卷四四《兵志》記作"蒲察打吉卜"。

[2]夾谷愛荅：女真人。本書卷一〇三《完顔阿里不孫傳》記，夾谷愛荅在宣宗興定初年曾任上京副留守。

[3]夾谷移特剌：女真人。生平不詳。

[4]殄（tiǎn）寇都尉：金哀宗正大年間所封的都尉之一。先爲正四品，後升爲從三品。　完顔阿排：女真人。生平不詳。

［5］五朵山：本名岐棘山，音訛爲騎立山。上有五峰並峙，在今河南省鎮平縣西北九十里。

［6］鴉路：地名。在今河南省魯山縣南。

［7］楊武：生平不詳。

楊武至，知申、裕兩州已降七日。[1]至夜，議北騎明日當復襲我，彼止騎三千，而我示以弱，將爲所輕，當與之戰。乃伏騎五十於鄧州道。明日軍行，北騎襲之如故，金以萬人擁之而東，伏發，北兵南避。是日雨，宿竹林中。庚寅，頓安皋。[2]辛卯，宿鴉路、魯山。[3]河西軍已獻申、裕，擁老幼牛羊取鴉路，金軍適值之，奪其牛羊餉軍。

［1］申：州名。始設於北周，宋改爲信陽軍，治所在今河南省信陽市南四十里。

［2］安皋：地名。在今河南省魯山縣附近。

［3］魯山：縣名。治所在今河南省魯山縣。

癸巳，望鈞州，至沙河，[1]北騎五千待於河北，金軍奪橋以過，北軍即西首斂避。金軍縱擊，北軍不戰，復南渡沙河。金軍欲盤營，北軍復渡河來襲。金軍不能得食，又不得休息。合昏，雨作，明旦變雪。北兵增及萬人，且行且戰，至黄榆店，[2]望鈞州二十五里，雨雪不能進，盤營三日。丙申，一近侍入軍中傳旨，集諸帥聽處分，制旨云：[3]"兩省軍悉赴京師，我御門犒軍，換易御馬，然後出戰未晚。"復有密旨云："近知張家灣透漏二三百騎，[4]已還衛、孟兩州，[5]兩省當常切防備。”領旨訖，蒲阿拂袖而起，合達欲再議，蒲阿言：“止此而已，復何所議。”蓋已奪魄矣。軍即行。

[1]沙河：河名。指今流經河南省禹州市的潁河上游。

[2]黄榆店：地名。在今河南省禹州市南。

[3]制旨：皇帝下達的敕命。

[4]張家灣：地名。不詳。

[5]衛、孟：州名。衛州治所在今河南省衛輝市，孟州治所在今河南省孟州市。

北軍自北渡者畢集，前後以大樹塞其軍路，沃衍軍奪路，得之。合達又議陳和尚先擁山上大勢，比再整頓，金軍已接竹林，去鈞州止十餘里矣。金軍遂進，北軍果却三峰之東北、西南。武、高前鋒擁其西南，楊、樊擁其東北，北兵俱却，止有三峰之東。張惠、按得木立山上望北兵二三十萬，約厚二十里。按得木與張惠謀曰：“此地不戰欲何爲耶。”乃率騎兵萬餘乘上而下擁之，北兵却。

須臾雪大作，白霧蔽空，人不相覿。時雪已三日，戰地多麻田，往往耕四五過，人馬所踐泥淖没脛。[1]軍士被甲胄僵立雪中，槍槊結凍如椽，軍士有不食至三日者。北兵與河北軍合，四外圍之，熾薪燔牛羊肉，更遞休息，乘金困憊，乃開鈞州路縱之走，而以生軍夾擊之。[2]金軍遂潰，聲如崩山，忽天氣開霽，日光皎然，金軍無一人得逃者。

[1]泥淖（nào）：泥沼、泥濘。

[2]生軍：古代軍事術語。即生力軍，是一種作戰能力很强的軍隊。

武仙率三十騎入竹林中，楊、樊、張三軍争路，北兵圍之數重，及高英殘兵共戰於柿林村南，[1]沃衍、澤、英皆死，[2]惟張惠步持大槍奮戰而歿。蒲阿走京師，未至，追及，擒之。七月，械至官山，召問降否，往復數百言，但曰："我金國大臣，惟當金國境内死耳。"遂見殺。

[1]柿林村：村名。所在地不詳。

[2]沃衍、澤、英皆死：中華點校本本卷校勘記云，按本書卷一七《哀宗紀上》載，三峰山之敗，完顔合達、陳和尚、楊沃衍逃往鈞州，後城破死。而卷一二三《楊沃衍傳》，"三峰山之敗，沃衍走鈞州"，可見楊沃衍並未死於三峰山之戰。

贊曰：金自南渡，用兵克捷之功史不絶書，然而地不加闢，殺傷相當，君子疑之。異時伐宋，唐州之役喪師七百，[1]主將訛論匿之，[2]而以捷聞。御史納蘭糾之，[3]宣宗獎御史，而不罪訛論，是君臣相率而爲虚聲也。禹山之捷，兩省爲欺，遂致誤國，豈非宣宗前事有以啓之耶。至於三峰山之敗，不可收拾，上下瞶眙，而金事已去十九。天朝取道襄、漢，[4]懸軍深入，機權若神，又獲天助，用能犯兵家之所忌，以建萬世之儁功，合達雖良將，何足以當之。蒲阿無謀，獨以一死無愧，猶足取焉爾。

[1]唐州之役：指金宣宗興定五年（1221）五月，金宋兩軍在唐州的一次戰役。詳見本書卷一六《宣宗紀下》。

[2]訛論：女真人。即完顏訛論，時爲元帥右都監，行元帥府事於唐、鄧兩州。唐州之役，訛論爲宋人所敗，喪師七百，卻謊報朝廷，自稱大捷。監察御史納蘭具實申報，宣宗因訛論是元帥完顏賽不的侄子，而不肯懲處。

[3]御史：即監察御史，爲御史臺屬官。掌糾察百官，刷磨諸司賬目，並監祭禮及出使之事。由不同民族出身者充任，正員十二人，正七品。　納蘭：女真人姓氏，軼其名。

[4]天朝：指元朝。元人修《金史》，所以稱蒙古政權爲“大朝”“天朝”。　襄、漢：指當時的南宋襄陽府和漢陽軍，治所分別在今湖北省襄樊市和武漢市。

金史　卷一一三

列傳第五十一

完顏賽不　白撒 一名承裔　赤盞合喜

完顏賽不，始祖弟保活里之後也。[1]狀貌魁偉，沉厚有大略。初補親衛軍，[2]章宗時，[3]選充護衛。明昌元年八月，[4]由宿直將軍爲寧化州刺史。[5]未幾，遷武衛軍副都指揮使。[6]泰和二年，[7]轉胡里改路節度使。[8]四年，升武衛軍都指揮使，[9]尋爲殿前左副都點檢。[10]

[1]始祖：金皇室完顏氏先祖函普廟號。函普，洪皓《松漠紀聞》作“龕福”，《三朝北盟會編》卷一八引苗耀《神麓記》作“揞浦”。詳見本書卷一《世紀》。

[2]親衛軍：軍名。皇帝的侍衛親軍，分馬軍和步軍兩種，負責保衛皇宮。

[3]章宗：廟號。金朝第六任皇帝，即完顏麻達葛，漢名璟。1189 年至 1208 年在位。本書卷九至卷一二有紀。

[4]明昌：金章宗年號（1190—1196）。

[5]宿直將軍：武職，殿前都點檢司屬官。有左、右宿直將軍，

掌總領親軍、宮城諸門禁衛、行從宿衛之事。正員八人，從五品。寧化州刺史：寧化州長官。正五品。治所在今山西省寧武縣西南。

[6]武衛軍副都指揮使：武衛軍都指揮使司屬官。爲都指揮使副佐，掌防衛都城，警捕盜賊。正員二人，從四品。

[7]泰和：金章宗年號（1201—1208）。

[8]胡里改路節度使：胡里改路軍政長官，從三品。胡里改路是金代在上京路境内所設立一個相當於節度州的低級路，所轄皆猛安謀克户，治所在今黑龍江省依蘭縣。

[9]武衛軍都指揮使：武衛軍都指揮使司長官。從三品。

[10]殿前左副都點檢：殿前都點檢司屬官。與右副都點檢並爲殿前都點檢副佐，兼侍衛親軍副都指揮使。從三品。

及平章僕散揆伐宋，[1]爲右翼都統。[2]六年六月，宋將皇甫斌遣率步騎數萬由確山、褒信分路侵蔡，[3]聞郭倬、李爽之敗，[4]阻溱水不敢進。[5]於是，揆遣賽不及副統尚厩局使蒲鮮萬奴、深州刺史完顏達吉不等以騎七千往擊之。[6]會溱水漲，宋兵扼橋以拒，賽不等謀濳師夜出，達吉不以騎涉水出其右，萬奴等出其左，賽不度其軍畢渡，乃率副統阿魯帶以精兵直趨橋，[7]宋兵不能遏，比明大潰，萬奴以兵斷真陽路，[8]諸軍追擊至陳澤，[9]斬首二萬級，獲戰馬雜畜千餘。兵還，進爵一級，[10]賜金幣甚厚。

[1]平章僕散揆：平章，即平章政事。金尚書省宰相之一，掌承天子，平章萬機。正員二人，從一品。僕散揆，上京路女真人。左丞相兼都元帥僕散忠義之子，尚韓國大長公主，章宗時官至平章

政事，曾任左副元帥，統兵伐宋。南征北討，爲金朝一代名將。本書卷九六有傳。

[2]都統：武職。萬户之上置都統，都統爲高級領兵官。金章宗泰和六年（1206）伐宋，升諸道統軍司爲都統府，置兵馬都統使。完顏賽不時任右翼兵馬都統使，簡稱右翼都統。

[3]宋將皇甫斌遣率步騎數萬由確山、褒信分路侵蔡：中華點校本本卷校勘記云，按本書卷一二《章宗紀四》泰和六年（1206）五月，“皇甫斌攻唐州”。六月，“右翼都統完顏賽不敗宋曹統制于溱水”此句“遣”字下當脱“曹統制”三字。皇甫斌時爲南宋京西北路招撫副使，攻金唐州。確山、褒信，縣名。確山縣治所在今河南省確山縣，褒信縣治所在今河南省新蔡縣西。蔡，州名。治所在今河南省汝南縣。

[4]郭倬、李爽：均爲宋將。時郭倬爲池州副都統，李爽爲建康都統。郭倬領兵攻金宿州，李爽攻壽州，皆慘敗。郭倬被斬京口，李爽流放嶺南。詳見《宋史》卷三八《寧宗紀二》、卷四七四《韓侂胄傳》。

[5]溱（zhēn）水：河名。今河南省汝河支流，源出泌陽縣和確山縣之間的聖水峪，流經確山縣南。

[6]副統：即兵馬副都統使，爲都統使副佐。　尚厩局使：尚厩局屬官。爲尚厩局提點副佐，主管御馬的調習和牧養。從五品。　蒲鮮萬奴：女真人。金末曾任遼東宣撫使，到東北鎮壓耶律留哥反金起義，後在遼東叛金自立，建東夏國。1233年，萬奴被蒙古軍隊生擒，東夏國也隨之滅亡。　深州：地名。治所在今河北省深州市南。　完顏達吉不：女真人。即完顏弼。本書卷一〇二有傳。

[7]阿魯帶：女真人。即完顏阿魯帶。本書卷一一《章宗紀三》泰和三年（1203）有“奉御完顏阿魯帶”，使宋還，言韓侂胄將北伐，被杖。及宋金戰起，被擢爲安國軍節度副使，應即此人。

[8]真陽：縣名。治所在今河南省正陽縣。

[9]陳澤：地名。所在地不詳。

［10］爵：官爵。金封爵有王、公、侯、伯、子、男，官至從五品以上始得封爵。

貞祐初，[1]拜同簽樞密院事。[2]三年，遷知臨洮府事，[3]兼陝西路副統軍。[4]上召見諭曰："卿向在西京盡心爲國，[5]及治華州亦嘗宣力，[6]今始及三品。特升授汝此職者，以陝西安撫副使烏古論兗州不尊安撫使達吉不節制，[7]多致敗事。今已責罰兗州，命卿副之。宜益務盡心，其或不然，復當別議行之。"八月，知鳳翔府事，[8]兼本路兵馬都總管，俄爲元帥右都監。[9]四年四月，調兵拔宋木陡關。[10]五月，夏人於來羌城界河修折橋，[11]以兵守護，賽不遣兵焚之。八月，夏人寇結耶觜川，[12]遣兵擊走之，尋又破其衆于車兒堡。[13]

［1］貞祐：金宣宗年號（1213—1217）。

［2］同簽樞密院事：樞密院屬官。正四品。

［3］知臨洮府事：即臨洮府尹，爲臨洮府行政長官，兼本路兵馬都總管。掌統諸城隍兵馬甲仗，總判府事。正三品。治所在今甘肅省臨洮縣。

［4］陝西路副統軍：即陝西路副統軍使。金海陵王天德二年（1150），於京兆府置陝西路統軍司，設統軍使一員，總領陝西兵馬，副統軍使是統軍使副佐。陝西路治所在今陝西省西安市。

［5］西京：金陪都名。全稱爲西京大同府，治所在今山西省大同市。

［6］華州：治所在今陝西省華縣。

［7］陝西安撫副使：金章宗泰和六年（1206）伐宋，置陝西路宣撫司節制陝西兵馬公事。八年，改爲安撫司。掌鎮撫人民，譏察

邊防軍旅，審録重刑事。安撫司置安撫使一員，從一品。副使一員，正三品。　烏古論兖州：女真人。生平不詳。　達吉不：女真人。即前文所说的完颜達吉不（完顔弼），時爲陝西安撫使。

[8]知鳳翔府事：即鳳翔府尹，爲鳳翔府行政長官，兼本路兵馬都總管。正三品。治所在今陝西省鳳翔縣。

[9]元帥右都監：都元帥府屬官。掌征伐之事。從三品。

[10]木陡關：關隘名。所在地不詳。

[11]來羌城：城名。在今青海省循化縣境内。

[12]結耶觜（zuǐ）川：所在地不詳。

[13]車兒堡：寨堡名。所在地不詳。

興定元年二月，[1]轉簽樞密院事。[2]時上以宋歲幣不至，[3]且復侵盗，詔賽不討之。四月，與宋人戰於信陽，[4]斬首八千，生擒統制周光，[5]獲馬數千、牛羊五百。又遇宋人於隴山、七里山等處，[6]前後六戰，斬獲甚衆。尋遣兵渡淮，略中渡店，[7]拔光山、羅山、定城等縣，[8]破光州兩關，[9]斬首萬餘，獲馬牛及布，分給將士。詔賜玉兔鶻一、内府重幣十端。[10]

[1]興定：金宣宗年號（1217—1222）。

[2]簽樞密院事：樞密院屬官。全稱爲“簽書樞密院事”。正三品。

[3]歲幣：指宋金“嘉定和議”所規定，宋朝每年向金朝貢獻的白銀和絹，時規定白銀三十萬兩、絹三十萬匹。

[4]信陽：南宋軍州名。治所在今河南省信陽市。

[5]統制周光：統制，南宋官名。爲軍隊中下級軍官。周光，生平不詳。

［6］隴山、七里山：山名。隴山在今河南省信陽市東北。七里山，按在今湖南省衡陽縣南及西南各有一七里山，與此地不合，此七里山當在信陽境内。

［7］中渡店：地名。在淮水附近（參見《中國古今地名大辭典》）。

［8］光山、羅山、定城：南宋縣名。三縣治所分别在今河南省光山縣、羅山縣和潢川縣。

［9］光州：治所在今河南省潢川縣。

［10］玉兔鶻：一種名貴玉帶，亦稱“玉吐鶻”。　重幣十端：重幣，有色彩的絲織品。端，古代度量單位。古人量布以二丈爲一端，二端爲一匹。

七月，上章言：“京都天下之根本，其城池宜極高深，今外城雖堅，然周六十餘里，倉猝有警難於拒守。竊見城中有子城故基，[1]宜於農隙築而新之，爲國家久長之利。及凡河南、陝西州府，皆乞量修。”從之。

［1］子城：指金南京内城。築内城事詳見本書卷一〇六《术虎高琪傳》。

二年正月，破宋人於鐵山及上石店、唐縣。[1]四月，進兼西南等路招討使、西安軍節度使、陝州管内觀察使。[2]奉詔攻棗陽，[3]宋出兵三萬拒戰，稍誘擊之，宋兵敗走城，薄諸濠，殺及溺死者三千餘人，遂進兵圍之。宋騎兵千、步卒萬來援，逆戰復大敗之。七月，遷行山東西路兵馬都總管，[4]兼武寧軍節度使。[5]三年二月，奪宋白石關，[6]殺其守者千餘人，獲鎧仗千計。三月，破宋兵於七口倉，[7]又奪宋小鶻倉，[8]獲粮九千石、兵仗三十餘萬。是月，復敗宋兵三千于石鶻崖。[9]

[1]鐵山：山名。在今甘肅省徽縣南。　上石店：地名。所在地不詳。　唐縣：縣名。定州屬縣，治所在今河北省唐縣。

[2]西南等路招討使：金在北部設有西南路、西北路、東北路三招討司，各置招討使一員爲長官，掌招撫和征討之事。正三品。西南路招討司治所在豐州，在今内蒙古自治區呼和浩特市東。　西安軍節度使：州軍官名。按西安軍本書《地理志》不載。金制，節度使兼本州管内觀察使之職，因下文有“陝州管内觀察使”，本書卷二五《地理志中》陝州，“貞祐二年升爲節鎮”。所以西安軍節度使應爲陝州長官，治所在陝州，即今河南省陝縣。

[3]棗陽：南宋軍州名。治所在今湖北省棗陽市。

[4]行山東西路兵馬都總管：都總管府長官。掌統諸城隍兵馬甲杖，總判府事，兼東平府府尹。正三品。前加“行”字，意爲代行其權事，與“行省”“行府”“行院”相似。山東西路治所在今山東省東平縣。

[5]武寧軍：州軍名。治所在今江蘇省徐州市。

[6]白石關：關隘名。所在地不詳。

[7]七口倉：糧倉名。不詳。

[8]小鶻倉：糧倉名。不詳。

[9]石鶻崖：地名。不詳。

四年三月，奉詔出兵河北招降，晋安權府事皇甫珪、正平縣令席永堅率五千餘人來歸，[1]得粮萬石。時河北所在義軍官民堅守堡寨，[2]力戰破敵者衆。賽不上章言：“此類忠赤可嘉，若不旌酬無以激人心。[3]乞朝廷量加官賞，萬一敵兵復來，將争先効用矣。”上覽奏，召樞密官曰：[4]“朕與卿等亦嘗有此議，以不見彼中事勢，故一聽帥臣規畫。今觀此奏，甚稱朕意，其令有司遷賞之。”是年四月，遷樞密副使。[5]

[1]晋安權府事：即代理晋安府尹。總判府事。正三品。晋安府本絳陽軍節度使治所，金宣宗興定二年（1218）十二月升爲晋安府，總管河東南路兵馬，治所在今山西省新絳縣。　皇甫珪：生平不詳。　正平縣：時爲晋安府依郭縣，治所與府治同。　席永堅：時晋安府已陷於蒙古，皇甫珪和席永堅擔任的是蒙古政權代理知府和縣令，接受完顏賽不招降後重歸金朝。

[2]河北義軍：指金蒙戰爭中河北戰區自動組織起來的抗蒙漢族地方武裝勢力。

[3]旌酬：旌表和恩賞。

[4]樞密官：指樞密院的官員。

[5]樞密副使：樞密使副佐，協助樞密使掌武備機密之事。從二品。

五年五月，奉詔引兵救河東，[1]戰屢捷，復晋安、平陽二城。[2]監察御史言其不能檢束士衆，[3]縱之虜略，請正其罪。上以有功，詔勿問。元光二年五月，[4]復河中。[5]六月，詔諭宰臣曰：“樞密副使賽不本皇族，先世偶然脱遺。朕重其舊人，且久勞王家，已命睦親府附于屬籍矣。[6]卿等宜知之。”

[1]河東：地區名。泛指今黄河大曲折以東的山西省中南部之地。

[2]平陽：府、路名。治所在今山西省臨汾市。

[3]監察御史：御史臺屬官。掌糾察百官，刷磨諸司賬目，並監祭禮及出任之事。以不同民族出身的人充任，正員十二人，正七品。

[4]元光：金宣宗年號（1222—1223）。

[5]河中：府名。治所在今山西省永濟市西。

[6]睦親府：官署名。原名大宗正府，金章宗泰和六年（1206），避世宗父宗輔（一名宗堯）名諱改爲大睦親府，掌敦睦糾率宗室欽奉王命。

正大元年五月，[1]拜平章政事。未幾，轉尚書右丞相。[2]雅與參知政事李蹊相得，[3]及蹊以公罪出尹京洛，[4]賽不數薦蹊比唐魏徵，[5]以故蹊得復相。三年，宣宗廟成，將禘祭，[6]議配享功臣，論者紛紜。賽不爲大禮使，[7]因言“丞相福興死王事，[8]七斤謹守河南以迎大駕，[9]功宜配享”。議遂定。

[1]正大：金哀宗年號（1224—1232）。

[2]尚書右丞相：尚書省宰相。位在尚書左丞相之下。從一品。

[3]參知政事：尚書省執政官。佐治尚書省事。正員二人，從二品。　李蹊：大興府（今北京市）人。年少中進士，曾受奸臣蒲察合住陷害而入獄，獲釋後任大司農，官至尚書左丞。天興元年（1232）十二月，隨哀宗出奔歸德，死於蒲察官奴之亂。詳見《歸潛志》卷六、本書卷一一六《蒲察官奴傳》。

[4]公罪：因公事而坐罪。《歸潛志》卷六記，李蹊正大初擢參政，“進左、右丞，專掌財賦。北兵圍南京，坐糧儲不給，除名”。所謂公罪當指此。　出尹京洛：擔任京師（開封府）和洛陽（河南府）府尹。

[5]魏徵：唐朝魏州曲城縣人。唐太宗時官至侍中，敢於犯顏

直諫，史稱諍臣。《新唐書》卷九七有傳。

[6]禘（dì）祭：古代祭名。天子諸侯之廟五年一次禘祭，天子諸侯宗廟每年夏祭亦稱禘祭。

[7]大禮使：禘祭大典的主持者，臨時設置。

[8]福興：女真人。即完顔承暉，宣宗南遷，爲尚書右丞相，兼都元帥，與抹撚盡忠同守中都。貞祐三年（1215）五月，盡忠棄中都南逃，承暉飲藥自殺殉國。本書卷一〇一有傳。

[9]七斤：中都路火魯虎必剌猛安女真人。即僕散端，出身護衛，章宗時官至平章政事。宣宗南遷，七斤拜尚書左丞相。本書卷一〇一有傳。

四年，吏部郎中楊居仁上封事，[1]言宰相宜擇人，上語大臣曰："相府非其人，御史諫官當言，彼吏曹何與于此。"尚書左丞顔盞世魯素嫉居仁，[2]亦以爲僭，賽不徐進曰："天下有道，庶人猶得獻言，况在郎官。陛下有寬弘之德，故不應言者猶言。使其言可用則行之，不可用不必示臣下也。"上是之。居仁字行之，大興人。[3]泰和三年進士。[4]天興末時北渡，[5]舉家投黄河死。

[1]吏部郎中：吏部郎中，吏部屬官，正員二人，從五品。

[2]尚書左丞：尚書省執政官，佐治尚書省事。正二品。　顔盞世魯：女真人，生平不詳。

[3]大興：府名。治所在今北京市，時爲中都所在地。

[4]泰和三年進士：泰和，金章宗年號（1201—1208）。據《歸潛志》卷五，楊居仁十八歲中進士。

[5]天興：金哀宗年號（1232—1234）。

五年，行尚書省于京兆，[1]謂都事商衡曰：[2]“古來宰相必用文人，以其知爲相之道。賽不何所知，使居此位，吾恐他日史官書之，某時以某爲相而國乃亡。”即促衡草表乞致仕。[3]

[1]五年，行尚書省於京兆：行尚書省，全稱爲行臺尚書省，簡稱行省，即在地方設立代行尚書省權事的機構。中華點校本本卷校勘記云，本書卷一七《哀宗紀上》正大六年（1229）春二月“以丞相完顏賽不行尚書省於關中”。與本傳所記“五年”不同。京兆爲府、路名，治所在今陝西省西安市。

[2]都事：尚書省左、右司屬官。掌本司受事付事，檢勾稽失省署文牘兼知省内宿直，檢校架閣庫。左、右司各設二員，正七品。　商衡：曹州人。衛紹王至寧元年（1213）特恩進士，哀宗時爲樞密院經歷官。天興二年（1233），商衡在陝西被俘，自殺殉國。本書卷一二四有傳。

[3]致仕：一作“致政”，指辭去官職，還政於君之意。亦即離職退休。

平章政事侯摯朴直無蘊藉，[1]朝廷鄙之，天興九年兵事急，[2]自致仕起爲大司農，[3]未幾復致仕，徐州行尚書省無敢行者，[4]復拜摯平章政事。都堂會議，[5]摯以國勢不支，因論數事，曰：“只是更無擘劃。”[6]白撒怒曰：“平章出此言，國家何望耶。”意在置之不測。賽不顧謂白撒曰：“侯相言甚當。”白撒遂含憤而罷。

[1]侯摯：東阿縣人。章宗明昌二年（1191）進士，哀宗天興元年（1232）官至平章政事。崔立之變，侯摯在汴京遇害。本書卷

一〇八有傳。

［2］天興九年：中華點校本據本書卷一七《哀宗紀上》的相關記載，改“九年”爲“元年”。

［3］大司農：金前期，置勸農使司，掌勸課天下力田之事。宣宗興定六年（1222），罷勸農使司，改設司農司，掌勸課農桑兼采訪公事。長官爲大司農，正二品。

［4］徐州行尚書省：行政官署名。是尚書省在徐州設立的代行機構，治所在今江蘇省徐州市。

［5］都堂：指尚書省辦公場所。唐代尚書省總辦公處居中，吏、户、禮三部辦公處居東，兵、刑、工三部辦公處居西。宰相總轄各部，尚書省稱都省，所以稱尚書省總辦公處爲都堂。金沿用其稱呼。

［6］擘（bò）劃：籌劃、安排。

時大元兵薄汴，[1]白撒策後日講和或出質必首相當行，力請賽不領省事，拜爲左丞相，尋復致仕。是年冬，哀宗遷歸德，[2]起復爲右丞相、樞密使，兼左副元帥，[3]封壽國公，[4]扈從以行。河北兵潰，從至歸德，又請致仕。

［1］大元：元朝國號。按當時蒙古國尚未改國號爲元，元人修《金史》，所以把蒙古國也稱作“大元”。　薄汴：薄，“逼近”之意。汴，即汴京城。金稱南京，時爲首都，在今河南省開封市。

［2］歸德：府名。治所在今河南省商丘市。

［3］樞密使：樞密院長官。掌武備機密之事。從一品。　左副元帥：都元帥府屬官。爲都元帥副佐。正二品。

［4］壽國公：封爵名。次國封號，明昌格第二十九位。

二年七月，復詔行尚書省事於徐州。[1]既至，以州乏粮，遣郎中王萬慶會徐、宿、靈璧兵取源州，[2]令元帥郭恩統之。[3]九月，恩至源州城下，敗績而還。再命卓翼攻豐縣，[4]破之。初，郭恩以敗爲恥，托疾不行，乃密與河北諸叛將郭野驢輩謀歸國用安，[5]執元帥商瑀父子、元帥左都監紇石烈善住，[6]併殺之。又逐都尉斡轉留奴、泥厖古桓端、蒲察世謀、元帥右都監李居仁、員外郎常忠。[7]自是，防城與守門者皆河北義軍，出入自恣。賽不先病疽，久不視事，重爲賊黨所制，束手聽命而已。

[1]二年七月，復詔行尚書省於徐州：中華點校本本卷校勘記云，按本書卷一八《哀宗紀下》天興二年（1233）六月，“己亥，上入蔡州，詔徐州行省抹撚兀典赴蔡州，起復右丞相致仕賽不代行省事”。

[2]郎中：即行省右司郎中。按尚書省右司郎中掌本司奏事，總察兵、刑、工三部受事付事，兼修起居注。正五品。本書卷五五《百官志一》，“行臺官品皆下中臺一等”，所以行省郎中應爲從五品。　王萬慶：一作王曼慶，自號“澹遊”，官至行省右司郎中。王氏爲遼東渤海人，占籍辰州熊岳縣（今遼寧省蓋州市熊岳鎮）。萬慶爲金代名士王庭筠弟庭淡之子，庭筠無子，過繼萬慶爲子。萬慶後入元朝，亦有文名。見《遺山先生文集》卷一六《王黃華墓碑》。　宿：州名。治所在今安徽省宿州市。　靈璧：縣名。治所在今安徽省靈璧縣。　源州：天興二年（1233），紅襖軍起義首領國用安升沛縣爲源州，治所在今江蘇省沛縣。

[3]郭恩：時爲元帥右都監，後叛金附宋，係反復無常之徒。

[4]卓翼：沛縣人。紅襖軍首領國用安的部下，被用安封爲東

平郡王，天興二年（1233）歸附金朝。見本書卷一一七《國用安傳》、卷一一九《完顔仲德傳》。　豐縣：縣名。治所在今江蘇省豐縣。

［5］郭野驢：生平不詳。　國用安：本書卷一一七有傳。

［6］元帥商瑀（yǔ）父子：按本書卷一八《哀宗紀下》天興二年（1233）夏四月，徐州行省完顔忽斜虎（仲德）“召經歷商瑀用之”。時商瑀僅是元帥府的經歷官，此處作“元帥”疑爲誤記。　元帥左都監：都元帥府屬官。正三品。1954年，河北省保定市徵集一方金代“元帥左都監印”（見景爱《金代官印集》，第92頁）。　紇石烈善住：女真人。生平不詳。

［7］都尉斡轉留奴、泥厖古桓端、蒲察世謀：都尉，官名。金宣宗元光年間，招募義軍，置總領使，從五品。哀宗正大二年（1225），改總領使爲都尉，升爲四品。四年，又升爲從三品。　斡轉留奴、泥厖古桓端、蒲察世謀，女真人。檢金代女真姓氏中無“斡轉”而有“斡准”，“斡轉”當爲“斡准”的同音異譯。三人生平俱不詳。　元帥右都監李居仁：元帥右都監，爲都元帥府屬官，正三品。李居仁，生平不詳。　員外郎常忠：員外郎，尚書省左右司和六部屬官中均有員外郎，此不知具體所指，存之待考。常忠，生平不詳。

初，源、徐交攻，郭野驢者每辭疾不行，賽不遂授野驢徐州節度副使、兼防城都總領，[1]實羈之也。野驢既見徐州空虚，乃約源州叛將麻琮内外相應。十月甲申，詰旦，襲破徐州。時蔡已被圍，徐州將士以朝命阻絶，且逼大兵，議出降。賽不弗從，恐被執，至是投河求死，流三十余步不没，軍士援出之。又五日，自縊于州第。[2]麻琮乃遣人以州降大元。

［1］徐州節度副使：徐州屬官。從五品。　防城都總領：即都總領使。主管徐州城防務。從五品。

［2］自縊于州第：《宋史》卷四〇三《趙方傳》，“金將完顏賽不入境”，“擒賽不妻弟王醜漢，金人遂誅賽不”。本傳記載賽不侵宋之年月，於天興二年（1233）十月甲申又五日自縊死。《宋史》所記乃是傳誤，不足信。

子按春，正大中充護衛，坐與宗室女姦，杖一百收係。居許州，[1]大兵至許，按春開南門以降。從攻京師，曹王出質，[2]朝臣及近衛有從出者，按春極口大罵，以至指斥。是冬，復自北中逃迴，詔令押入省，問事情，按春隨近侍登階作揮涕之狀。詔問丞相云：“按春自北中來，丞相好與問彼中息耗。”賽不附奏曰：“老臣不幸生此賊，事至今日，恨不手刃之，恐與對面語乎。”[3]十二月，車駕東狩，[4]留後二相下開封，[5]擒捕斬之獄中。

［1］許州：治所在今河南省許昌市。

［2］曹王：封爵名。大國封號，明昌格第二十位。此曹王指完顏訛可，爲哀宗異母兄守純長子，天興元年（1232）封曹王，出質蒙古軍前。詳見本書卷九三《完顏守純傳》。

［3］恐與對面語乎：中華點校本據文义改“恐”爲“忍”。

［4］車駕東狩：指金哀宗出奔歸德事。

［5］留後二相：指留守京師的宰相完顏奴申和完顏習涅阿不。開封：府名。治所在今河南省開封市。

贊曰：賽不臨陣對壘既有將略，洎秉鈞衡，[1]觀其救解楊居仁、侯摰等言，殊有相度，按春之事尤有古人之風焉。晚以老病受制叛臣，致修匹夫匹婦之節，此猶大厦將傾，非一木之所能支也，悲夫。

[1]洎（jì）：與“及”字通。

内族白撒名承裔，[1]末帝承麟之兄也，[2]系出世祖諸孫。[3]自幼爲奉御。[4]貞祐間，累官知臨洮府事、兼本路兵馬都總管。[5]

[1]内族：金代前期稱女真完顏氏皇室成員爲宗室，金章宗明昌年間，因避世宗父宗輔（一名宗堯）名諱，改稱“内族”。

[2]末帝承麟：女真人。即完顏承麟。蔡州之難，金哀宗自焚殉國前傳皇位於承麟，登極典禮尚未舉行完畢城即被攻破，承麟死於亂軍之中，實際他並没當成皇帝，但本傳仍稱其爲“末帝”。有時亦稱哀宗爲末帝。

[3]世祖：金太祖之父劾里鉢廟號，係追封。事迹見本書卷一《世紀》。

[4]奉御：近侍局屬吏。多由宗室和貴胄子弟充任。本書卷五六《百官志二》，“奉御十六人，舊名入寢殿小底”。

[5]知臨洮府事：即臨洮府尹，爲臨洮府行政長官，兼本路兵馬都總管。掌統諸城隍兵馬甲杖，總判府事。正三品。治所在今甘肅省臨洮縣。

興定元年，爲元帥左都監，行帥府事於鳳翔。[1]是年，詔陝西行省伐宋，白撒出鞏州鹽井，[2]遇宋兵于皂郊堡，[3]敗之。又遇宋兵于天水軍，[4]掩擊，宋兵大潰。二年四月，復敗宋兵，至鷄公山，[5]遂拔西和州，毁其諸隘營屯。遣合扎都統完顏習涅阿不率軍趨成州，[6]宋帥羅參政、統制李大亨焚廬舍棄城遁，[7]留千餘人城守，督兵赴之，遂克焉，獲粮七萬斛、錢數千萬。[8]河池縣守將楊九鼎亦焚縣舍走保清野原。[9]統制高千據黑谷關甚固，[10]遣兵襲之，千遁去，獲粮二萬斛，器械稱是，因夷其險而還。

[1]鳳翔：府名。治所在今陝西省鳳翔縣。

[2]鞏州鹽井：中華點校本據本書卷二六《地理志下》的相關記載，改“鹽井”爲“鹽川”。鞏州治所在今甘肅省隴西縣。　鹽川，鎮名。舊址在今甘肅省隴西縣西。

[3]皂郊堡：寨堡名。一作“皂角堡”，在今甘肅省天水市（原昌平縣）南皂角屯。

[4]天水軍：南宋軍州名。治所在今甘肅省禮縣東、天水市南。

[5]鷄公山：山名。在今甘肅省西和縣境。

[6]合扎都統：合扎，女真語，意爲親軍。此合扎都統，當指行元帥府的親軍部隊都統領。　完顏習涅阿不：女真人。亦作“完顏習泥阿不”“完顏習你阿不”，後死於崔立之變。　成州：南宋州名。治所在今甘肅省成縣。

[7]宋帥羅參政：據《宋史》卷四〇《寧宗紀四》記，羅參政名羅仲甲，時爲成州守將。　李大亨：時與羅仲甲同守成州。

[8]斛（hú）：古代量器名。亦爲容量單位，古人以十斗爲一斛，宋時改爲五斗。

[9]河池縣：南宋縣名。治所在今甘肅省徽縣。　清野原：地名。所在地不詳。

[10]黑谷關：關隘名。所在地不詳。

三年，破虎頭關，[1]敗宋兵于七盤子、鷄冠關。[2]褒城縣官民自焚城宇遁，[3]因取其城。興元府提刑兼知府事趙希昔聞兵將至，[4]率官民遁，於是白撒遂取興元，以駐兵焉。命提控張秀華馳視洋州，[5]官民亦遁，又取其城。尋聞漢江之南三十里，宋兵二千據山而陣，遣提控唐括移失不擊走之。[6]行省以捷聞，宣宗大悦，進白撒官一階。[7]時朝議以蘭州當西夏之衝，[8]久爲敵據，將遣白撒復之，白撒奏曰："臣近入宋境，略河池，下鳳州，[9]破興元，抵洋州而還。經涉險阻數千里，士馬疲弊，未得少休，而欲重爲是舉，甚非計也，不若息兵養士以備。"從之。

[1]虎頭關：關隘名。所在地不詳。

[2]七盤子：地名。所在地不詳。　鷄冠關，關隘名。一名鷄冠隘，在今陝西省勉縣西南。

[3]褒城縣：治所在今陝西省漢中市西北。

[4]興元府提刑兼知府事趙希昔：《宋史》卷四〇《寧宗紀四》作"利州路提刑權興元府事趙希昔"。南宋興元府治所在今陝西省漢中市。

[5]提控：武職。金宣宗時招募義軍，以四萬户爲一副統，兩副統爲一都統，都統之外，又設一總領提控，簡稱提控。從五品。出土的金末官印中"提控之印"至少有四方（見景愛《金代官印集》，第195、196、202頁）。　張秀華：生平不詳。　洋州：南宋州名。治所在今陝西省洋縣。

[6]唐括移失不：女真人。生平不詳。

[7]一階：指散官階一級。

[8]蘭州：地名。治所在今甘肅省蘭州市。

[9]鳳州：地名。治所在今甘肅省鳳縣東北。

未幾，權參知政事，行省事于平凉。[1]四年，上言：“宋境山州宕昌東上扨一帶蕃族，[2]昔嘗歸附，分處德順、鎮戎之間。[3]其後，有司不能存撫，相繼亡去。近聞復有歸心，然不招之亦無由自至。誠得其衆，可以助兵，寧謐一方。臣以同知通遠軍節度使事烏古論長壽及通遠軍節度副使温敦永昌皆本蕃屬，[4]且久鎮邊鄙，深得彼心，已命遣人招之。其所遣及諸來歸者皆當甄獎，[5]請預定賞格以待之。”上是其言。

[1]平凉：府名。治所在今甘肅省平凉市。

[2]山州：其地不詳。　宕（dàng）昌：地名。在今甘肅省宕昌縣。　東上扨（zā）：地名。不詳。　蕃族：指當時居住在上述地區的羌族。

[3]德順、鎮戎：州名。德順州治所在今甘肅省静寧縣。鎮戎州治所在今寧夏回族自治區固原市。

[4]同知通遠軍節度使事：即通遠軍同知節度使，爲通遠軍節度使副佐，通判節度使事。正五品。通遠軍治所在鞏州，即今甘肅省隴西縣。　烏古論長壽：本爲羌族人，賜女真姓烏古論氏。本書卷一〇三有傳。　通遠軍節度副使：通遠軍屬官。從五品。　温敦永昌：本爲羌族人，賜女真姓温敦氏。

[5]甄獎：甄别嘉獎。

是年，夏兵三萬由高峰嶺入寇定西州，[1]環城爲栅，白撒遣刺史愛申阿失剌與行軍提控烏古論長壽、温敦永昌出戰，[2]大敗之，斬首千餘，獲馬仗甚衆。五年五月，白撒言：“近詔臣遣官諭諸蕃族以討西夏，臣即令臨洮路總管女奚烈古里間計約喬家丙令族首領以諭餘族。[3]

又别遣權左右司都事趙梅委差官遥授合河縣尉劉貞同往撫諭。[4]未幾，梅、貞報溪哥城等處諸族，[5]與先降族共願助兵七萬八千餘人，本國蕃族願助兵九千，若更以官軍繼爲聲援，勝夏必矣。臣已令古里間將鞏州兵三萬，宜更擇勇略之臣副之。梅、貞等既悉事勢，當假以軍前之職。蕃僧納林心波亦招誘有功，[6]乞遷官授職以獎勵之。”上皆從其請。

[1]高峰嶺：地名。所在地不詳。　定西州：本爲鞏州所轄的定西縣，金宣宗貞祐四年（1216）六月升爲定西州，治所在今甘肅省定西縣南。

[2]刺史：刺史州長官。正五品。此指定西州刺史。　愛申阿失剌：女真人。生平不詳。

[3]臨洮路總管：即臨洮路兵馬都總管，由臨洮府尹兼任。掌統諸城隍兵馬甲仗，總判臨洮府事。正三品。治所在今甘肅省臨洮縣。　女奚烈古里間：女真人。生平不詳。　喬家丙令族：是當時居住在臨洮府邊境地區的少數民族。

[4]趙梅：生平不詳。　合河縣尉：合河縣屬官。專掌巡捕盗賊。正九品。合河縣治所在今山西省興縣。　劉貞：生平不詳。

[5]溪哥城：城名。即金代積石州城，原爲北宋積石軍溪哥城，在今青海省循化縣。

[6]蕃僧納林心波：蕃僧，指羌族僧人。納林心波，羌族人，其他不詳。

元光元年二月，[1]行省上言：“近與延安元帥完顔合達、納合買住議：[2]河北郡縣俱已殘毁，陝西、河南亦經抄掠。比者西北二敵併攻鄜延，城邑隨陷，惟延安孤墉僅得保全。若今秋復至，必長驅而深入，雖京兆、鳳翔、慶陽、平凉已各益軍，[3]而率皆步卒，且相去闊遠，卒難應援，倘關中諸鎮不支，[4]則河南亦不安矣。今二敵遠去，西北少休，宜乘此隙徑取蜀、漢，[5]實國家基業萬全之計。”詔樞密議之。

[1]元光：金宣宗年號（1222—1223）。

[2]延安：府名。治所在今陝西省延安市，時亦爲鄜延路治所。　完顏合達：女真人。金末名將，哀宗時以平章政事行省於陝西。正大九年（1232），兩行省軍潰敗於鈞州三峰山，合達率殘部逃往鈞州，城破被殺。本書卷一一二有傳。　納合買住：女真人。生平不詳。

[3]慶陽：府名。治所在今甘肅省慶陽市。

[4]關中：地區名。泛指函谷關以西的陝西省之地。

[5]蜀、漢：指四川和漢江流域之地。

先是，夏兵數十萬分寇龕谷、鄜延、大通諸城，[1]上召白撒等授以方略，命發兵襲其浮橋，遂趨西凉。[2]别遣將取大通城，出溪哥路，略夏地。白撒徐出鎮戎，合達出環州，[3]以報三道之役。白撒馳至臨洮，遣總管女奚烈古里間、積石州刺史徒單牙武各攝帥職，[4]率兵西入，遇夏兵千餘於踏南寺，[5]擊走之。夏人據大通城，因圍之，分兵奪其橋，與守兵七千人戰，大敗之，幾殺其半，入河死者不可計，餘兵焚其橋西遁。乃還軍攻大通，克之，斬首三千，因招來諸寺族被脅僧俗人，皆按堵如故。以河梁既焚，塞外地寒少草，師遂還。

[1]龕谷：縣名。治所在今甘肅省榆中縣南。　大通：城名。在今青海省循化縣西。

[2]西涼：西夏府名。治所在今甘肅省武威市。

[3]環州：治所在今甘肅省環縣。

[4]總管：即臨洮府路兵馬都總管。　積石州刺史徒單牙武：積石州刺史，積石州長官，正五品。治所在今青海省循化縣。徒單牙武，女真人。生平不詳。

[5]踏南寺：佛寺名。

十二月，行省言："近有人自北來者，稱國王木華里悉兵沿渭而西，[1]謀攻鳳翔，鳳翔既下乃圖京兆，京兆卒不可得，留兵守之，至春蹂踐二麥以困我。未幾，大兵果圍鳳翔，帥府遣人告急。臣以爲二鎮脣齒也，鳳翔蹉跌則京兆必危，而陝右大震矣。[2]然平川廣野寔騎兵馳騁之地，未可與之爭鋒。已遣提控羅桓將兵二千，循南山而進，伺隙攻其柵壘，以紓城圍。更乞發河南步騎以備潼關。"[3]詔付尚書省樞密院議之。[4]

[1]木華里：蒙古人。《元史》作"木華黎"，姓札剌兒氏，率蒙軍攻金，被元太祖封爲太師、國王。因其後裔封地在今遼西，故傳説木華黎之墓在今遼寧省錦州市境内。《元史》卷一一九有傳。　渭：河名。即今陝西省渭河。

[2]陝右：地區名。泛指渭河以南的陝西南部地區。

[3]潼關：關隘名。在今陝西省潼關縣北。

[4]樞密院：軍政官署名。掌國家軍務機密之事。

二年冬，哀宗即位，[1]邊事益急。正大五年八月，召白撒還朝，拜尚書右丞，未幾，拜平章政事。白撒居西垂幾十年，[2]當宋、夏之交，雖頗立微效，皆出諸將之力。然本恇怯無能，徒以儀體爲事，性愎貪鄙，及入爲相，專愎尤甚。[3]嘗惡堂食不適口，[4]每以家膳自隨，國家顛覆，初不恤也。

[1]哀宗：廟號。金朝末代皇帝，即完顔寧甲速，漢名守禮，後改守緒。1224 年至 1234 年在位。本書卷一七至卷一八有紀。

[2]西垂：西部邊疆。“垂”與“陲”字通。

[3]專愎：專横而固執。

[4]堂食：指在尚書省當值由公家供給的膳食。

九年正月，諸軍敗績於三峰山。[1]大兵與白坡兵合，長驅趨汴。[2]令史楊居仁請乘其遠至擊之，[3]白撒不從，且陰怒之。遂遣完顔麻斤出、邵公茂等部民萬人，[4]開短堤，决河水，以固京城。功未畢而騎兵奄至，麻斤出等皆被害，[5]丁壯無二三百人得反者。

[1]三峰山：山名。本書卷二五《地理志中》作“三封山”。在今河南省禹州市西南。

[2]大兵與白坡兵合，長驅趨汴：中華點校本本卷校勘記云，按本書卷一七《哀宗紀上》正大九年（1232）正月甲午，“大元兵薄鄭州，與白坡兵合。乙未，大元游騎至汴城。丁酉，大雪，大元兵及兩省軍戰均州之三峰山，兩省軍大潰”。是蒙古兵圍汴京在三峰山之戰前，此處繫於三峰山之戰後，叙事失次。大兵，指蒙古兵。白坡，地名。在今河南省孟津縣東北、孟州市西的黄河北岸。

[3]令史：吏名。此指尚書省令史，正員七十人，女真、漢人

各三十五。

[4]完顏麻斤出：女真人。本書卷一二四《烏古孫仲端傳》載，麻斤出於哀宗正大五年（1228）任開封府尹。　邵公茂：人名。生平不詳。

[5]麻斤出：原脱“出”，中華點校本據上文及本書卷一七《哀宗紀上》的相關記載，改爲“麻斤出”。今從之。

壬辰，棄衛州，[1]運守具入京。初，大兵破衛州，宣宗南遷，移州治於宜村渡，[2]築新城於河北岸，去河不數步，惟北面受敵，而以石包之，歲屯重兵於此，大兵屢至不能近。至是，棄之，隨爲大兵所據。

[1]衛州：州名。治所在今河南省衛輝市。

[2]宜村渡：黄河渡口名。地在今河南省衛輝市境内。

甲午，修京城樓櫓。初，宣宗以京城闊遠難守，[1]詔高琪築裏城，[2]公私力盡僅乃得成。至是，議所守。朝臣有言，裏城決不可守，外城決不可棄，大兵先得外城，粮盡救絶，走一人不出。裏城或不測可用，於是決計守外城。時在城諸軍不滿四萬，京城周百二十里，人守一乳口尚不能徧，[3]故議避遷之民充軍。又召在京軍官於上清宫，[4]平日防城得功者如内族按出虎、大和兒、劉伯綱等皆隨召而出，[5]截長補短假借而用，得百餘人。又集京東西沿河舊屯兩都尉及衛州已起義軍，通建威得四萬人，[6]益以丁壯六萬，分置四城。每面别選一千，名“飛虎軍”，以專救應，然亦不能軍矣。

[1]宣宗：廟號。金朝第八任皇帝，即完顔吾睹補，汉名珣，1213年至1223年在位。本書卷一四至卷一六有紀。

[2]高琪：西北路猛安女真人。即术虎高琪，出身護衛，宣宗時官至尚書右丞相，專權誤國。興定三年（1219），被宣宗以他罪誅之。本書卷一〇六有傳。

[3]乳口：城墻垛口。

[4]上清宫：宫殿名。在金南京城内。

[5]按出虎：女真人。即完顔按出虎，生平不詳。　大和兒、劉伯綱：二人生平俱不詳。

[6]建威：軍名。即建威軍，金哀宗正大二年（1225），改總領使爲都尉，有建威、振威、虎威等名號，建威軍即建威都尉奥屯斡里不所統領的軍隊。

三月，京城被攻，大臣分守四面。白撒主西南，受攻最急，樓櫓垂就輒摧，傳令取竹爲護簾，所司馳入城大索，竟無所得，白撒怒欲斬之。員外郎張衮附所司耳語曰：[1]“金多則濟矣，胡不即平章府求之。”所司懷金三百兩徑往，賂其家僮，果得之。

[1]員外郎：尚書省左右司及六部屬官中皆有員外郎，左右司員外郎爲正六品，六部員外郎爲從六品。　張衮（gǔn）：本書卷一一四《白華傳》作“首領官張衮”，知張衮此時官左、右司員外郎。

已而兵退，朝廷議罷白撒，白撒不自安，乃謂令史元好問曰：[1]“我妨賢路久矣，得退是幸，爲我撰乞致仕表。”頃之，上已遣使持詔至其第，令致仕。既廢，軍士恨其不戰誤國，揚言欲殺之。白撒懼，一夕數遷，上以親軍二百陰爲之衛。軍士無以泄其憤，遂相率毀其別墅而去。其黨元帥完顏斜撚阿不領本部軍戍汴，[2]聞之徑詣其所，斬經其垣下者一人以鎮之。

[1]元好問：金元之際著名史學家和文學家。本書卷一二六有傳。

[2]完顏斜撚阿不：女真人。即本卷前文之完顏習涅阿不。

是時，速不䚟等兵散屯河南，[1]汴城糧且盡，累召援兵復無至者。冬十月，乃復起白撒爲平章政事、權樞密使、兼右副元帥。於是，群臣爲上畫出京計，以賽不爲右丞相、樞密使、兼左副元帥，内族訛出右副元帥、兼樞密副使、權參知政事，[2]李蹊兵部尚書、權尚書左丞，[3]徒單百家元帥左監軍、行總帥府事。[4]東面元帥高顯，副以果毅都尉粘合咬住兵五千。[5]南面元帥完顏猪兒，[6]副以建威都尉完顏斡論出兵五千。[7]西面元帥劉益、上黨公張開，[8]副以安平都尉紀綱軍五千。[9]北面元帥内族婁室，[10]副以振威都尉張閏軍五千。[11]中翼都尉賀都喜軍四千，[12]隸總帥百家。都尉内族久住、副都尉王簡、總領王福胤神臂軍三千五百，[13]左翼元帥内族小婁室親衛軍一千，[14]右翼元帥完顏按出虎親衛軍一千，總領完顏長樂、副帥温敦昌孫馬軍三百，[15]郡王王義深馬軍一百五十，[16]郡王范成進、總領蘇元孫圭軍三千，[17]隸總帥百家。飛騎都尉兼合刺合總領术虎只魯歡、總領夾谷得伯、幺軍田衆家奴等百人及諸臣下，[18]

發京師。

［1］速不觧（dǎi）：蒙古兀良哈部人。亦作“速不台”“速不歹”“碎不觧”，時隨元太宗攻金，爲軍帥。《元史》卷一二一有傳。

［2］訛出：女真人。即完顔訛出，《歸潛志》卷一一作“完顔斡出”。　右副元帥：都元帥府屬官。與左副元帥並爲都元帥副佐，同爲正二品，位在左副元帥之下。

［3］兵部尚書：尚書省兵部長官。掌兵籍、軍器、城隍、鎮戍等事。正三品。

［4］徒單百家：女真人。亦作“徒單百嘉”。

［5］果毅都尉：金哀宗時所封都尉名號之一。從三品。　粘合咬住：女真人。亦作“粘割咬住”“粘葛咬住”“粘哥咬住”。

［6］完顔猪兒：女真人。曾代理歸德果毅都尉。扈從哀宗出奔歸德，天興二年（1233）正月渡河時戰死。

［7］建威都尉：哀宗所封都尉名號之一。從三品。　完顔斡論出：女真人。後降於蒙古，本書卷一八《哀宗紀下》作“完顔兀論出”。

［8］劉益：時爲元帥。　上黨公：封爵名。郡公封號，宣宗所封河北九郡公之一。正二品。　張開：賜完顔姓，所以亦稱“完顔開”。本書卷一一八有傳。

［9］安平都尉：哀宗所封的都尉名號之一。從三品。1984 年 5 月，在河北省任城縣出土一方金末“安平都尉之印”（見景愛《金代官印集》，文物出版社 1991 年版，第 179 頁）。　紀綱：生平不詳。

［10］婁室：女真人。即完顔婁室。本書卷一一九《完顔婁室傳》記，内族有大、中、小三婁室，此婁室應爲元帥中婁室。

［11］振威都尉：哀宗所封的都尉名號之一，從三品。　張閏：

生平不詳。

［12］中翼都尉：因其所領軍隊爲中軍，所以稱中翼都尉。　賀都喜：後戰死。

［13］久住：女真人。即完顏久住，本書卷四四《兵志》作“九住”。　副都尉：原名副總領。哀宗正大四年（1227），改總領爲都尉，副總領改稱副都尉，爲都尉副佐。1978年，在山東省蒼山縣出土一方金末“虎威副都尉印”，側刻小字爲“壬辰年正月丑”（見景愛《金代官印集》，第179頁）。　王簡：生平不詳。　總領：亦稱總領使。金末招募義軍，以四萬户爲一副統，兩副統爲一都統，都統之外設一總領提控，當時亦稱元帥爲總領。總領原爲從五品，正大二年升爲四品。　王福胤：生平不詳。

［14］小婁室：女真人。即小完顏婁室，哀宗走歸德，小婁室爲左翼元帥。本書卷一一九有傳。

［15］完顏長樂：女真人。不詳。　温敦昌孫：宣宗王皇后之侄，本大興府漢人王氏，賜姓温敦。本書卷一二四有傳。

［16］郡王：封爵名。正二品。　王義深：原爲紅襖軍首領李全部下，哀宗正大三年（1226）歸附金朝，被封爲東平郡王。

［17］范成進：原來也是李全部下，與王義深同時歸附金朝，被封爲膠西郡王。　蘇元、孫圭：生平俱不詳。

［18］飛騎都尉：應爲哀宗所封的都尉名號之一，本書《百官志》不載。　合剌合總領：即合里合軍總領。“合里合”，金末護駕軍的一種，由流亡者組成，騎射考試合格後可補入忠孝軍。　术虎只魯歡：女真人。生平不詳。　夾谷得伯：女真人。生平不詳。　乣軍：軍名。按“乣”字讀音有yǎo、jiū等十幾種説法，其字義也衆説紛紜，莫衷一是。劉鳳翥近年認爲應讀“又”（劉鳳翥《解讀契丹文字與深化遼史研究》，載《遼金史研究》，中國文化出版社2003年版）。金乣軍是以契丹人爲主體組成的一支軍隊。　田衆家奴：族屬生平不詳。

十二月甲辰，車駕至黄陵岡，[1]白撒先降大兵兩寨，得河朔降將，上赦之，授以印及金虎符。[2]群臣議以河朔諸將前導，鼓行入開州，[3]取大名、東平，[4]豪傑當有響應者，破竹之勢成矣。温敦昌孫曰："太后、中宫皆在南京，北行萬一不如意，聖主孤身欲何所爲。若往歸德，[5]更五六月不能還京。不如先取衛州，還京爲便。"白撒奏曰："聖體不便鞍馬，且不可令大兵知上所在，今可駐歸德。臣等率降將往東平，俟諸軍到，可一鼓而下，因而經略河朔，且空河南之軍。"上以爲然。時上已遣官奴將三百騎探漚麻岡未還，[6]上將御船，賜白撒劍，得便宜從事决東平之策。官奴遂奏衛州有粮可取，[7]上召白撒問之，白撒曰："京師且不能守，就得衛州欲何爲耶。以臣觀之，東平之策爲便。"上主官奴之議。

[1]黄陵崗：地名。在今山東省曹縣西南黄河故道上。

[2]金虎符：金制虎形兵符。

[3]開州：治所在今河南省濮陽市。

[4]大名、東平：府、路名。大名府治所在今河北省大名縣東北，東平府治所在今山東省東平縣。

[5]歸德：府名。治所在今河南省商丘市。

[6]官奴：即蒲察官奴。王鶚《汝南遺事》卷一記，官奴原爲契丹人，後賜姓蒲察。本書卷一一六有傳。　漚麻岡：地名。在今河南省長垣縣西北。

[7]官奴遂奏衛州有粮可取：中華點校本據本書本卷上文的相關記載，改"遂"爲"還"。

明年正月朔，次黄陵岡。是日，歸德守臣以粮糗三百餘船來餉，[1]遂就其舟以濟南岸，未濟者萬人，大元將回古迺率四千騎追擊之，[2]賀都喜揮一黄旗督戰，身中十六七箭，軍殊死鬬，得卒十餘人，大兵少却。上遣送酒百壺勞之。須臾，北風大作，舟皆吹著南岸，諸兵復擊之，溺死者近千人，元帥猪兒、都尉紇石烈訛論等死之。[3]建威都尉完顔訛論出降於大元。上於北岸望之震懼，率從官爲猪兒等設祭，哭之，皆贈官，録用其子姪，斬訛論出二弟以徇。

[1]粮糗（qiǔ）：按“糗”字意爲炒熟的米，糧糗意指乾糧（包括糧食及其食品）。

[2]回古迺：蒙古將領。生平不詳。

[3]紇石烈訛論：女真人。生平不詳。

遂命白撒攻衛州。上駐兵河上，留親衛軍三千護從，都尉高顯步軍一萬，元帥官奴忠孝軍一千，[1]郡王范成進、王義深、上黨公張開、元帥劉益等軍總帥百家總之，各齎十日粮，聽承裔節制。發自蒲城，[2]上時已遣賽不將馬軍北向矣，白撒以三十騎追及，謂賽不曰：“有旨，令我將馬軍。”賽不謂上曰：“北行議已决，不可中變。”上曰：“丞相當與平章和同。”完顔仲德持御馬銜苦諫曰：[3]“存亡在此一舉，衛州决不可攻。”上麾之曰：“參政不知。”白撒遂攻衛州，兵至城下，御旗黄繖招之不下。其夜，北騎三千奄至，官奴、和速嘉兀地不、按出虎與之戰，[4]北兵却六十里。然自發蒲城遷延八日始至衛，而猝無攻具，縛槍爲雲梯，州人知不能攻，守益嚴。凡攻三日不克。及聞河南大兵濟自張家渡至衛西南，[5]遂班師。大兵踵其後，戰於白公廟，[6]敗績，白撒等棄軍遁，劉益、張開皆爲民家所殺。車駕還次蒲城東三十里，白撒使人密奏劉益一軍叛去。點檢末撚兀典、總領温敦昌孫時侍行帳中，[7]請上登舟，上曰："正當決戰，何遽退乎。"少頃，白撒至，倉皇言於上曰："今軍已潰，大兵近在堤外，請聖主幸歸德。"上遂登舟，侍衛皆不知，巡警如故。時夜已四更矣，遂狼狽入歸德。

[1]忠孝軍：軍名。本書卷四四《兵志》，"復取河朔諸路歸正人，不問鞍馬有無，譯語能否，悉送密院，增月給三倍它軍，授以官馬，得千餘人，歲時犒燕，名曰忠孝軍"；卷一二三《完顏陳和尚傳》，"忠孝一軍皆回紇、乃蠻、羌、渾及中原被俘避罪來歸者"。由於待遇優厚，戰鬬力很强。忠孝軍人數最多時達一萬八千人。

[2]蒲城：鎮名。在今河南省長垣縣。

[3]完顏仲德：合懶路女真人。章宗泰和三年（1203）進士，哀宗天興元年（1232），以參知政事行省於陜州。二年，又行省於徐州。後領兵勤王至蔡州，城破，投汝水自殺殉國。本書卷一一九有傳。

[4]和速嘉兀地不：女真人。本書卷一八《哀宗紀下》作"元帥和速嘉兀底不"，卷一一六《石盞女魯歡傳》作"和速嘉兀底"，卷一二三《楊沃衍傳》作"和速嘉兀迪"。

[5]張家渡：黄河渡口名。在今河南省衛輝市附近。

[6]白公廟：地名。所在地不詳。

［7］點檢：即殿前都點檢，爲殿前都點檢司長官，兼侍衛親軍都指揮使。掌行從宿衛，關防門禁，督攝隊仗，總判殿前都點檢司。正三品。　末撚兀典：女真人。生平不詳。

白撒收潰兵大橋，[1]得二萬餘人，懼不敢入。上聞，遣近侍局提點移剌粘古、紇石烈阿里合、護衛二人以舟往迎之。[2]既至，不聽入見，并其子下獄。諸都尉司軍以白撒不戰而退，發憤出怨言。上乃暴其罪曰："惟汝將士，明聽朕言。我初提大軍次黄陵岡得捷，白撒即奏宜渡河取衛州，可得粮十萬石，乘勝恢復河北。我從其計，令率諸軍攻衛。去蒲城二百余里，白撒遷延八日方至，又不預備攻具，以致敗衄。白撒棄軍竄還蒲城，便言諸軍已潰，北兵勢大不可當，信從登舟，幾死于水。若當時知諸軍未嘗潰，只河北戰死亦可垂名於後。今白撒已下獄，不復録用，籍其家産以賜汝衆，其盡力國家，無効此人。"囚白撒七日而餓死，發其弟承麟、子狗兒徐州安置。當時議者，衛州之舉本自官奴，歸之白撒則亦過矣。

［1］大橋：地名。在歸德府附近。

［2］近侍局提點：近侍局長官。掌侍從，承勅令，轉進奏貼。正五品。《歸潛志》卷七記，"金朝近習之權甚重，置近侍局於宮中，職雖五品，其要密與宰相等，如舊日中書。故多以貴戚、世家、恩幸者居其職，士大夫不預焉"。　移剌粘古：契丹人。本書卷一一四《白華傳》作"曳剌粘古"。　紇石烈阿里合：女真人。生平不詳。

初，灝河居民聞官軍北渡，築垣塞户，潛伏洞穴，及見官奴一軍號令明肅，撫勞周悉，所過無絲髮之犯，老幼婦子坦然相視，無復畏避。俄白撒輩縱軍四出，剽掠俘虜，挑掘焚炙，靡所不至。哭聲相接，屍骸盈野。都尉高禄謙、苗用秀輩仍掠人食之，[1]而白撒誅斬在口，所過官吏殘虐不勝，一飯之費有數十金不能給者，公私皇皇，[2]日皆徯大兵至矣。[3]

[1]高禄謙、苗用秀：生平俱不詳。

[2]皇皇：與“惶惶”二字通。心神不安。

[3]徯：等待。

白撒目不知書，姦黠有餘，簿書政事聞之即解，善談議，多知，[1]接人則煦煦然，好貨殖，[2]能捭闔中人主心，[3]遂浸漬以取將相。既富貴，起第於汴之西城，規模擬宫掖，婢妾百數，皆衣金縷，[4]奴隸月廩與列將等，[5]猶以爲未足也。上嘗遣中使責之曰：“卿汲汲於此，將無北歸意耶。”白撒終不悛，以及於禍。

[1]多知：多智謀。“知”與“智”字通。

[2]貨殖：聚斂錢財。

[3]捭（bǎi）闔（hé）：善於游説。

[4]金縷：衣服上綴飾金綫。

[5]月廩（lǐn）：每個月的生活供給費用。

贊曰：白撒本非將才，恇怯誤國，徒能阿合以取富貴，[1]性愎貪鄙，當此危亡，方謀封殖以自逸，此猶大厦將焚而燕雀不悟者歟。

［1］阿合：阿諛奉承。

赤盞合喜，[1]性剛愎，好自用，朝廷以其有才幹任之。宣宗時，累遷蘭州刺史、提控軍馬。[2]貞祐四年十一月，夏人四萬餘騎圍定西，[3]輦致攻具，[4]將取其城。合喜及楊斡烈等率兵鏖戰走之，[5]斬首二千級，俘數十人，獲馬八百餘匹，器械稱是，餘悉遁去。興定元年正月，以屢敗夏人，遥授同知臨洮府事，[6]兼前職。是冬，陝西行省奉詔伐宋，合喜權行元帥府，駐來遠寨以張聲勢，[7]既而獲捷。二年四月，宋兵數千侵臨洮，合喜擊走之，斬獲甚衆。三年四月，遷元帥左都監，行元帥府事于鞏州。

［1］赤盞合喜：女真人。“赤盞”爲女真姓氏，亦作“石盞”“食盞”。

［2］蘭州刺史：蘭州軍政長官，正五品。治所在今甘肅省蘭州市。　提控軍馬：即總領兵馬之意。

［3］定西：縣名。治所在今甘肅省定西縣南。

［4］輦致攻具：用車拉來攻城器械。

［5］楊斡烈：中華點校本據本書卷一四《宣宗紀上》的相關記載，改爲“楊斡烈”。本書卷一三四《外國傳》記，楊斡烈時爲提控官。

［6］遥授同知臨洮府事：同知臨洮府事，即臨洮府府同知。爲臨洮府尹副佐，正四品。時赤盞合喜授其官而不能至職視事，所以

稱“遥授”。

[7]來遠寨：寨堡名。在今甘肅省武山縣西南。

四年四月，夏人犯邊，合喜討之，師次鹿兒原，[1]遇夏兵千人，遣提控烏古論世鮮率偏師敗之，[2]都統王定亦破其衆一千五百于新泉城。[3]九月，夏人攻鞏州，合喜遣兵擊之，一日十余戰，夏人退據南岡，遣精兵三萬傅城，又擊走之，生擒夏將劉打、甲玉等。訊知夏大將你思丁、兀名二人謀，以爲鞏帥府所在，鞏既下則臨洮、積石、河、洮諸城不攻自破，[4]故先及鞏，且構宋統制程信等將兵四萬來攻。合喜聞之，飾兵嚴備。俄而兵果至，合喜督兵搏戰，却之，殺數千人。攻益急，將士殊死戰，殺傷者以萬計。夏人焚其攻具，拔栅而去。合喜已先伏甲要地邀之，復率衆躡其後，斬首甚衆。十月，以功遥授平西軍節度使。[5]

[1]鹿兒原：地名。所在地不詳。

[2]烏古論世鮮：中華點校本據本書卷一三四《西夏傳》、卷一六《宣宗紀下》、卷一〇三《烏古論長壽傳》的相關記載，改“鮮”字爲“顯”。烏古論世顯，臨洮府第五將營突門族人。本姓包氏，金宣宗貞祐三年（1215），賜姓烏古論氏。興定四年(1220)，世顯兄長壽爲通遠軍節度使、總領都提控，世顯爲提控、會州刺史，兄弟二人各領兵戰西夏。當年八月，會州城陷，世顯降西夏。其事詳見本書卷一〇三《烏古論長壽傳》、卷一三四《外國傳上》。

[3]新泉城：城名。不詳。

[4]河、洮：州名。河州治所在今甘肅省臨夏市，洮州治所在

今甘肅省臨潭縣。

[5]平西軍：州軍名。治所在河州，今甘肅省臨夏市。

元光元年，大將萌古不花攻鳳翔，[1]朝廷以主將完顔仲元孤軍不足守禦，[2]命合喜將兵援之。二年二月，木華黎國王、斜里吉不花等及夏人步騎數十萬圍鳳翔，[3]東自扶風、岐山，[4]西連汧前、隴，[5]數百里間皆其營栅，攻城甚急，合喜盡力，僅能禦之。於是，合喜以同知臨洮府事顔盞蝦蟆戰尤力，[6]遂以便宜升爲通遠軍節度使，[7]上嘉其功，許之。是歲，升簽樞密院事。哀宗即位，拜參知政事、權樞密副使。

[1]萌古不花：蒙古人。《元史》卷一一九《木華黎傳》作“蒙古不華”，本書卷一六《宣宗紀下》作“蒙古蒲花”。此人曾跟隨木華黎、孛魯父子攻金，爲都元帥。

[2]完顔仲元：金中都大興府人。本漢人郭氏，人稱“郭大相公”。衛紹王大安年間，仲元應募從軍，組織地方武裝“花帽軍”，後以軍功賜姓完顔氏。本書卷一〇三有傳。

[3]斜里吉不花：蒙古軍將領。

[4]扶風、岐山：縣名。扶風縣治所在今陝西省扶風縣，岐山縣治所在今陝西省岐山縣。

[5]汧、隴：“汧”指汧源縣，治所在今陝西省隴縣。隴，州名，治所在今陝西省千陽縣。

[6]顔盞蝦蟆：本漢人郭蝦蟆，賜姓顔盞。本書卷一二四有傳。

[7]便宜：地方長官自行決定，不用上奏朝廷批准。本書卷四四《兵志》，“及南遷，河北封九公，因其兵假以便宜從事，沿河諸城置行樞密院元帥府，大者有‘便宜’之號，小者有‘從宜’

之名”。

正大八年十一月，鄧州馳報大元兵破嶢峰關，[1]由金州東下。[2]報至時日已暮，省院官入奏，上曰：“事至於此奈何。”上即位至是八年，從在東宮日立十三都尉，[3]每尉不下萬人，彊壯趫捷，極爲精練。步卒負擔器甲粮糗重至六七斗，一日夜行二百里。忠孝軍萬八千人，[4]皆回紇、河西及中州人被掠而逃歸者，[5]人有從馬，以騎射選之乃得補。親衛、騎兵、武衛、護衛，選外諸軍又二十餘萬。故頻年有大昌原、倒回谷之捷，[6]士氣既振，遂有一戰之資。至是，院官同奏：“北軍冒萬里之險，歷二年之久，方入武休，[7]其勞苦已極。爲吾計者，以兵屯睢、鄭、昌武、歸德及京畿諸縣，[8]以大將守洛陽、潼關、懷、孟等處，[9]嚴兵備之。京師積粮數百萬斛，令河南州郡堅壁清野，百姓不能入城者聚保山砦。彼深入之師，欲攻不能，欲戰不得，師老食盡，不擊自歸矣。”上太息曰：“南渡二十年，所在之民破田宅、粥妻子以養軍士。且諸軍無慮二十餘萬，今敵至不能迎戰，徒以自保，京城雖存，何以爲國，天下其謂我何。”又曰：“存亡有天命，惟不負民可也。”乃詔合達、蒲阿等屯軍襄、鄧。[10]

[1]鄧州：治所在今河南省鄧州市。　嶢峰關：關隘名。亦稱“嶢風嶺”“饒風嶺”，地在今陝西省石泉縣西，爲南宋轄地。

[2]金州：南宋州名。治所在今陝西省安康市。

[3]十三都尉：按本書卷四四《兵志》所載，哀宗正大二年

（1225），“乃易總領之名爲都尉，班在隨朝四品之列”，“天興初元，有十五都尉”。又據本書卷五五《百官志一》，“正大二年，改總領爲都尉，升秩爲四品”，皆記總領之名始自正大二年。經檢核有關史料，可知都尉共有十三名號，故《兵志》所記“十五都尉”不確（詳見都興智《金代官制的幾個問題》，《遼寧師範大學學報》1999年第3期）。

[4]忠孝軍萬八千人：按本書卷四四《兵志》，“此軍（忠孝軍）迄於天興至七千人”，與本傳所記“萬八千人”異。

[5]回紇：族名。北魏時東部鐵勒游牧在鄂爾渾河和色楞格河流域，稱袁紇。隋朝稱韋紇，唐初稱回紇，曾建立强大的地方政權。公元788年又改稱回鶻。840年被黠戛斯所破，遂分爲三支，其中一支遷到新疆吐魯番盆地，稱高昌回鶻，即今新疆維吾爾族的祖先。　河西：河西回紇的簡稱。是回鶻政權分裂後三支回鶻的一支，他們當時遷到河西走廊地區，所以稱“河西回鶻”，也是今新疆維吾爾族的祖先。另一支遷到今蔥嶺以西。　中州人：指中原人。

[6]大昌原、倒回谷之捷：金哀宗即位後在抗蒙過程中取得的兩次得勝戰役。大昌原在今甘肅省寧縣西南。正大五年（1228），蒙古軍隊侵入大昌原，斷慶陽糧道。忠孝軍提控完顔陳和尚以四百騎兵大破蒙古八千之衆，取得輝煌戰果，是爲大昌原之捷。倒回谷亦作“倒迴谷”，在今陝西省藍田縣東南。正大八年，蒙古速不台率兵侵入盧氏、朱陽，威脅潼關。金潼關守將納合買住求援於陝西行省，行省派完顔陳和尚、都尉夾谷渾領兵來援，速不台敗退，金兵追擊至倒回谷口而還，是爲倒回谷之捷。

[7]武休：關隘名。在今陝西省留壩縣南。

[8]睢（suī）、鄭、昌武：按，睢、鄭，州名。睢州，治所在今河南省睢縣。鄭州，治所在今河南省鄭州市。昌武，不詳所指。

[9]洛陽：古城名。時爲金中京河南府，治所在今河南省洛陽市。　懷、孟：州名。懷州治所在今河南省沁陽市，孟州治所在今

河南省孟州市。

[10]合達、蒲阿：合達，女真人。即完顔合達，時爲平章政事。蒲阿，契丹人。即移剌蒲阿，時爲參知政事兼樞密副使。本書卷一一二各有傳。　襄：指南宋襄陽縣，治所在今湖北省襄樊市。

九年正月，兩省軍潰于三峰山，[1]北兵進薄京師。三月庚子，議曹王出質。[2]大兵北行，留速不觧攻城，攻具已辦，既有納質之請，[3]即又云：“我受命攻城，但曹王出則退，不然不罷也。”壬辰，[4]曹王入辭，宴於宫中。癸卯，北兵立攻具，沿壕列木栅，以薪草填壕，頃刻平十余步。主兵者以議和之故不敢與戰，但於城上坐視而已。

[1]兩省軍：指京兆行省和平凉行省的軍隊。時兩省軍已退守河南，在均州三峰山戰役中全軍覆没。

[2]曹王：封爵名。大國封號，明昌格第二十位。此曹王指完顔守純子訛可。

[3]納質：交納人質。

[4]壬辰：中華點校本據本書卷一七《哀宗紀上》的相關記載，改爲“壬寅”。

城中喧閧，上聞之，從六七騎出端門至舟橋。[1]時新雨淖，車駕忽出，人驚愕失措，但跪於道傍，亦有望而拜者，上自麾之曰：“勿拜，恐泥污汝衣。”倉皇中，市肆米豆狼藉於地，上勅衛士令各歸其家，老幼遮擁至有悮觸御衣者。[2]少頃，宰相從官皆至，進笠不受，曰：“軍士暴露，我何用此爲。”所過慰勞軍士，皆踴躍稱萬歲，臣等戰死無所恨，至有感泣者。西南軍士五六十輩聚而若有言者，上就問之，跪曰："大兵芻土填壕，[3]功已過半，平章傳令勿放一鏃，[4]恐壞和事，想豈有計耶。"上顧謂其中長者云："朕爲生靈，稱臣進奉無不從順，止有一子，養來成長，今往作質子矣。[5]汝等略忍，待曹王出，大兵不退，汝等死戰未晚。"復有拜泣者曰："事急矣，聖主毋望和事。"乃傳旨城上放箭。西水門千户劉壽控御馬仰視曰：[6]"聖主無信賊臣，賊臣盡，大兵退矣。"衛士欲擊之，上止之曰："醉矣，勿問。"是日，曹王出詣軍前，大兵併力進攻。甲辰，上復出撫東門將士，太學生楊奐等前白事，[7]上問何所欲言，曰："臣等皆太學生，令執砲夫之役，恐非國家百年以來待士之意。"勅記姓名，即免其役。過南熏門，[8]值被創者，親傅以藥，[9]手酌卮酒以賜，[10]且出内府金帛以待有功者。是日，大兵驅漢俘及婦女老幼負薪草填壕，城上箭鏃四下如雨，頃刻壕爲之平。

[1]端門：城門名。爲金汴京宫城門之一。　舟橋：汴京城内橋名。本書卷二五《地理志中》記，宫城"丹鳳門北曰舟橋，橋少北曰文武樓"。

[2]悮："誤"的異體字。

[3]芻土填壕：用草把和土填塞城壕。"芻"即草把或柴草。

[4]平章：即平章政事，此指白撒。

[5]止有一子，養來成長，今往作質子矣：按本書未記哀宗有子，審上下文義，哀宗所指作質子者當爲曹王訛可。訛可本哀宗異母兄荆王守純長子，非哀宗子。疑哀宗過繼訛可爲子，故有此言，待考。

[6]西水門：城門名。金汴京城門之一。　千户：女真語爲猛安。金初爲從四品。至金末，千户已降爲流外官，無法與前期的猛安相比。　劉壽：生平不詳。

[7]太學生：金世宗大定六年（1166）始置太學，隸屬於國子監，定太學生總數爲四百人，以五品以上官兄弟子孫及府薦優秀官學生、終場舉人充任。金太學生有女真學生和漢學生之分。　楊奂：《歸潛志》卷一一作"楊焕"，金乾州奉天（今陝西省乾縣）人。金末舉進士不中，曾上萬言書。金亡入元，官至河南路廉訪使。《元史》卷一五三有傳。

[8]南熏門：城門名。爲金汴京宫城門南面正門。

[9]傅：與"敷"字通。

[10]卮（zhì）：古代的一種酒器。

龍德宫造砲石，[1]取宋太湖、靈璧假山爲之，[2]小大各有斤重，其圓如燈毬之狀，有不如度者杖其工人。大兵用砲則不然，破大磑或碌碡爲二三，[3]皆用之。攢竹砲有至十三稍者，[4]餘砲稱是。每城一角置砲百餘枝，更遞下上，晝夜不息，不數日石幾與裏城平。而城上樓櫓皆故宫及芳華、玉谿所拆大木爲之，[5]合抱之木，隨擊而碎，以馬糞麥秸布其上，網索旃褥固護之。[6]其懸風板之外皆以牛皮爲障，[7]遂謂不可近。大兵以火砲擊之，隨即延爇不可撲救。[8]父老所傳周世宗築京城，[9]取虎牢土爲之，[10]堅密如鐵，受砲所擊唯凹而已。大兵壕外築城圍百五十里，城有乳口樓櫓，壕深丈許，闊亦如之，約三四十步置一鋪，鋪置百許人守之。

[1]龍德宫：宫殿名。又名同樂園，宋徽宗時所修。園内樓閣

臺榭奇花異石景物宜人，時爲抗擊蒙古攻城，毀其建築物以築守城工。詳見《歸潛志》卷七。

[2]宋太湖、靈璧假山：汴京龍德宫假山名。當時龍德宫内的假山是用江南太湖石和陝西靈璧采來的異石築成，所以稱太湖、靈璧假山。太湖石後來被金人運到中都一部分，即今北京市北海公園里的太湖石。

[3]大磑（wèi）：大石磨。　碌（liù）碡（zhóu）：一種用於碾壓的畜力農具，用於莊稼脱粒，俗稱“滚子”。

[4]攢竹砲有至十三稍者：當時的攻城之炮是靠人力拉拽發射炮石，用竹子縛成炮座，所以稱竹炮。有三稍、五稍、七稍等。“稍”字一作“梢”。

[5]故宫：指汴京城内北宋時的舊宫殿。　芳華、玉谿：汴京城内北宋時的舊建築名稱。

[6]旃（zhān）褥：氈褥子。“旃”與“氈”字通。

[7]懸風板：城牆上防禦工事的擋板。

[8]爇（ruò，又讀 rè）：點燃焚燒。

[9]周世宗：五代時後周政權第二代皇帝柴榮。

[10]虎牢土：一種堅硬的粘土。

初，白撒命築門外短牆，[1]委曲陿隘容二三人得過，以防大兵奪門。及被攻，諸將請乘夜斫營，[2]軍乃不能猝出，比出已爲北兵所覺。後又夜募死士千人，穴城由壕徑渡，燒其砲坐。城上懸紅紙燈爲應，約燈起渡壕，又爲圍者所覺。又放紙鳶，[3]置文書其上，至北營則斷之，以誘被俘者。識者謂前日紙燈、今日紙鳶，宰相以此退敵難矣。右丞世魯命作《江水曲》，[4]使城上之人静夜唱之，蓋河朔先有此曲以寄謳吟之思，其謬計如此。

[1]門外短牆：指城門之外修築的防禦矮牆。

[2]斫（zhuó）營：劫殺敵營。

[3]紙鳶：風筝。

[4]世魯：女真人。即顏盞世魯，時爲尚書右丞。《江水曲》：辭曲名。世魯讓城上人唱此曲的目的是希望能勾起脅降蒙古的圍城人思念故國之情，瓦解敵人鬭志。

合喜先以守鳳翔自誇，及令守西北隅，其地受攻最急，而合喜當之，語言失措，面無人色，軍士特以車駕數出慰勞，人自激昂，争爲効命耳。其攻城之具有火砲名"震天雷"者，[1]鐵罐盛藥，以火點之，砲起火發，其聲如雷，聞百里外，所爇圍半畝之上，火點著甲鐵皆透。大兵又爲牛皮洞，[2]直至城下，掘城爲龕，[3]間可容人，則城上不可奈何矣。人有獻策者，以鐵繩懸"震天雷"者，順城而下，至掘處火發，人與牛皮皆碎迸無跡。又飛火槍，[4]注藥以火發之，輒前燒十余步，人亦不敢近。大兵惟畏此二物云。

[1]其攻城之具有火砲名"震天雷"者：中華點校本據文義改"攻城"爲"守城"。震天雷，一種用火藥製成的爆炸性武器，其外形"狀如合椀，頂一孔僅容指"。詳見何孟春《餘冬續録摘抄外篇》。

[2]牛皮洞：一種攻城的器具，又稱"洞子"。南宋石茂良《避戎夜話》，"洞子可以治道，可以攻城。其狀如合掌，上鋭下闊，人往來其中，節次序之有長三十餘丈者。上用生牛皮、鐵葉裹定，内用濕氈，中用大窗，矢石火炮皆不能入"。

[3]龕：在城牆挖掘横洞。

[4]飛火槍：一種噴射式火藥武器。本書卷一一六《蒲察官奴傳》記飛火槍的制法，“以勑黄紙十六重爲筒，長二尺許，實以柳炭、鐵滓、磁末、硫黄、砒霜之屬，以繩繫槍端。軍士各懸小鐵罐藏火，臨陣燒之，焰出槍前丈餘，藥盡而筒不損”。

四月罷攻。至是十六晝夜矣，内外死者以百萬計，大兵知不可下，乃謾爲好語云：“兩國已講和，更相攻耶。”朝廷亦就應之。明日，遣户部侍郎楊居仁出宜秋門以酒炙犒師，[1]於是營幕稍稍外遷，遂退兵。

[1]户部侍郎：户部屬官。户部尚書副佐。正四品。　宜秋門：金汴京城門名。　酒炙：酒和肉。

壬午，[1]合喜以大兵退，議入賀，諸相皆不欲，獨合喜以守城爲己功，持論甚力，呼令史元好問曰：“罷攻已三日而不入賀，何也。速召翰苑官作表。”[2]好問以白諸相，權參政内族思烈曰：[3]“城下之盟，諸侯以爲恥，況以罷攻爲可賀歟。”合喜怒曰：“社稷不亡，帝后免難，汝等不以爲喜耶？”明日，近侍局直長張天任至省，[4]好問私以賀議告之，天任曰：“人不知恥乃若是耶。”因謂諸相曰：“京城受兵，上深以爲辱。聞百官欲入賀，誠有此否？”會學士趙秉文不肯撰表，[5]議遂寢。

[1]壬午：中華點校本據本書卷一一六《石盞女魯歡傳》、卷一七《哀宗紀上》的相關記載，改爲“壬戌”。

[2]翰苑官：指翰林院的官員。

[3]思烈：女真人。即完顏思烈，南陽郡王完顏襄之子。哀宗時權參知政事，行省於鄧州。本書卷一一一有傳。

[4]近侍局直長：近侍局屬官。正八品。　張天任：生平不詳。

[5]學士：即翰林院學士。翰林院屬官。爲翰林院承旨副佐，與承旨同掌制撰詞命。正三品。　趙秉文：磁州滏陽縣人。世宗大定二十五年（1185）進士，金末官至禮部尚書，爲金朝中後期著名的文學家。本書卷一一〇有傳。

是月，以尚書省兼樞密院事，合喜罷樞密。合喜既失兵柄，意殊不樂，欲銷院印，[1]諸相謂院事仍在，印有用時，不宜毀。合喜怒，欲笞其掾。[2]有投匿名書於御路云：[3]"副樞合喜、總帥撒合、參政訛出皆國賊，[4]朝廷不殺，衆軍亦須殺之，爲國除害。"衛士以聞。撒合飲藥死，訛出稱疾不出，惟合喜坦然若無事者，上亦無所問，由是軍國之事盡決于合喜矣。

[1]院印：指樞密院的官印。

[2]掾（yuàn）：指樞密院的屬吏。

[3]御路：皇宮内皇帝的專用路。

[4]撒合：女真人。其他不詳。　訛出：女真人。即參知政事完顏訛出，《歸潛志》卷一一作"完顏斡出"。

初，大兵圍汴，司諫陳岢屢上封事言得失，[1]切中時病。合喜大怒，召入省，呼其名責之曰："子爲'陳山可'耶，果如子言能退大敵，我當世世與若爲奴。"聞者無不竊笑。蓋不識岢字，至分爲兩耳。

[1]司諫：諫院屬官。有左、右司諫，同爲從五品。　陳岢（kě）：滄州人。衛紹王大安元年（1209）進士，哀宗時曾上《請戰書》。本書卷一〇九有傳。

天興元年七月，權参知政事思烈、恒山公武仙合軍自汝州入援，[1]詔以合喜爲樞使，統京城軍萬五千應之，且命賽不爲之助。八月己酉朔，駐於近郊，候益兵乃進屯中牟古城。[2]凡三日，聞思烈軍潰，即夜棄輜重馳還，黎明至鄭門，[3]聚軍乃入。言者謂："合喜始則抗命不出，中則逗遛不進，終則棄軍先遁，委棄軍資不可勝計，不斬之無以謝天下。"上貸其死，[4]免爲庶人，既而籍其家以賜軍士。

[1]恒山公：封爵名。郡公封號，爲宣宗時所封的九郡公之一，正二品。　武仙：本書卷一一八有傳。　汝州：治所在今河南省汝南縣。

[2]中牟：縣名。治所在今河南省中牟縣。

[3]鄭門：金汴京城門名。

[4]貸其死：赦其死罪。

既廢，居汴中，常鞅鞅不樂。會大將速不解遣人招之，合喜即治裝欲行，崔立邀至省酌酒餞送，[1]且以白金二百兩爲贐。[2]明日，復詣省別立，方對語，適一人自歸德持文書至，發視之，乃行省傳哀宗語以諭合喜者，其言曰："卿朕老臣，中間雖廢出，未嘗忘卿。今崔立已變，卿處舊人尚多，若能反正，與卿世襲公相。"

立怒，叱左右縶之獄，是日斬之。

［1］崔立：將陵人。哀宗東狩，崔立留守汴京，爲西面元帥，天興二年（1233），在汴京發動政變降蒙，後被李伯淵等所殺。本書卷一一五有傳。

［2］白金：指白銀。　贐（jìn）：贈送的路費和禮物。

論曰：合喜初年用兵西夏，屢著勞効，要亦諸將石盞蝦蟆等功也。[1]既當大任，遂自矜伐，汴城之役舉措煩擾，質出兵退即圖稱賀，此豈有體國之誠心者乎。中牟之潰，衆怒所歸，幸逭一死，[2]猶懷異圖，卒殞猜疑，天蓋假手於崔立也。

［1］石盞蝦蟆：即前文的顔盞蝦蟆。按，據本書卷五五《百官志一》，“顔盞”和“石盞”（赤盞）爲不同的女真姓氏，所以此處“石盞”爲“顔盞”之誤。

［2］逭：逃脱。

金史　卷一一四

列傳第五十二

白華　斜卯愛實 合周附　石抹世勣

白華字文舉，澳州人。[1]貞祐三年進士。[2]初爲應奉翰林文字。[3]正大元年，[4]累遷爲樞密院經歷官。[5]二年九月，武仙以真定來歸，[6]朝廷方經理河北，宋將彭義斌乘之，[7]遂由山東取邢、洺、磁等州。[8]華上奏曰："北兵有事河西，[9]故我得少寬。今彭義斌招降河朔郡縣，[10]駸駸及於真定，宜及此大舉，以除後患。"時院官不欲行，[11]即遣華相視彰德，[12]實擠之也，事竟不行。

[1]澳州：中華點校本據本書卷二六《地理志下》的相關記載，改爲"隩州"。隩（ào，又讀 yù）州治所在今山西河曲縣南的黄河東岸。

[2]貞祐：金宣宗年號（1213—1217）。

[3]應奉翰林文字：翰林院屬官。從七品。

[4]正大：金哀宗年號（1224—1232）。

[5]樞密院經歷官：樞密院屬官。宣宗興定三年（1219）始見

此官名，從五品。

［6］二年九月，武仙以真定來歸：按本書卷一七《哀宗紀上》，武仙自真定來歸爲正大二年（1225）四月辛卯朔，與本傳所記九月不同。武仙，本書卷一一八有傳。真定，府名。治所在今河北省正定縣。

［7］彭義斌：原爲紅襖起義軍首領霍儀部下，霍儀死，歸李全，後隨李全降宋。李全降蒙，義斌與李全分道揚鑣，仍爲宋朝攻略山東、河北之地，與蒙古對抗，戰死在河南省内黄縣的五馬山。詳見《宋史》卷四七六《李全傳》。

［8］邢、洺（míng）、磁：州名。邢州治所在今河北省邢臺市，洺州治所在今河北省永年縣東南，磁州治所在今河北省磁縣。

［9］北兵有事河西：指蒙古主力部隊正在攻略黄河以西之地。

［10］河朔：地區名。泛指今黄河大曲折以東的山西省中南部和河北省之地。

［11］院官：指樞密院的官員。

［12］彰德：府名。治所在今河南省安陽市。

三年五月，宋人掠壽州，[1]永州桃園軍失利，[2]死者四百餘人。時夏全自楚州來奔。[3]十一月庚申，集百官議和宋。上問全所以來，華奏："全初在盱眙，[4]從宋帥劉卓往楚州。[5]州人訛言劉大帥來，欲屠城中北人耳。衆軍怒，殺卓以城來歸。[6]全終不自安，跳走盱眙，[7]盱眙不納，城下索妻孥，又不從，計無所出，乃狼狽而北，止求自免，無他慮也。"華因是爲上所知。全至後，盱眙、楚州，王義深、張惠、范成進相繼以城降。[8]詔改楚州爲平淮府，以全爲金源郡王、平淮府都總管，[9]張惠臨淄郡王，義深東平郡王，成進膠西郡王。[10]和宋議寢。

［1］壽州：治所在今安徽省鳳臺縣。

［2］永州：原爲亳州永城縣，金宣宗興定五年（1221）十二月升爲永州，治所在今河南省永縣。　桃園：鎮名。在今江蘇省泗陽縣黄河南岸。宣宗興定二年升爲淮濱縣，元光二年（1223）四月廢。

［3］夏全：原爲山東紅襖軍首領劉二祖部下，劉二祖死，附於霍儀。後隨李全降宋，此時又從宋楚州投奔金朝。　楚州：南宋州名。治所在今江蘇省淮安市。

［4］盱（xū）眙（yí）：縣名。爲泗州依郭縣，金章宗明昌六年（1195）因宋有盱眙軍，更名爲淮平縣，治所在今江蘇省盱眙縣淮河北岸，舊址已沉入洪澤湖中。

［5］劉卓：《宋史》卷四七六《李全傳》作“劉琸”，時爲南宋楚州守將。

［6］衆軍怒，殺卓以城來歸：《宋史》卷四七六《李全傳》記，夏全以兵圍楚州官署，劉卓“夜半縋城，僅以身免”。夏全歸金後，劉卓“自劾，未幾，死”。劉卓並未死於楚州，“衆軍怒，殺卓以城來歸”顯係金人訛傳。

［7］跳走：逃走。“跳”與“逃”字通。

［8］王義深：原爲紅襖軍首領彭義斌部下，隨義斌降宋。義斌死，王義深又歸李全，此時由宋歸金。　張惠：燕地人，驍勇善戰，綽號“賽張飛”。金宣宗時，張惠隨完顔霆至山東鎮壓紅襖軍。元光元年（1222），張惠隨紇石烈志守泗州，戰李全，被紇石烈志所逼，降李全歸宋。此時由宋歸金。　范成進：原爲紅襖軍首領，附李全降宋，此時同王義深、張惠由宋歸金。

［9］金源郡王：封爵名。郡王封號。正一品。　都總管：即兵馬都總管。路一級總管府長官，由本府府尹兼領，掌統諸城隍兵馬

甲杖，總判府事。正三品。

[10]臨淄郡王、東平郡王、膠西郡王：封爵名。郡王封號，正一品。

四年，李全據楚州，[1]衆皆謂盱眙不可守，上不從，乃以淮南王招全，[2]全曰："王義深、范成進皆我部曲而受王封，何以處我。"竟不至。

[1]李全：山東濰州北海縣（今山東省濰坊市）人，紅襖軍首領，先投宋，又降蒙古，後敗死。《宋史》卷四七六、四七七有傳。

[2]淮南王：封爵名。郡王封號，正一品。

是歲，慶山奴敗績于龜山。[1]五年秋，增築歸德城，[2]擬工數百萬，宰相奏遣華往相役，華見行院温撒辛，[3]語以民勞，朝廷愛養之意，減工三之一。温撒，李辛賜姓也。

[1]慶山奴：女真人。即完顏承立。本書卷一一六有傳。　龜山：鎮名。在今江蘇省盱眙縣東北。

[2]歸德：府名。治所在今河南省商丘市。

[3]行院：軍政官署名。行樞密院的簡稱，是地方上所設立的代行樞密院權事的官署機構。　温撒辛：山西人。原名李辛，《歸潛志》卷一一作"李新"。賜女真姓温撒氏，時以振武都尉主歸德行院事。天興元年（1232），金哀宗出奔歸德，李辛爲汴京東面元帥，留守京師。李辛跋扈不奉詔，哀宗出京後，李辛出逃，被完顏奴申派人追斬於汴京城壕中。

六年，以華權樞密院判官。[1]上召忠孝軍總領蒲察定住、經歷王仲澤、户部郎中刁璧及華諭之曰：[2]“李全據有楚州，睥睨山東，久必爲患。今北事稍緩，合乘此隙令定住權監軍，[3]率所統軍一千，別遣都尉司步軍萬人，[4]以璧、仲澤爲參謀，同往沂、海界招之，[5]不從則以軍馬從事，卿等以爲何如?”華對曰：“臣以爲李全借大兵之勢，[6]要宋人供給餽餉，[7]特一猾寇耳。老狐穴塚待夜而出，何足介懷。我所慮者北方之强耳。今北方有事，未暇南圖，一旦事定，必來攻矣。與我争天下者此也，全何預焉。若北方事定，全將聽命不暇，設不自量，更有非望，[8]天下之人寧不知逆順，其肯去順而從逆乎。爲今計者，姑養士馬，以備北方。使全果有不軌之謀，亦當發於北朝息兵之日，當此則我易與矣。”上沉思良久曰：“卿等且退，容我更思。”明日，遣定住還屯尉氏。[9]

[1]權樞密院判官：權，代理。樞密院判官，樞密院屬官，本書《百官志》失載，執掌和官品不詳。

[2]忠孝軍總領：忠孝軍，軍名。本書卷四四《兵志》，“復取河朔諸路歸正人，不問鞍馬有無，譯語能否，悉送密院，增月給三倍它軍，授以官馬，得千餘人，歲時犒燕，名曰忠孝軍”。卷一二三《完顏陳和尚傳》，“忠孝一軍皆回紇、乃蠻、羌、渾及中原被俘避罪來歸者”。由於待遇優厚，至哀宗天興年間增至一萬八千人。總領，宣宗時招募義軍，以四萬户爲一副統，兩副統爲一都統，都統之外設一總領提控。總領官爲從五品。　蒲察定住：女真人，爲金末酷吏之一。　經歷：即樞密院經歷官。　王仲澤：名渥，字仲澤，以字行。本書卷一一一有傳。　户部郎中：户部屬官，爲户部

尚書副佐。正員二人，正四品。　刁璧：本書卷一一五《完顏奴申傳》記，刁璧於天興元年（1232）以户部郎中任安撫副使，總招撫司，規運京外糧斛。《歸潛志》卷一一載，刁璧於哀宗出京後，參與崔立叛變，崔立以刁璧爲兵部尚書、元帥左都監，刁璧未就職。

[3]監軍：即元帥監軍，爲都元帥府屬官。有元帥左監軍、右監軍之分，同爲正三品。1954年，在河北省保定市徵集一方金末"元帥監軍印"（見景愛《金代官印集》，文物出版社1991年版，第88頁）。

[4]都尉：原名總領，金哀宗正大二年（1225）改稱都尉，官品也由原來的從五品升至正四品。四年，又升至從三品。

[5]沂、海：州名。沂州治所在今山東省臨沂市，海州治所在今江蘇省連雲港市西南。

[6]大兵：指蒙古軍隊。元人修《金史》，所以稱蒙古軍隊爲"大兵""大軍"或"天兵"。

[7]餽（kuì）餉：運送糧餉。"餽"，同"饋"。

[8]非望：非分之想，暗指稱王稱帝。

[9]尉氏：縣名。治所在今河南省尉氏縣。

時陝西兵大勢已去，留脱或欒駐慶陽以擾河朔，[1]且有攻河中之耗，[2]而衛州帥府與恒山公府並立，[3]慮一旦有警，節制不一，欲合二府爲一，又恐其不和，命華往經畫之。初，華在院屢承面諭云："汝爲院官，不以軍馬責汝。汝辭辯，特以合喜、蒲阿皆武夫，[4]一語不相入，便爲齟齬，害事非細，今以汝調停之，或有乖忤，罪及汝矣。院中事當一一奏我，汝之職也。今衛州之委，亦前日調停之意。"

[1]脱或欒：人名。生平不詳。　慶陽：府名。治所在今甘肅省慶陽市。

[2]河中：府名。治所在今山西永濟市西的黄河東岸。

[3]衛州帥府：衛州治所在今河南省衛輝市。帥府，官署名。此指當時設在衛州的行元帥府。　恒山公：封爵名。郡公封號，宣宗所封河朔地方武裝九郡公之一，正二品。封恒山公者爲武仙，本書卷一一八有傳。

[4]合喜、蒲阿：人名。合喜指赤盞合喜，女真人。本書卷一一三有傳。蒲阿指移剌蒲阿，契丹人。本書卷一一二有傳。

國制，凡樞密院上下所倚任者名奏事官，[1]其目有三，一曰承受聖旨，二曰奏事，三曰省院議事，皆以一人主之。承受聖旨者，凡院官奏事，或上處分，獨召奏事官付之，多至一二百言，或直傳上旨，辭多者即與近侍局官批寫。[2]奏事者，謂事有區處當取奏裁者殿奏，其奏每嫌辭費，必欲言簡而意明，退而奉行，即立文字謂之檢目。省院官殿上議事則默記之，議定歸院亦立檢目，呈復。[3]有疑則復稟，無則付掾史施行。[4]其赴省議者，議既定，留奏事官與省左右司官同立奏草，[5]圓覆諸相無異同，同右司奏上。此三者之外又有難者，曰備顧問，如軍馬糧草器械、軍帥部曲名數、與夫屯駐地里阨塞遠近之類，凡省院一切事務，顧問之際一不能應，輒以不用心被譴，其職爲甚難，故以華處之。

[1]樞密院：軍政官署名。掌國家武備機密之事。

[2]近侍局：官署名。主管皇帝侍從，承宣勅命，轉進奏貼。《歸潛志》卷七，“金朝近習之權甚重，置近侍局於宮中，職雖五

品，其要密與宰相等，如舊日中書，故多以貴戚、世家、恩倖者居其職，士大夫不通預焉”。

[3]呈復：送皇帝審核御裁並批復。

[4]掾吏：有關部門的屬吏。

[5]省左右司：行政官署名。即尚書省的左司與右司，左司主管吏、户、禮三部受事付事，右司主管兵、刑、工三部受事付事。

五月，以丞相賽不行尚書省事於關中，[1]蒲阿率完顏陳和尚忠孝軍一千駐邠州，[2]且令審觀北勢。如是兩月，上謂白華曰：“汝往邠州六日可往復否?”華自量日可馳三百，應之曰：“可。”上令密諭蒲阿纔候春首，[3]當事慶陽。華如期而還。上一日顧謂華言：“我見汝從來凡語及征進，必有難色，今此一舉特鋭於平時，何也?”華曰：“向日用兵，以南征及討李全之事梗之，不能專意北方，故以北向爲難。今日異於平時，况事至於此，不得不一舉。大軍入界已三百餘里，[4]若縱之令下秦川則何以救，[5]終當一戰摧之。與其戰於近里之平川，不若戰於近邊之險隘。”上亦以爲然。

[1]五月，以丞相賽不行尚書省事於關中：按本書卷一七《哀宗紀上》正大六年（1229）二月，“丙辰，以丞相完顏賽不行尚書省於關中”。卷一一三《完顏賽不傳》記，正大五年，“行尚書省於京兆”。似以《哀宗紀上》所記時間爲正。賽不，女真人。即完顏賽不，本書卷一一三有傳。行尚書省亦稱行臺尚書省，簡稱行省，是在地方設立代行尚書省權事的機構。京兆，府名。治所在今陝西省西安市。

[2]完顏陳和尚：女真人。漢名彝，豐州人。哀宗正大八年

(1231)，陳和尚率忠孝軍四百騎兵於大昌原破蒙古八千之衆，取得了抗蒙戰争的輝煌勝利。九年，三峰山兵敗後奔鈞州，城破被殺。本書卷一二三有傳。　邠（bīn）州：州名。治所在今陝西省彬縣。

［3］纔候春首：纔，意爲暫、少、微。候，等候。春首，即春之首（正月）。意即暫等候來春的正月。

［4］大軍：指蒙古軍隊。

［5］秦川：古地區名。泛指今陝西、甘肅省秦嶺以北的平原地帶，因春秋戰國時地屬秦國而得名。

七年正月，慶陽圍解，大軍還。白華上奏："凡今之計，兵食爲急。除密院已定忠孝軍及馬軍都尉司步軍足爲一戰之資，[1]此外應河南府州亦須簽揀防城軍，秋聚春放，依古務農講武之義，各令防本州府城，以今見在九十七萬，無致他日爲資敵之用。"五月，華真授樞密判官，[2]上遣近侍局副使七斤傳旨云：[3]"朕用汝爲院官，非責汝將兵對壘，第欲汝立軍中綱紀、發遣文移、[4]和睦將帥、究察非違，至於軍伍之閲習、器仗之修整，皆汝所職。其悉力國家，以稱朕意。"

［1］馬軍都尉司：官署名。即馬軍都尉總部。

［2］真授：正式任命。白華此前爲權樞密院判官，至此始得正式任命。

［3］近侍局副使：近侍局屬官。爲近侍局提點副佐。從六品。七斤：女真人。生平不詳。

［4］文移：指文書往來。

八年，大軍自去歲入陝西，翱翔京兆、同、華之間，[1]破南山砦栅六十餘所。[2]已而攻鳳翔，[3]金軍自閿鄉屯至澠池，[4]兩行省晏然不動。[5]宰相臺諫皆以樞院瞻望逗遛爲言，[6]京兆士庶横議蜂起，以至諸相力奏上前。上曰："合達、蒲阿必相度機會，[7]可進而進耳。若督之使戰，終出勉强，恐無益而反害也。"因遣白華與右司郎中夾谷八里門道宰相百官所言，[8]並問以"目今二月過半，有怠歸之形，[9]諸軍何故不動"。且詔華等往復六日。華等既到同，諭兩行省以上意。合達言："不見機會，見則動耳。"蒲阿曰："彼軍絶無糧餉，使欲戰不得，欲留不能，將自敝矣。"合達對蒲阿及諸帥則言不可動，見士大夫則言可動，人謂合達近嘗得罪，又畏蒲阿方得君，[10]不敢與抗，而亦言不可動。華等觀二相見北兵勢大皆有懼心，遂私問樊澤、定住、陳和尚以爲何如，[11]三人者皆曰："他人言北兵疲困故可攻，此言非也。大兵所在豈可輕料，是真不敢動。"華等還，以二相及諸將意奏之，上曰："我故知其怯不敢動矣。"即復遣華傳旨諭二相云："鳳翔圍久，恐守者力不能支。行省當領軍出關宿華陰界，[12]次日及華陰，次日及華州，略與渭北軍交手。[13]計大兵聞之必當奔赴，且以少紓鳳翔之急，我亦得爲掣肘計耳。"二相迴奏領旨。華東還及中牟，[14]已有兩行省納奏人追及，華取報密院副本讀之，言領旨提軍出關二十里至華陰界，與渭北軍交，是晚收軍入關，華爲之仰天浩歎曰："事至於此，無如之何矣。"華至京，奏章已達，知所奏爲徒然，不二三日鳳翔陷，兩行省遂棄京兆，與牙古塔起遷居民於河南，[15]留慶山奴守之。

[1]同、華：州名。同州治所在今陕西省大荔縣，華州治所在今陕西省華縣。

[2]南山：山名。即終南山。亦稱秦嶺，從甘肅省經過陕西省到河南省陕縣以南諸山皆是。此指京兆、同、華間一段的南山。

[3]鳳翔：府、路名。治所在今陕西省鳳翔縣。

[4]閺（wén）鄉：縣名。亦作“閿鄉”，治所在今陕西省潼關縣東。 澠池：縣名。治所在今河南省澠池縣。

[5]兩行省：指當時的京兆行省和平凉行省。

[6]臺諫：指掌糾彈之責的御史臺和諫院。 樞院：指樞密院。

[7]合達：女真人。即完顔合達，時爲平章政事，與参政兼樞密副使移剌蒲阿行省於閺鄉。本書卷一一二有傳。

[8]右司郎中：尚書省右司長官。主管本司奏事，總察、兵、刑、工三部受事付事，兼修起居注。正五品。 夾谷八里門：女真人。其他不詳。

[9]怠歸之形：指蒙古軍队有疲怠欲北歸之勢，其實是一種錯誤的判斷。

[10]得君：受到皇帝信任。

[11]樊澤：時爲都尉，按本書卷四四《兵志》記，天興初所封都尉中有“許州折衝夾谷澤”，下注“本姓樊”，知“夾谷澤”即樊澤，“夾谷”當是賜女真姓氏。樊澤後戰死在均州三峰山。 定住、陳和尚：女真人。即蒲察定住、完顔陳和尚。

[12]華陰：縣名。治所在今陕西省華陰縣。

[13]渭北：地區名。泛指今陕西省渭河以北之地。

[14]中牟：縣名。治所在今河南省中牟縣。

[15]牙古塔：女真人。即紇石烈志，本名牙古塔。本書卷一一一有傳。

夏五月，楊妙真以夫李全死於宋，[1]構浮橋於楚州之北，就北帥梭魯胡吐乞師復讎。[2]朝廷覘知之，以謂北軍果能渡淮，淮與河南跬步間耳，遣合達、蒲阿駐軍桃源界滶河口備之。[3]兩行省乃約宋帥趙范、趙葵爲夾攻之計。[4]二趙亦遣人報聘，[5]俱以議和爲名，以張聲勢。二相屢以軍少爲言，而省院難之，[6]因上奏云："向來附關屯駐半年，適還舊屯，喘不及息，又欲以暑月東行，實無可圖之事，徒自疲而已。況兼桃源、青口蚊虻湫濕之地，[7]不便牧養，目今非征進時月，决不敢妄動。且我之所慮，特楚州浮梁耳。[8]姑以計圖之，已遣提控王鋭往視可否。"[9]奏上，上遣白華以此傳諭二相，兼領王鋭行。二相不悦。蒲阿遣水軍虹縣所屯王提控者以小船二十四隻令華順河而下，[10]必到八里莊城門爲期，[11]且曰："此中望八里莊如在雲間天上，省院端坐徒事口吻，今樞判親來可以相視可否，歸而奏之。"華力辭不獲，遂登舟，及淮與河合流處，纔及八里莊城門相直，城守者以白鷁大船五十泝流而上，[12]占其上流以截華歸路。華幾不得還，昏黑得徑先歸，乃悟兩省怒朝省不益軍，謂皆華輩主之，故擠之險地耳。是夜二更後，八里莊次將遣人送款云："早者主將出城開船，截大金歸路，某等商議，主將還即閉門不納，渠已奔去楚州，乞發軍馬接應。"二相即發兵騎、開船赴約，明旦入城安慰，又知楚州大軍已還河朔，宋將燒浮橋，二相附華納奏，上大喜。

[1]楊妙真：金山東益都（今山東省青州市）人，紅襖軍首領

楊安兒之妹，人稱“四娘子”。楊安兒死後，楊妙真代領其衆，與李全結爲夫婦。李全死，妙真逃歸故里，病卒。

[2]北帥梭魯胡吐：北帥，蒙古軍領兵將領。梭魯胡吐，生平不詳。

[3]桃源：鎮名。即本卷前文中的“永州桃園”，在今江蘇省泗陽縣的黄河南岸。 潡河：河名。即潡水，今曰石河，在今河南省寶豐市北。

[4]趙范、趙葵：南宋兩將領，爲兄弟倆。趙范時爲江淮制置使兼揚州知府、淮東安撫副使，趙葵爲淮東提點刑獄兼滁州知府，二人俱節制兵馬。

[5]報聘：遣使往來。

[6]省院：指尚書省和樞密院。

[7]青口：鎮名。在今江蘇省贛榆縣東南十里海州灣内。

[8]浮梁：時架在楚州淮河上的浮橋。

[9]提控：金末領兵官。有時總領亦稱提控。本書《百官志》失載。 王鋭：生平不詳。

[10]虹縣：治所在今安徽省泗縣。

[11]八里莊：城名。審上下文義，此城地點應在今江蘇省淮陰市附近。

[12]泝：同“溯”，逆流而上。

初，合達謀取宋淮陰。[1]五月渡淮。淮陰主者胡路鈐往楚州計事於楊妙真，[2]比還，提正官郭恩送款于金，[3]胡還不納，慟哭而去。合達遂入淮陰，詔改歸州，以行省烏古論葉里哥守之，[4]郭恩爲元帥右都監。[5]既而，宋人以銀絹五萬兩匹來贖盱眙龜山，宋使留館中，郭恩謀劫而取之，或報之於盱眙帥府，即以軍至，恩不果發。明日，宋將劉虎、湯孝信以船三十艘燒浮梁，[6]

因遣其將夏友諒來攻盱眙，未下。泗州總領完顏矢哥利館中銀絹，[7]遂反。防禦使徒單塔剌聞變，[8]扼罘山亭甬路，[9]好謂之曰："容我拜辭朝廷然後死。"遂取朝服望闕拜，慟良久，投亭下水死。矢哥遂以州歸楊妙真，總帥納合買住亦以盱眙降宋。[10]

[1]淮陰：南宋縣名。治所在今江蘇省淮陰市西。

[2]胡路鈐：生平不詳。

[3]提正官：南宋官名。職掌不詳。　郭恩：即金哀宗天興二年（1233）在徐州叛變的郭恩，係反復無常之人。詳見本書卷一一三《完顏賽不傳》、卷一八《哀宗紀下》。

[4]烏古論葉里哥：女真人。生平不詳。

[5]元帥右都監：都元帥府屬官。掌征討之事。與元帥左都監同爲從三品，位在左都監之下。

[6]劉虎、湯孝信：其他事迹俱不詳。

[7]泗州：治所在今江蘇省淮河北岸，舊址已沉入洪澤湖中。　完顏矢哥：女真人。生平不詳。

[8]防禦使：防禦州長官。掌妨捍不虞，禦制盜賊，主治州事。從四品。　徒單塔剌：女真人。生平不詳。

[9]罘（fú）山亭：亭子名。　甬道：亭子下面的通道。

[10]納合買住：女真人。生平不詳。

九月，陝西行省防秋，[1]時大兵在河中，睿宗已領兵入界，[2]慶山奴報糧盡，將棄京兆而東。一日，白華奏，偵候得睿宗所領軍馬四萬，行營軍一萬，布置如此，"爲今計者與其就漢禦之，諸軍比到可行半月，不若徑往河中。目今沿河屯守一日可渡，如此中得利，襄、漢軍馬必當遲疑不進。在北爲投機，在南爲掣肘，臣以爲如此便”。上曰：“此策汝畫之，爲得之他人?”華曰：“臣愚見如此。”上平日鋭於武事，聞華言若欣快者，然竟不行。

[1]防秋：古代軍事術語。意爲備戰。古人多以秋季莊稼收割後進行大規模的軍事行動，所以稱備戰爲防秋。

[2]睿宗：元太祖第四子拖雷的廟號。按拖雷並未當皇帝，因太祖死後，拖雷曾監國，所以死後元世祖追封他爲“景讓皇帝”，廟號睿宗。

未幾，合達自陝州進奏帖，[1]亦爲此事，上得奏甚喜。蒲阿時在洛陽，驛召之，[2]蓋有意於此矣。蒲阿至，奏對之間不及此，止言大兵前鋒忒木解統之，[3]將出冷水谷口，[4]且當先禦此軍。上曰：“朕不問此，只欲問河中可擣否。”蒲阿不獲已，始言：“睿宗所領兵騎雖多，計皆冗雜。[5]大兵軍少而精，無非選鋒。[6]金軍北渡，大兵必遣輜重屯於平陽之北，[7]匿其選鋒百里之外，放我師渡，然後斷我歸路與我决戰，恐不得利。”上曰：“朕料汝如此，果然。更不須再論，且還陝州。”蒲阿曰：“合達樞密使所言，[8]此間一面革撥恐亦未盡，乞召至同議可否。”上曰：“見得合達亦止此而已，往復遲滯，轉致悮事。”奏合達必見機會，[9]召至同議爲便。副樞赤盞合喜亦奏蒲阿、白華之言爲是。[10]上乃從之。召合達至，上令先與密院議定，[11]然後入見。既議，華執合達奏帖舉似再三，竟無一先發言者。移時，蒲阿言：“且勾當冷水谷一軍何如。”[12]合達曰：“是矣。”遂入見。上問卿等所議若何，合達敷奏，其言甚多，大概言河中之事與前日上奏時勢不同，所奏亦不敢自主，議遂寢。二相還陝，量以軍馬出冷水谷，奉行故事而已。十二月，河中府破。

[1]陝州：治所在今河南省三門峽市西北。

[2]蒲阿時在洛陽驛，召之：中華點校本此處斷句有誤，作“蒲阿時在洛陽，驛召之”。本書卷一一二《移剌蒲阿傳》記，“兩行省棄京兆而東，至洛陽驛，被召議河中事”。故此處應斷爲“蒲阿時在洛陽驛，召之”。洛陽驛，館驛名。在今河南省洛陽市附近。

[3]忒木觶（dǎi）：蒙古人。蒙古軍事將領。

[4]冷水谷：地名。所在地不詳。

[5]冗雜：意爲無戰鬭力的雜軍。

[6]選鋒：古代軍事術語，指精鋭，精兵。

[7]平陽：府、路名。治所在今山西省臨汾市。

[8]樞密使：樞密院長官。掌武備機密之事。從一品。

[9]機會：此指戰機。

[10]副樞：即樞密副使，爲樞密使副佐。從二品。　赤盞合喜：女真人。本書卷一一三有傳。

[11]密院：軍政官署名。即樞密院。

[12]勾當：此作“處理”“對付”之意。

九年，京城被攻，[1]四月兵退，改元天興。[2]是月十六日，併樞密院歸尚書省，[3]以宰相兼院官，左右司首領官兼經歷官，[4]惟平章白撒、副樞合喜、院判白華、權院判完顏忽魯剌退罷。[5]忽魯有口辯，[6]上愛幸之。朝議罪忽魯剌，而書生輩妬華得君，先嘗以語撼之，[7]用是而罷。金制，樞密院雖主兵，而節制在尚書省。兵興以來，[8]兹制漸改，凡在軍事，省官不得預，院官獨任專見，往往敗事。言者多以爲將相權不當分，至是始併之。

[1]京城：指當時的金朝都城南京，即今河南省開封市。

[2]天興：金哀宗年號（1232—1234）。

[3]尚書省：行政官署名。金熙宗時確立三省制，至海陵王即位，實行官制改革，罷中書、門下二省，中央只設尚書省，是國家最高政務機關。

[4]左右司首領官：指尚書省左、右司郎中，同爲正五品。經歷官：即樞密院經歷官，宣宗興定三年（1219）始見於史，從五品。

[5]平章：即平章政事，爲金尚書省宰相。掌丞天子，平章萬機。正員二人，從一品。　白撒：女真人。即完顔白撒。本書卷一一三有傳。　完顔胡魯剌：女真人。疑即《歸潛志》卷一一所記的完顔進德，待考。

[6]忽魯有口辯：中華點校本據上下文義，於“忽魯”下補“剌”字。

[7]以語撼之：用流言蜚語來動摇他的地位。

[8]兵興：即金蒙戰爭開始以來。

十二月朔，上遣近侍局提點曳剌粘古即白華所居，[1]問事勢至於此，計將安出。華附奏：“今耕稼已廢，糧斛將盡，[2]四外援兵皆不可指擬，[3]車駕當出就外兵，[4]可留皇兄荆王使之監國，[5]任其裁處。聖主既出，遣使告語北朝，我出非他處收整軍馬，止以軍卒擅誅唐慶，[6]和議從此斷絶，京師今付之荆王，乞我一二州以老耳。如此則太后皇族可存，正如《春秋》紀季入齊爲附庸之事，[7]聖主亦得少寬矣。”於是起華爲右司郎中。初，親巡之計決，[8]諸將皆預其議，將退，首領官張衮、聶天驥奏：[9]“尚有舊人諳練軍務者，乃置而不用，今所用者皆不見軍中事體，此爲未盡。”上問未用者何人，皆曰院判白華，上頷之，故有是命。

[1]近侍局提點：近侍局長官。正五品。　曳剌粘古：契丹人。亦作“移剌粘古”。

[2]糧斛（hú）：斛，古量器名。亦爲容量單位名，古人以十斗爲一斛，宋時改爲五斗。糧斛意爲糧食和物品。

[3]指擬：指望、指靠。

[4]車駕：指皇帝的鑾駕。

[5]荆王：封爵名。次國封號，明昌格第二十六位。此荆王指完顔守純，金哀宗同父異母兄。本書卷九三有傳。　監國：暫時代行皇帝職權。

[6]唐慶：隨元太祖伐金，權元帥監軍。金哀宗天興元年（1232）七月，唐慶以蒙古國使者身份來到汴京，威逼金哀宗去帝號出降。見哀宗時“掉臂上殿，不爲禮”。激怒了哀宗左右及衛士。當晚，飛虎軍壯士闖入館驛，殺唐慶及其隨從人員，金蒙和議遂絶。《元史》卷一五二有傳。

[7]《春秋》紀季入齊爲附庸之事：齊襄公八年（前690），齊國伐紀，紀國國君出降，去其國號，成爲齊國的屬邑。詳見《史記》卷三二《齊太公世家》。

[8]親巡之計：指哀宗將要離京出城就兵之事。

[9]張衮：本書卷一一三《白撒傳》有“員外郎張衮”，即此

人。時張兗任左司員外郎，所以又稱首領官。　聶天驥：五臺縣（今山西省五臺縣）人。衛紹王至寧元年（1213）進士，時爲右司員外郎。哀宗遷歸德，天驥留汴京，崔立之變，被創後鬱鬱而死。本書卷一一五有傳。

明日，召華諭之曰："親巡之計已決，但所往群議未定，有言歸德四面皆水可以自保者，或言可沿西山入鄧。[1]或言設欲入鄧，大將速不觧今在汝州，[2]不如取陳、蔡路轉往鄧下。[3]卿以爲如何？"華曰："歸德城雖堅，久而食盡，坐以待斃，决不可往。欲往鄧下，既汝州有速不觧，斷不能往。以今日事勢，博徒所謂孤注者也。孤注云者，止有背城之戰。爲今之計當直赴汝州，與之一决，有楚則無漢，有漢則無楚。[4]汝州戰不如半塗戰，半塗戰又不如出城戰，所以然者何，我軍食力猶在，馬則豆力猶在。[5]若出京益遠，軍食日減，馬食野草，事益難矣。若我軍便得戰，存亡决此一舉，外則可以激三軍之氣，内則可以慰都人之心。或止爲避遷之計，人心顧戀家業，未必毅然從行。可詳審之。"遂召諸相及首領官同議，禾速嘉兀地不、元帥猪兒、高顯、王義深俱主歸德之議，[6]丞相賽不主鄧，議竟不能决。

[1]鄧：州名。治所在今河南鄧州市。

[2]速不觧：蒙古人兀良哈部人。亦作"速不台""速不歹""碎不觧"，時隨元太宗攻金，爲軍帥。《元史》卷一二一有傳。

[3]陳、蔡：州名。陳州治所在河南省淮陽縣，蔡州治所在今河南省汝南縣。

[4]有楚則無漢，有漢則無楚：指秦末劉邦和項羽之争，二者誓不兩立。

[5]馬則豆力猶在：指戰馬草料尚豐。

[6]禾速嘉兀地不：女真人。本書卷一八《哀宗紀下》作“和速嘉兀底不”，卷一一六《石盞女魯歡傳》作“和速嘉兀底”。時爲領兵元帥。　豬兒：女真人。即完顏豬兒，天興二年（1233）正月戰死。　高顯：時爲都尉。

明日，制旨京城食盡，今擬親出，聚集軍士於木慶殿諭以此意，[1]諭訖，諸帥將佐合辭奏曰：“聖旨不可親出，[2]正可命將，[3]三軍欣然願爲國家効死。”上猶豫，欲以官奴爲馬軍帥，[4]高顯爲步軍帥，劉益副之，[5]蓋采輿議也，而三人者亦欲奉命。權參政内族訛出大罵云：[6]“汝輩把鋤不知高下，[7]國家大事，敢易承邪。”衆默然，惟官奴曰：“若將相可了，何至使我輩。”事亦中止。

[1]木慶殿：中華點校本據殿本改爲“大慶殿”。大慶殿，在汴京宮城内。

[2]聖旨不可親出：中華點校本據殿本改“聖旨”爲“聖主”。

[3]正可命將：中華點校本據殿本改“正可”爲“止可”。

[4]官奴：即蒲察官奴。王鶚《汝南遺事》卷一記，官奴原是契丹人，賜姓蒲察。本書卷一一六有傳。

[5]劉益：時爲元帥。

[6]權參政：權，代理。參政，即參知政事。金尚書省執政官，佐治尚書省事。正員二人，正二品。　内族：指完顏宗室成員。金前期稱完顏氏成員爲宗室，章宗明昌年間，爲避世宗父宗輔（一名

宗堯）名諱，改稱“内族”。　訛出：女真人。即完顔訛出，《歸潛志》卷一一作“完顔斡出”。

［7］把鋤：意爲使鎬鋤的鄉村野夫。

明日，民間閧傳車駕欲奉皇太后及妃后往歸德，軍士家屬留後。目今食盡，坐視城中俱餓死矣。縱能至歸德，軍馬所費支吾復得幾許日。上聞之，召賽不、合周、訛出、烏古孫卜吉、完顔正夫議，[1]餘人不預。移時方出，見首領官、丞相言，前日巡守之議已定，止爲一白華都改却，今往汝州就軍馬索戰去矣。遂擇日祭太廟誓師，[2]擬以二十五日啓行。是月晦，車駕至黄陵岡，[3]復有北幸之議，語在《白撒傳》。

［1］烏古孫卜吉：女真人。即烏古孫仲端，章宗承安二年（1197）策論進士。哀宗遷歸德，仲端爲翰林學士承旨，留守汴京，崔立之變發生前一日，自縊殉國。本書卷一二四有傳。　完顔正夫：女真人。生平不詳。

［2］太廟：皇帝的始祖廟。

［3］黄陵岡：地名。在今山東省曹縣境内的黄河故道上。

天興二年正月朔，上次黄陵岡，就歸德餫船北渡，[1]諸相共奏，京師及河南諸州聞上幸河北，恐生他變，可下詔安撫之。是時，在所父老僧道獻食，及牛酒犒軍者相屬，上親爲拊慰，人人爲之感泣。乃赦河朔，招集兵糧，赦文條畫十餘款，分道傳送。二日，或有云：“昨所發河南詔書，儻落大軍中，奈泄事機何。”上怒，委近侍局官傳旨，謂首領官張衮、白華、内族訛可當發詔時不爲後慮，[2]皆量决之。

[1]餫（yùn）船：運糧船。

[2]内族訛可：此“訛可”當是“訛出”之誤，下文“訛可”亦同。

是時，衛州軍兩日至蒲城，[1]而大軍徐躡其後。十五日，宰相諸帥共議上前，[2]郎中完顔胡魯剌秉筆書，某軍前鋒，某軍殿后，餘事皆有條畫。書畢，惟不言所往，華私問胡魯剌，托以不知。是晚，平章及諸帥還蒲城軍中。夜半，訛可、衮就華帳中呼華云：“上已登舟，君不知之耶？”華遂問其由，訛可云：“我昨日已知上欲與李左丞、完顔郎中先下歸德，[3]令諸軍並北岸行，至鳳池渡河。[4]今夜，平章及禾速嘉、元帥官奴等來，[5]言大軍在蒲城曾與金軍接戰，勢莫能支，遂擁主上登舟，軍資一切委棄，止令忠孝軍上船，馬悉留營中。計舟已行數里矣。”華又問：“公何不從往？”云：“昨日擬定首領官止令胡魯剌登舟，餘悉隨軍，用是不敢。”是夜，總帥百家領諸軍舟往鳳池，[6]大軍覺之，兵遂潰。

[1]蒲城：鎮名。時爲開州長垣縣屬鎮，在今河南省長垣縣境内。

[2]十五日，宰相諸帥共議上前：據本書卷一八《哀宗紀下》天興二年正月，“戊午（十三日），上進次蒲城，復還魏樓村”。己未（十四日），“上以白撒謀，夜棄六軍渡河，與副元帥、合里合

六七人走歸德”。庚申（十五日），“諸軍始知上已往，遂潰”。中華點校本本卷校勘記認爲，“宰相諸帥共議上前”當在十三日進次蒲城之時，所以“十五日”當爲“十三日”。

[3]李左丞：指左丞李蹊。後隨哀宗東狩，在歸德被蒲察官奴所殺。　完顏郎中：指完顏胡魯剌。

[4]鳳池：地名。在黄河岸邊。

[5]禾速嘉：女真人姓氏，此指禾（和）速嘉兀地不。

[6]總帥百家：百家，女真人。即徒單百家，時爲元帥左監軍、行總帥府事，所以稱總帥。

上在歸德。三月，崔立以汴京降，[1]右宣徽提點近侍局移剌粘古謀之鄧，[2]上不聽。時粘古之兄瑗爲鄧州節度使、兼行樞密院事，[3]其子與粘古之子並從駕爲衛士。適朝廷將召鄧兵入援，粘古因與華謀同之鄧，且拉其二子以往，上覺之，獨命華行，而粘古改之徐州。[4]華既至鄧，以事久不濟，淹留于館，遂若無意於世者。會瑗以鄧入宋，華亦從至襄陽，[5]宋署爲制幹，[6]又改均州提督，[7]後范用吉殺均之長吏送款于北朝，遂因而北歸。士大夫以華夙儒貴顯，國危不能以義自處爲貶云。[8]

[1]崔立：將陵人。哀宗東狩，崔立留守汴京，爲西面元帥，在汴京發動政變降蒙，後被李伯淵等所殺。本書卷一一五有傳。

[2]右宣徽提點近侍局：右宣徽，即右宣徽使，與左宣徽使並同長宣徽院，皆正三品。提點近侍局，近侍局長官，正五品。此處兩官名並列，是一人而兼兩職。

[3]瑗：契丹人。即移剌瑗，亦作“移剌粘哥”“移剌粘割”

“移剌粘合”“移剌粘葛”。爲契丹世襲猛安，後以鄧州降宋，改名劉介，宋任其爲兵馬鈐轄，病死襄陽。詳見《歸潛志》卷六。　鄧州節度使：州長官。掌鎮撫諸軍防刺，總判鄧州兵馬，兼鄧州管内觀察使事。從三品。治所在今河南省鄧州市。

[4]徐州：治所在今江蘇省徐州市。

[5]襄陽：南宋府名。治所在今湖北省襄樊市。

[6]制幹：南宋官名。職掌不詳。

[7]均州提督：南宋官名。均州治所在今湖北省鄖縣東南。

[8]以義自處：意爲恪守名節，不仕異主。

用吉者，本姓孛术魯，名久住。初歸入宋，謁制置趙范，[1]將以計動其心，故更姓名范用吉。趙怒其觸諱，[2]斥之，用吉猶應對如故。趙良久方悟，且利其事與己符，遂擢置左右，凡所言動略不加疑，遂易其姓曰花，使爲太尉，[3]改鎮均州。未幾，納款于北。[4]後以家人誣以欲叛，爲同列所害。

[1]制置：南宋官名。即制置使。《宋史》卷一六七《職官志七》，“制置使，不常置，掌經劃邊鄙軍旅之事”。

[2]觸諱：觸犯名諱。范用吉的“范”字犯趙范名諱。

[3]太尉：南宋官名。爲下級領兵官。

[4]納款于北：指納降於蒙古國。

贊曰：白華以儒者習吏事，以經生知兵，[1]其所論建，屢中事機，然三軍敗衄之餘，士氣不作，其言果可行乎。從瑗歸宋，聲名掃地，而猶得列于金臣之傳者，援蜀譙周等例云。[2]

[1]經生：專治儒家經典的學生。

[2]蜀：國號。此指三國時劉備父子在四川所建的蜀漢政權。譙周：三國時巴西西充（今四川省閬中縣西南）人，任官蜀漢政權。魏將鍾會伐蜀，譙周勸劉禪降魏，受魏封爲陽城亭侯。後入晋，任騎都尉、散騎常侍。晋陳壽撰《三國志》，仍爲譙周立傳。

斜卯愛實字正之，[1]策論進士也。[2]正大間，累官翰林直學士，[3]兼左司郎中。天興元年正月，聞大兵將至，以點檢夾谷撒合爲總帥，[4]率步騎三萬巡河渡，命宿直將軍内族長樂權近侍局使，[5]監其軍。行至封丘而還。[6]入自梁門，[7]樞密副使合喜遇之，笑語撒合曰："吾言信矣，當爲我作主人。"蓋世俗酬謝之意也。明日，金兵遂合，[8]朝廷置而不問。於是愛實上言曰："撒合統兵三萬，本欲乘大兵遠至，喘息未定而擊之。出京纔數十里，不逢一人騎，已畏縮不敢進。設遇大兵，其肯用命乎？乞斬二人以肅軍政。"不報。蓋合喜輩以京師倚此一軍爲命，初不敢俾之出戰，特以外議閧然，故暫出以應之云。

[1]斜卯愛實：斜卯，女真姓氏。《老學庵筆記》卷一，"謝子肅使金回曰：'金姓多兩、三字，又甚怪，至有姓斜卯者，亦作斜卵'"。《潞州五龍寺碑》即作"斜卵"。按女真語音翻譯，亦應作"斜卵"。因嫌其不雅，所以譯成"斜卯"。陳述據本書卷八一《鶻謀琶傳》稱术吉水斜卯部人，推定斜卯部原在术吉水，以部名得姓（見陳述《金史拾補五種》，科學出版社1960年版）。

[2]策論進士：金科舉科目名。金世宗大定十三年（1173），

專爲選拔女真文士而設。答卷用女真文字，與漢進士科同時舉行考試，專列一榜。因其考試内容主要是策論，所以稱策論進士科，又稱女真進士科。

[3]翰林直學士：翰林院屬官。無定員，從四品。

[4]點檢：即殿前都點檢，爲殿前都點檢司長官，兼侍衛親軍都指揮使。掌行從宿衛，關防門禁，督攝隊仗，總判點檢司事。正三品。　夾谷撒合：女真人。生平不詳。

[5]宿直將軍：殿前都點檢司屬官。有左、右宿直將軍，掌總領親軍，凡宫城諸門衛禁，並行從宿衛之事。正員八人，從五品。長樂：女真人。即完顔長樂，隨哀宗出奔歸德，爲總領，蒲察官奴之變，被完顔習顯所殺。　近侍局使：近侍局屬官。爲近侍局提點副佐。從五品。

[6]封丘：縣名。治所在今河南省封丘縣。

[7]梁門：金汴京城門名。

[8]金兵遂合：中華點校本據本書卷一七《哀宗紀上》的相關記載，改“金兵”爲“大兵”。

衛紹、鎬厲二王家屬，[1]皆以兵防護，且設官提控，[2]巡警之嚴過於獄犴。至是，衛紹宅二十年，鎬厲宅四十年。[3]正大間，朝臣屢有言及者，不報。愛實乃上言曰：“二族衰微，無異匹庶，假欲爲不善，孰與同惡。男女婚嫁，人之大欲，豈有幽囚終世，永無伉儷之望，[4]在他人尚且不忍，況骨肉乎。”哀宗感其言，[5]始聽自便。未幾，有青城之難。[6]

[1]衛紹、鎬厲二王：衛紹指世宗第七子衛紹王允濟。允濟繼章宗爲第七任皇帝。1209年至1213年在位，後被紇石烈執中所弑。

宣宗時降封爲東海郡侯，謚號“紹”，所以稱衛紹王。本書卷一三有紀。鎬厲王，指世宗庶長子永中。章宗即位進封鎬王，明昌五年（1194）以謀反罪被章宗冤殺，謚號“厲”，所以稱鎬厲王。本書卷八五有傳。

[2]設官提控：按本書卷五七《百官志三》記，監控衛紹王和鎬厲王家屬，各設提舉官（從六品）和同提舉官（從七品）。

[3]衛紹宅二十年，鎬厲宅四十年："二十"，原作"四十"；"四十"，原作"三十"。中華點校本據本書卷八五《鎬王永中傳》、卷九三《從恪傳》的相關記載，改"衛紹宅四十年"爲"衛紹宅二十年"，"鎬厲宅二十年"爲"鎬厲宅四十年"。甚是。今據改。按衛紹王允濟至寧元年（即貞祐元年，1213）被弑，至天興元年（1232）解禁，其家屬正好被禁錮二十年。鎬王永中明昌六年（1195）被冤殺，至天興初解禁，其家屬被禁錮三十八年。

[4]豈有幽囚終世，永無伉儷之望：按金統治者對衛紹王、鎬王家屬監控極其嚴苛，不但設官監視，禁其與外人來往，而且不准男女婚嫁，絶人倫之道。本書卷九三《衛紹王諸子傳》贊，"衛紹歷年不永，諸子凡禁錮二十年，鎬厲王諸子禁錮四十年，長女鰥男皆不得婚嫁"。

[5]哀宗：廟號。即金朝末代皇帝，本名寧甲速，漢名守禮，後改守緒。1224年至1234年在位。本書卷一七至卷一八有紀。

[6]青城：城名。在汴京城南五里之地，崔立之變後，蒙古軍隊總部駐青城，留在汴京城内的皇室成員及嬪妃多被害於此。

愛實憤時相非其人，嘗歷數曰："平章白撒固權市恩，擊丸外百無一能。[1]丞相賽不菽麥不分，更謂乏材，亦不至此人爲相。參政兼樞密副使赤盞合喜粗暴，一馬軍之材止矣，乃令兼將相之權。右丞顔盞世魯居相位已七八年，碌碌無補，備員而已。[2]患難之際，倚注此類，欲冀中興難矣。”[3]於是，世魯罷相，賽不乞致仕，而白撒、合喜不恤也。

[1]擊丸：指當時流行的一種體育游戲，即打馬毬。《歸潛志》卷六，“南渡之後，爲將元帥者多出自世家，皆膏粱乳臭子，若完顔白撒，止以能打毬稱”。

[2]顔盞世魯：女真人。又作“延扎舒嚕”。生平不詳。　備員：濫竽充數。

[3]中興：復興。

是年四月，京城罷攻，大兵退。既而，以害唐慶事，和議遂絶。於是，再簽民兵爲守禦備。八月，括京城粟，以轉運使完顔珠顆、張俊民、曳剌克忠等置局，[1]以推舉爲名，珠顆諭民曰：“汝等當從實推唱，[2]果如一旦糧盡，令汝妻子作軍食，復能吝否。”既而，罷括粟令，復以進獻取之。

[1]轉運使：轉運司長官。主管賦税錢穀、倉庫出納、權衡度量之制。正三品。　完顔珠顆：女真人。字仲平，策論進士出身，官至户部尚書，哀宗東狩，珠顆留守汴京。崔立之變翌日，珠顆自縊殉國。　張俊民：《歸潛志》卷五記，張俊民是延安府人，進士出身，爲官以才幹稱，官至户部侍郎。遭亂北遷，病卒。　曳剌克忠：契丹人。本書卷一一九《烏古論先生傳》和《完顔仲德傳》作“移剌克忠”，時爲郎中。

[2]推唱：是金朝通檢推排核實財産過程中實行的一種辦法。被核實的户或要求減免户，把自己的財産清單交給主管部門，主管官員召集其街坊鄰里，當衆宣讀，加以核實，亦稱集衆推唱。至此

時京師括粟亦實行推唱法。

前御史大夫内族合周復冀進用，[1]建言京城括粟可得百余萬石。朝廷信之，命權參知政事，與左丞李蹊總其事。[2]先令各家自實，[3]壯者存石有三斗，幼者半之，仍書其數門首，敢有匿者以升斗論罪。京城三十六坊，[4]各選深刻者主之，内族完顔久住尤酷暴。[5]有寡婦二口，實豆六斗，内有蓬子約三升，久住笑曰："吾得之矣。"執而以令于衆。婦泣訴曰："妾夫死於兵，姑老不能爲養，故雜蓬秕以自食耳，非敢以爲軍儲也。且三升，六斗之餘。"不從，竟死杖下。京師聞之股栗，盡投其餘於糞溷中。或白於李蹊，蹊顰蹙曰："白之參政。"其人即白合周，周曰："人云'花又不損，蜜又得成'。[6]予謂花不損，何由成蜜。且京師危急，今欲存社稷耶，[7]存百姓耶。"當時皆莫敢言，愛實遂上奏，大概言："罷括粟，則改虐政爲仁政，散怨氣爲和氣。"不報。

[1]御史大夫：御史臺長官。掌糾察朝儀，彈劾官邪，勘鞫官府公事，審斷内外重要獄案。金初爲正三品，世宗大定十二年（1172）升爲從二品。

[2]李蹊：金大興府（今北京市）人。進士出身，南渡後官吏部侍郎，曾因奸臣蒲察合住陷害而下獄，後獲釋，任大司農。哀宗即位，官至尚書左丞，專掌財賦，隨哀宗東狩，至歸德，被蒲察官奴殺害。見《歸潛志》卷六。

[3]自實：自己具實申報。

[4]坊：當時城市區劃單位。

［5］完顏久住：女真人。亦作“完顏九住”，時爲兵馬都總領。

［6］花又不損，蜜又得成：語不知所出，蓋爲當時民間流行的俗語。

［7］社稷：本意是社神和穀神，喻指爲國家。

時所括不能三萬斛，而京城益蕭然矣。自是之後，死者相枕，貧富束手待斃而已。上聞之，命出太倉米作粥以食餓者，[1]愛實聞之歎曰：“與其食之，寧如勿奪。”爲奉御把奴所告。[2]又近侍干預朝政，愛實上章諫曰：“今近侍權太重，將相大臣不敢與之相抗。自古僕御之臣不過供給指使而已，雖名僕臣，亦必選擇正人。今不論賢否，惟以世胄或吏員爲之。[3]夫給使令之材，使預社稷大計，此輩果何所知乎。”章既上，近侍數人泣訴上前曰：“愛實以臣等爲奴隸，置至尊何地耶。”上益怒，送有司。近侍局副使李大節從容開釋，[4]乃赦之，出爲中京留守，[5]後不知所終。

［1］太倉：糧倉名。指京師儲糧的官倉。

［2］奉御：近侍局屬吏名。本書卷五六《百官志二》，“奉御十六人，舊名入寢殿小底”，多以宗室、貴戚、世胄子弟充當。　把奴：女真人。疑即本書卷一一六《蒲察官奴傳》所記的“直長把奴申”。

［3］世胄：指貴族世家子弟。

［4］近侍局副使：近侍局屬官。爲近侍局提點副佐。從六品。李大節：正大九年（1232）任翰林修撰。

［5］中京留守：兼金昌府府尹及本路兵馬都總管。正三品。按金原無中京，宣宗興定元年（1217）八月，升河南府爲中京，改府

名爲金昌，治所在今河南省洛陽市。

合周者一名永錫。貞祐中，爲元帥左監軍，[1]失援中都，[2]宣宗削除官爵，[3]杖之八十。已而復用。四年，以御史大夫權尚書右丞，兵陝西。合周留沔池數日，[4]進及京兆，而大兵已至，合周竟不出兵，遂失潼關。[5]有司以敵至不出兵當斬，諸皇族百余人上章救之，上曰："向合周救中都，未至而軍潰，使宗廟山陵失守，[6]罪當誅，朕特寬貸以全其命。尋復重職，今鎮陝西，所犯乃爾，國家大法豈敢私耶。"遂再奪爵，免死除名。至是，爲參知政事。性好作詩詞，語鄙俚，人采其語以爲戲笑。因自草《括粟榜文》，有"雀無翅兒不飛，蛇無頭兒不行"等語，以"而"作"兒"，掾史知之不敢易也。京城目之曰"雀兒參政"。哀宗用而不悟，竟致敗事。

[1]元帥左監軍：都元帥府屬官。掌征討之事。與元帥右監軍同爲正三品，位在右監軍之上。1954年，在河北省保定市徵集到一方金代"元帥左都監印"（見鄭紹宗《河北古代官印集釋》，《文物》1984年第9期）。

[2]中都：都城名。古稱燕京，遼爲南京析津府，貞元元年（1153），金海陵王將首都從上京會寧府遷到燕京，改稱中都，即今北京市。

[3]宣宗：廟號。即金朝第八任君主完顏珣，本名吾睹補。1213年至1223年在位。本書卷一四至卷一六有紀。

[4]沔池：中華點校本據本書卷二五《地理志中》的相關記載，改"沔池"爲"澠池"。治所在今河南省澠池縣。

[5]潼關：關隘名。在今陝西潼關縣東。

[6]宗廟山陵：指皇帝的祖廟和皇陵。

石抹世勣字景略。[1]幼勤學，爲文有體裁。承安二年，[2]以父元毅死王事，[3]收充擎執。[4]五年，登詞賦、經義兩科進士第。[5]貞祐三年，累官爲太常丞，[6]預講議所事。[7]時朝廷徙河北軍户河南，宰職議給以田，世勣上言曰："荒閑之田及牧馬地，其始耕墾，費力當倍，一歲斷不能熟。若奪民素蒔者與之，[8]則民將失所，且啓不和之端。况軍户率無耕牛，雖或有之，而廪給未敢遽減。[9]彼既南來，所捐田宅爲人所有，一旦北歸，能無争奪？切謂宜令軍户分人歸守本業，收其晚禾，至春復還爲固守計。"會侍御史劉元規亦言給田不便，[10]上大悟，乃罷之。未幾，遷同知金安軍節度使。[11]

[1]石抹世勣字景略：《歸潛志》卷四作"字晋卿，契丹人"。

[2]承安：金章宗年號（1196—1200）。

[3]元毅：咸平府酌赤烈猛安契丹人。即石抹元毅，官至撫州刺史。本書卷一二一有傳。　死王事：爲皇帝或國家事犧牲。石抹元毅於章宗明昌年間任撫州刺史，一日率三十餘人出州治，與敵人遭遇，力戰而死，所以稱其"死王事"。

[4]擎執：官署名。按本書卷一二一《石抹元毅傳》載，元毅死後，章宗"召用其子世勣侍儀司承應"。又卷五六《百官志二》，"侍儀司，舊名擎執局，大定元年改爲侍儀局，大定五年升局爲司"。由此知"擎執"即擎執局，也就是侍儀司，主管侍奉朝儀，率捧案、擎執、奉輦各給其事。世勣入宫時擎執局已改爲侍儀司，此係沿用舊稱。

[5]詞賦、經義：金科舉科目名。金以詞賦、經義兩科取漢士，以策論科取女真文士，取中者皆稱進士。漢士應舉可跨科考試，所以石抹世勣、韓玉皆同時中兩科進士。詞賦、經義兩科在章宗之前分榜録取，章宗承安四年（1199）以後，兩科合爲一榜，以詞賦第一名爲榜首，經義第一名爲次。

[6]太常丞：太常寺屬官。主管禮樂、郊廟、社稷、祠祀之事。正六品。

[7]講議所：官署名。是哀宗東狩時在汴京新設立的機構。本書卷一一五《完顔奴申傳》天興元年（1232）十月，“設講議所，受陳言文字，以大理卿納合德輝、户部尚書仲平、中京副留守愛失等總其事”。

[8]素蒔者：指河南當地居民平時耕種的土地。

[9]廩給：生活供給，即官方供給的糧食。

[10]侍御史：御史臺屬官。爲御史大夫副佐。從三品。　劉元規：咸平府（今遼寧省開原市老城区）人。年少中進士，金廷南遷後，官至户部郎中、侍御史，致仕。宣宗元光末年下令簽軍，元規年近六十，被選爲千户，哀宗天興元年（1232），曾出使蒙古，後不知所終。見《歸潛志》卷五、卷七。

[11]同知金安軍節度使：爲金安軍節度使副佐，主管通判節度州事。正五品。金安軍治所在今陝西省華縣。

興定二年，[1]選爲華州元帥府參議官。[2]初，右都監完顔合達行帥府于楨州，[3]嘗以前同知平凉府事卓魯回蒲乃速爲參議，[4]及移駐華州，陝西行省請復用蒲乃速，令世勣副之。上曰：“蒲乃速但能承奉人耳，[5]餘無所長，非如世勣可任以事。華爲要鎮，而輕用其人，或致敗事。”遂獨用世勣焉。

[1]興定：金宣宗年號（1217—1222）。

[2]華州元帥府參議官：金末元帥府、行省、宣撫司均有參議官之職。見本書卷一〇八《把胡魯傳》、卷一〇七《張行信傳》。本書《百官志》失載，執掌和官品不詳。出土的金末官印中有“元帥府參謀之印”，參謀即參議（見景爱《金代官印集》，文物出版社1991年版，第91頁）。華州治所在今陜西省華縣。

[3]楨州：原爲同州韓城縣，金宣宗貞祐三年（1215）升爲楨州，治所在今陜西省韓城縣。

[4]同知平凉府事：即平凉府同知。爲平凉府尹副佐。正四品。卓魯回蒲乃速：女真人。生平不詳。

[5]承奉：意爲服侍、聽人驅使、擔任副手而不能主事。

尋入爲尚書省左司郎中。元光元年，奪一官，[1]解職。初，世勣任華州，有薦其深通錢穀者，復察不如所舉，[2]未籍行止中。[3]後主者舉覺，[4]平章英王以世勣避都司之繁，[5]私屬治籍吏冀改他職，[6]奏下有司，[7]故有是責。久之，起爲禮部侍郎，[8]轉司農，[9]改太常卿。[10]正大中，爲禮部尚書，兼翰林侍講學士。[11]

[1]奪一官：指散官階降一級。

[2]復察：古代官制術語。即審核考察官吏。

[3]未籍行止中：行止，即行止簿。本書卷五五《百官志一》：“行止簿者，以姓爲類，而書個人平日所歷之資考功過者也。”此爲治籍吏未將考察世勣並非深通錢穀之事記入行止簿。

[4]主者：指負責考核官吏的選曹官員。

[5]英王：封爵名。次國封號，明昌格第二十八位。此英王指宣宗第二子完顏守純，時爲英王、平章政事，哀宗即位後又進封荆王。　都司：官署名。即南京都轉運司。掌賦稅錢穀等事。

［6］屬（zhǔ）：與“囑”字通，委托之意。　治籍吏：指主管考核官吏簿籍的官員。

［7］有司：主管部門。此指吏部。

［8］禮部侍郎：禮部尚書副佐。正四品。

［9］司農：即司農卿，司農司屬官。爲大司農副佐，協助大司農掌天下勸課農桑，兼采訪公事。正四品。司農司原名勸農使司，宣宗興定六年（1222）改爲司農司。

［10］太常卿：太常寺長官。主管禮樂、郊廟、祭祀等事。從三品。

［11］翰林侍講學士：翰林院屬官。從三品。

天興元年冬，哀宗將北渡，世勣率朝官劉肅、田芝等二十人求見仁安殿。[1]上問：“卿等欲何言？”世勣曰：“臣等聞陛下欲親出，切謂此行不便。”上曰：“我不出，軍分爲二，一軍守，一軍出戰。我出則軍合爲一。”世勣曰：“陛下出則軍分爲三，一守、一戰、一中軍護從，不若不出爲愈也。”上曰：“卿等不知，我若得完顏仲德、恒山公武仙付之兵事，何勞我出。我豈不知今日將兵者，官奴統馬兵三百止矣，劉益將步兵五千止矣，欲不自將得乎。”上又指御榻曰：[2]“我此行豈復有還期，但恨我無罪亡國耳。我未嘗奢侈，未嘗信任小人。”世勣應聲曰：“陛下用小人則亦有之。”上曰：“小人謂誰？”世勣歷數曰：“移剌粘古、温敦昌孫、兀撒惹、完顏長樂皆小人也。[3]陛下不知爲小人，所以用之。”肅與世勣復多有言，良久，君臣涕泣而別。初，肅等求見，本欲數此四人。至是，世勣獨言之，於是哀宗以世勣從行。自蒲城至歸德。明年六月，走蔡州，次新蔡縣之姜寨。[4]世勣子嵩，時爲縣令，拜上於馬前，兵亂後父子始相見。上嘉之，授嵩應奉翰林文字，[5]以便養親。蔡城破，父子俱死。嵩字企隆，興定二年經義進士。

［1］劉肅、田芝：田芝時爲户部主事，二人生平不詳。　仁安殿：宫殿名。在汴京宫城之内。按，本書卷二五《地理志中》，"隆德（殿）之次曰仁安門、仁安殿，殿東則内侍局，又東曰近侍局"。

［2］御榻：皇帝坐卧的床榻。

［3］移剌粘古：契丹人。移剌粘合（移剌瑗）之弟，時任職近侍局，兄弟二人並從駕爲衛士。　兀撒惹：女真人。即阿勒根兀撒惹，時爲近侍局直長，隨哀宗出奔歸德，勾結國用安，參預蒲察官奴之亂。官奴伏誅，兀撒惹也被哀宗殺死。詳見本書卷一一六《蒲察官奴傳》。

［4］新蔡縣：治所在今河南省新蔡縣。　姜寨：地名。所在地不詳。

［5］應奉翰林文字：翰林院屬官。不限員，從七品。

贊曰：愛實言衛、鎬家屬禁錮之虐，京城括粟之暴，近侍干政之横；世勣言河北軍户給田之不便，親出渡河之非計，皆藥石之言也。[1]然金至斯時，病在膏肓間矣，[2]倉扁何施焉。[3]其爲忠讜，[4]則不可廢也。

［1］藥石之言：切中時弊的忠言。

［2］膏肓（huāng）：中醫學名詞。指人體部位。《左傳》成公十年，"疾不可爲也，在肓之上、膏之下，攻之不可，達之不及，

藥不至焉”。杜預注云，“肓，鬲也”。後世稱病勢嚴重爲“病入膏肓”。此喻金政權趨於滅亡的大勢已無法挽回。

［3］倉扁：古代兩神醫名。即太倉公和扁鵲。扁鵲名越人，戰國渤海郡（今河北省任丘縣）人。太倉公名淳于意，西漢臨淄（今山東省淄博市）人。見《史記》卷一〇五《扁鵲倉公列傳》。

［4］忠讜：忠正剛直。

金史　卷一一五

列傳第五十三

完顏奴申　崔立　聶天驥　赤盞尉忻

完顏奴申字正甫，素蘭之弟也。[1]登策論進士第，[2]仕歷清要。正大三年八月，[3]由翰林直學士，[4]充益政院説書官。[5]五年，轉吏部侍郎。[6]監察御史烏古論石魯剌劾近侍張文壽、仁壽、李麟之受敵帥饋遺，[7]詔奴申鞫問，[8]得其姦狀，上曲赦其罪，皆斥去，朝論快之。九月，改侍講學士，以御史大夫奉使大元，[9]至龍駒河，[10]朝見太宗皇帝。[11]十二月，還。[12]明年六月，[13]遷吏部尚書，[14]復往。八年春，還。朝廷以勞拜參知政事。[15]

[1]素蘭：女真人。即完顏素蘭，《歸潛志》卷六作“完顏速蘭”。衛紹王至寧元年（1213）策論進士一甲第一名，哀宗正大七年（1230），素蘭權元帥左都監、參知政事，行省於京兆府，遇害。本書卷一〇九有傳。

［2］策論進士：金科舉科目名。又稱女真進士科，是專門選拔女真族文士的進士科，應試者用女真文字答卷，考試内容主要是策論，所以稱策論進士。與詞賦、經義進士科同時進行考試，別爲一榜，取中者稱策論進士。始創於世宗大定十三年（1173）。

［3］正大：金哀宗年號（1224—1232）。

［4］翰林直學士：翰林院屬官。不限員，從四品。

［5］益政院説書官：金哀宗正大三年（1226），設益政院於内庭，每日有兩名學問深博、議論宏遠的大臣當值，爲皇帝講論經史，顧問時事。益政院官員亦稱説書官，多以翰林院高級官員兼職。

［6］吏部侍郎：吏部尚書副佐。正四品。

［7］監察御史烏古論石魯剌劾近侍張文壽、仁壽、李麟之受敵帥饋遺（wèi）：本書卷一七《哀宗紀上》正大五年（1228）三月，“乙酉，監察御史烏古論不魯剌劾近侍張文壽、張仁壽、李麟之受饋遺”。“石魯剌”作“不魯剌”，“仁壽”前有“張”字，知此處“仁壽”上漏一“張”字。監察御史，御史臺屬官。掌糾察百官，刷磨諸司察賬，並監祭禮及出使事。正員十二人，以不同民族出身者充任，正七品。烏古論石魯剌，女真人。張文壽，後官睢州刺史，哀宗出奔歸德，文壽携家屬棄睢州逃至行在，被完顏承立任命爲行部郎中，死於楊驛。張仁壽、李麟之二人生平不詳。

［8］鞫（jū）問：審訊、推問。

［9］九月，改侍講學士，以御史大夫奉使大元：中華點校本認爲，本書卷一七《哀宗紀上》正大五年（1228）十二月壬子，“完顏訥申改侍講學士，充國信使”。與本傳所記時間不同。“訥申”即“奴申”的不同漢字音譯。侍講學士，即翰林侍講學士，爲翰林院屬官，從三品。御史大夫，御史臺長官。掌糾察朝儀，彈劾官邪，勘鞫官府公事，審斷内外重要獄案。原爲正三品，世宗大定十二年（1172）升爲從二品。大元，國號。按當時蒙古國尚未建大元國號，因《金史》是元人所修，所以稱蒙古國爲“大元”。

［10］龍駒河：亦稱臚駒河，即今黑龍江上游的克魯倫河。

［11］太宗：廟號。太宗皇帝指元朝第二任皇帝窩闊台。1229年至1241年在位。死後追尊英文皇帝，廟號太宗。

［12］十二月，還：中華點校本本卷校勘記云，此十二月應爲正大六年十二月，疑“十二月”上脱“六年”二字。

［13］明年六月：此明年應爲正大七年。

［14］吏部尚書：吏部長官。掌文武官員選授、勳封、考課、出給制誥等事。正三品。

［15］八年春，還。朝廷以勞拜參知政事：本書卷一七《哀宗紀上》天興元年（1232）七月，“癸未，吏部尚書完顏奴申爲參知政事”。《歸潛志》卷六記，完顏奴申“天興東狩，拜參知政事”。由此知奴申任參知政事應在天興元年，而不是正大八年（1231）。參知政事，金尚書省執政官，佐治省事。正員二人，從二品。

天興元年春，[1]大兵駐鄭州海灘寺，[2]遣使招哀宗降。復以奴申往乞和，不許，攻汴益急。[3]汴受圍數月，倉庫匱乏，召武仙等入援不至，[4]哀宗懼，[5]以曹王訛可出質，[6]請罷攻。

［1］天興：金哀宗年號（1232—1234）。

［2］大兵：指蒙古軍隊。元朝人修《金史》，所以稱蒙古兵爲“大兵”“大軍”“天兵”。　鄭州海灘寺：佛寺名。鄭州治所在今河南省鄭州市。

［3］汴：汴京城的簡稱。原爲北宋都城，金改爲南京，金宣宗遷都於汴，治所在今河南省開封市。

［4］武仙：威州人。在河北組織地方抗蒙武裝，宣宗時被封爲恒山公。曾一度降蒙，後又反正。哀宗天興二年（1233），曾領兵救蔡州。蔡州城破，武仙率殘部逃往澤州，被澤州守兵所殺。本書

卷一一八有傳。

［5］哀宗：廟號。金朝末代皇帝，本名寧甲速，漢名守禮，後改守緒。1224 年至 1234 年在位。本書卷一七至卷一八有紀。

［6］曹王訛可：曹王，封爵名。金大國封號，明昌格第二十位。訛可，女真人。即完顔訛可，哀宗同父異母兄守純之子，時封曹王，出質蒙古軍前。

冬十月，哀宗議親出捍禦，以奴申參知政事、兼樞密副使，[1]完顔習捏阿不樞密副使、兼知開封府、權參知政事，[2]總諸軍留守京師。又以翰林學士承旨烏古孫卜吉提控諸王府，[3]同判大睦親府事兼都點檢内族合周管宫掖事，[4]左副點檢完顔阿撒、右副點檢温敦阿里副之，[5]户部尚書完顔珠顆兼裹城四面都總領，[6]御史大夫裴滿阿虎帶兼鎮撫軍民都彈壓，[7]諫議大夫近侍行省左右司郎中烏古孫奴申兼知宫省事。[8]又以把撒合爲外城東面元帥，[9]术甲咬住南面元帥，[10]崔立西面元帥，孛术魯買奴北面元帥。[11]乙酉，除拜定，以京城付之。又以户部侍郎刁壁爲安撫副使，[12]總招撫司，[13]規運京外粮斛。[14]設講議所，受陳言文字，以大理卿納合德輝、户部尚書仲平、中京副留守愛失等總其事。[15]

［1］冬十月，哀宗議親出捍禦：據中華點校本本卷校勘記，本書卷一八《哀宗紀下》記，天興元年（1232）十二月甲申，詔議親出。乙酉，再議於大慶殿。是日，除拜扈從及留守京城官，以參知政事兼樞密副使完顔奴申等留守。是“十月”應爲“十二月”。樞密副使：爲樞密使副佐，協助樞密使掌武備機密之事。從二品。

［2］完顔習捏阿不：女真人。亦作完顔習你阿不、完顔習泥阿

不、完顔斜撚阿不，《歸潛志》卷一一作“完顔習你阿勃”，後被崔立所殺。　知開封府：即開封府尹。開封府行政長官，兼南京路兵馬都總管。正三品。治所在今河南省開封市。

[3]翰林學士承旨：翰林院長官。掌制撰詞命。原爲正三品，宣宗貞祐三年（1215）升爲從二品。　烏古孫卜吉：女真人。即烏古孫仲端，章宗承安二年（1197）策論進士。哀宗遷歸德，仲端爲翰林學士承旨，留守汴京，崔立之變發生前一日，自縊殉國。本書卷一二四有傳。

[4]同判大睦親府事兼都點檢：同判大睦親府事，大睦親府屬官，協助判大睦親事掌敦睦糾率宗屬欽奉王命。從二品。金章宗泰和六年（1206），爲避世宗父宗輔（一名宗堯）名諱，改大宗正府爲大睦親府。都點檢，即殿前都點檢。爲殿前都點檢司長官，兼侍衛親軍都指揮使，掌行從宿衛，關防門禁，督攝隊仗，總判點檢司事。正三品。　内族：指完顔氏宗室成員。金初稱完顔氏成員爲宗室，章宗明昌年間以避世宗父名諱，改稱“内族”。　合周：女真人。即完顔合周，本書卷一一三有傳。

[5]左副點檢完顔阿撒、右副點檢温敦阿里：左副點檢、右副點檢，爲殿前都點檢司屬官，同爲都點檢副佐，兼侍衛親軍副都指揮使，掌宫掖及行從等事。皆爲從三品。完顔阿撒，女真人。即本卷《崔立傳》所記的“完顔阿散”。温敦阿里，女真人。即本卷《崔立傳》所記的“温屯阿里”。二人皆死於崔立之變。

[6]户部尚書：户部長官。掌天下户籍、賦税等事。正三品。完顔珠顆：女真人。即下文所記户部尚書“仲平”。珠顆字仲平，女真進士出身。崔立之變翌日，自縊殉國。　都總領：宣宗時招募義軍，以四萬户爲一副統，兩副統爲一都統，都統之外，設一總領提控。總領原爲從五品，哀宗正大二年（1225），改總領爲都尉，升爲四品，正大四年又升爲從三品。都總領意爲負總責的全權總領。

[7]裴滿阿虎帶：女真人。策論進士出身，曾任陳州防禦使，

出使蒙古國。崔立之變，與完顔珠顆、烏古孫奴申等同時自縊殉國。　鎮撫軍民都彈壓：彈壓官非始於金末，本書卷八五《永功傳》記，世宗時有“彈壓百户”，爲親軍中“覺察”“服勤”之職。1975年，遼寧省喀左縣出土金“都彈壓之印”一方（見景愛《金代官印集》，第184頁）。

［8］諫議大夫近侍行省左右司郎中烏古孫奴申兼知宫省事：中華點校本據本書卷一二四《烏古孫奴申傳》的相關記載，於“諫議大夫近侍”下補“局使”二字。諫議大夫，爲諫院長官，有左、右諫議大夫，掌規諫朝政得失。皆爲正四品。近侍局使，爲近侍局提點副佐，從五品。行省左右司郎中，爲行臺尚書省左右司長官，掌行省左右司之事。本書卷五五《百官志一》，“行臺官品皆下中臺一等”。尚書省左右司郎中爲正五品，所以行省左右司郎中應爲從五品。烏古孫奴申，女真人。字道遠，以女真譯史入官，曾任監察御史，剛直敢爲，崔立之變中自縊殉國。知宫省事，疑是臨時除授的官職，本書《百官志》失載。

［9］把撒合：女真人。崔立之變後，把撒合逃往蔡州，爲蔡州北門都尉。

［10］术甲咬住：女真人。崔立之變後，术甲咬住隨其子塔不失等逃往歸德，被哀宗處斬。

［11］崔立：將陵人。本書本卷有傳。　孛术魯買奴：女真人。生平不詳。

［12］户部侍郎刁璧爲安撫副使：户部侍郎，爲户部尚書副佐，正四品。刁璧，哀宗出京後，刁璧曾參預崔立之變，崔立任刁璧爲兵部尚書、元帥左監軍，刁璧未接受。安撫副使，爲安撫使副佐，協助安撫使掌鎮撫人民，譏察邊防軍旅，審録重刑事。正三品。

［13］招撫司：官署名。掌歸附投降、安撫人民之事。本書卷一六《宣宗紀下》記，興定五年（1221），分別設招撫司於單州和懷州。出土的金末官印中有“招撫司印”，印背刻小字“正大元年七月行宫禮部造”（見景愛《金代官印集》，第38頁）。

[14]粮斛（hú）：斛，古代容量單位、量器名。古人以十斗爲一斛，宋時改爲五斗。糧斛即指糧食。

[15]大理卿：大理寺長官。掌審斷天下奏案，詳讞疑獄。正四品。　納合德輝：女真人。亦作“納合德渾”，死於崔立之變。　中京副留守：爲中京留守副佐，正四品。宣宗興定元年（1217）八月，升河南府爲中京，府名金昌，治所在今河南省洛陽市。　愛失：女真人。生平不詳。

十二月辛丑，上出京，服絳紗袍，乘馬導從如常儀。留守官及京城父老從至城外奉辭，有詔撫諭，仍以鞭揖之。速不𧙃聞上已出，[1]復會兵圍汴。初，上以東面元帥李辛跋扈出怨言，[2]罷爲兵部侍郎，[3]將出，密喻奴申等羈縶之。上既行，奴申等召辛，辛懼，謀欲出降，棄馬踰城而走，奴申等遣人追及之，斬於省門。汴民以上親出師，日聽捷報，且以二相持重，幸以無事。俄聞軍敗衛州，[4]蒼黄走歸德，[5]民大恐以爲不救。時汴京内外不通，米升銀二兩，百姓粮盡，殍者相望，縉紳士女多行乞於市，至有自食其妻子者，至於諸皮器物皆煑食之，[6]貴家第宅、市樓肆館皆撤以爨。及歸德遣使迎兩宫，[7]人情益不安，於是民間有立荆王監國以城歸順之議，[8]而二相皆不知也。

[1]速不𧙃（dǎi）：蒙古兀良哈部人。亦作“速不台”“碎不𧙃”“速不歹”，時隨元太宗攻金，爲軍帥。《元史》卷一二一有傳。

[2]李辛：山西人。《歸潛志》卷一一作“李新”，賜姓温撒，所以又稱“温撒辛”，爲陳州振武都尉。哀宗出奔歸德，李辛留守

京師，爲汴京東面元帥。李辛跋扈，崔立之變前，被完顏奴申派人追斬於汴京城壕中。

[3]兵部侍郎：爲兵部尚書副佐，協助兵部尚書主管兵部之事。正四品。

[4]衛州：治所在今河南省衛輝市。

[5]蒼黄：與“倉惶”二字通。　歸德：府名。治所在今河南省商丘市。

[6]煑：“煮”的異體字。

[7]兩宫：指太后和皇后。

[8]荆王監國：荆王，封爵名。次國封號，明昌格第二十六位。此荆王指完顏守純，金哀宗同父異母兄。原封英王，哀宗即位後進封荆王。本書卷九三有傳。監國，代理皇帝行使職權。

天興二年正月戊辰，[1]省令史許安國詣講議所言：[2]“古者有大疑，謀及卿士，謀及庶人。[3]今事勢如此，可集百官及僧道士庶，問保社稷、活生靈之計。”左司都事元好問以安國之言白奴申，[4]奴申曰：“此論甚佳，可與副樞議之。”副樞亦以安國之言爲然。好問曰：“自車駕出京今二十日許，又遣使迎兩宫。民間洶洶，皆謂國家欲棄京城，相公何以處之？”阿不曰：“吾二人惟有一死耳。”好問曰：“死不難，誠能安社稷、救生靈，死而可也。如其不然，徒欲一身飽五十紅衲軍，[5]亦謂之死耶。”阿不款語曰：“今日惟吾二人，何言不可。”好問乃曰：“聞中外人言，欲立二王監國，[6]以全兩宫與皇族耳。”阿不曰：“我知之矣，我知之矣。”即命召京城官民，明日皆聚省中，諭以事勢危急當如之何。有父老七人陳詞云云，二相命好問受其詞。白之奴申，顧曰：

“亦爲此事也。”且問副樞：“此事謀議今幾日矣?”阿不屈指曰：“七日矣。”奴申曰：“歸德使未去，慎勿泄。”或曰是時外圍不解，如在陷穽，[7]議者欲推立荆王以城出降，是亦《春秋》紀季入齊之義，[8]况北兵中已有曹王也。衆憤二人無策，但曰“死守”而已。忽聞召京城士庶計事，奴申拱立無語，獨阿不反覆申諭，“國家至此無可奈何，凡有可行當共議之”，且繼以涕泣。

[1]天興二年正月戊辰：中華點校本據本書卷一八《哀宗紀下》及《歸潛志》卷一一《録大梁事》的相關記載，改“戊辰”爲“丙寅”。

[2]省令史：即尚書省令史，爲尚書省司吏。正員七十人，漢、女真各三十五人。　許安國：生平不詳。

[3]古者有大疑，謀及卿士，謀及庶人：語出《尚書·洪範》：“則有大疑，謀及乃心，謀及卿士，謀及庶人。”

[4]左司都事：尚書省左司屬官。正員二人，正七品。　元好問：太原府秀容縣（今山西省忻州市）人。宣宗興定五年（1221）中進士，官至尚書省左司都事，爲金元之際的一代文學家和史學家。本書卷一二六有傳。

[5]紅衲軍：亦稱紅襖軍。金晚期在今山東、河北一帶爆發大規模的農民起義，因其將士皆衣紅襖，所以稱紅襖軍。

[6]二王：指荆王完顔守純。因守純是宣宗第二子，所以稱“二王”。

[7]陷穽：即陷阱。“穽”是“阱”的異體字。

[8]《春秋》紀季入齊：齊襄公八年（前690），齊國伐紀，紀國國君出降，去國號，成爲齊國屬邑。詳見《史記》卷三二《齊太公世家》。

明日戊辰，西面元帥崔立與其黨孛术魯長哥、韓鐸、藥安國等爲變，[1]率甲卒二百横刀入省中，拔劍指二相曰："京城危困已極，二公坐視百姓餓死，恬不爲慮何也?"二相大駭，曰："汝輩有事，當好議之，何遽如是。"立麾其党先殺阿不，[2]次殺奴申及左司郎中納合德暉等，[3]餘見《崔立傳》。

[1]孛术魯長哥：女真人，爲正大元年（1224）策論進士一甲第一名。本書卷一七《哀宗紀上》作"孛术魯長河"。卷一八《哀宗紀下》原作"孛术魯長河"，中華點校本改爲"孛术魯長哥"。《歸潛志》卷一一作"孛术魯濟之"。"長河"爲名，"濟之"是字，應以"長河"爲是。《開封宴臺女真進士碑》亦記作"孛术魯長河"。　韓鐸、藥安國：崔立的兩個黨羽。

[2]麾（huī）其党先殺阿不：麾，指揮。據《歸潛志》卷一一，完顔習捏阿不首先被藥安國所殺。

[3]納合德暉：中華點校本據本書上文所記，改"暉"爲"輝"。

劉祁曰：[1]"金自南渡之後，爲宰執者往往無恢復之謀，[2]臨事相習低言緩語互相推讓，以爲養相體。每有四方災異、民間疾苦，將奏必相謂曰：'恐聖主心困。'事至危處輒罷散，曰'俟再議'，已而復然。或有言當改革者，輒以生事抑之，故所用必擇愞熟無鋒鋩易制者用之。[3]每北兵壓境，則君臣相對泣下，或殿上發長吁而已。兵退，則大張具，會飲黄閣中矣。因循苟且，竟至亡國。又多取渾厚少文者置之台鼎，[4]宣宗嘗責丞相僕散七斤‘近來朝廷紀綱安在?’[5]七斤不能對，退謂郎官曰：‘上問紀綱安在，汝等自來何嘗使紀綱見我。’故正人君子多不見用，雖用亦未久而遽退也。”祁字京叔，渾源人。[6]

[1]劉祁：本書卷一二六《劉從益傳》有附傳。所引“劉祁曰”以下文字，多是由《歸潛志》卷七所記編纂而成。

[2]宰執：指宰相（左、右丞相和平章政事）和副宰相（副宰相亦稱執政官，即左、右丞和參知政事）。

[3]愞熟無鋒鋩易制者：指循規蹈矩、碌碌無能的庸人。愞，怯懦。鋩，與“芒”字通。

[4]台鼎：喻指中樞要害部門。

[5]僕散七斤：女真人。即僕散端，小字七斤。本書卷一〇一有傳。

[6]祁字京叔，渾源人：“祁”，原作“祚”，中華點校本據殿本改“祚”爲“祁”，甚是。渾源，縣名。治所在今山西省渾源縣。

贊曰：劉京叔《歸潛志》與元裕之《壬辰雜編》二書雖微有異同，[1]而金末喪亂之事猶有足徵者焉。哀宗北禦，以孤城弱卒托之奴申、阿不二人，可謂難矣。雖然，即墨有安平君，[2]玉壁有韋孝寬，[3]必有以處此。

[1]《歸潛志》：書名。流傳至今。　元裕之《壬辰雜編》：元裕之，即元好問。《壬辰雜編》，書名。今已佚。

[2]即墨有安平君：即墨，戰國時期齊國城邑名。治所在今山東省即墨市。安平君，名田單，戰國時期齊國宗室疏族。齊湣王

時，燕昭王以樂毅爲將，大舉伐齊。燕軍連陷齊七十餘城，祇剩莒、即墨兩城未下。田單保即墨，用奇計擊敗燕軍，收復齊國全部失地，復興齊國，後被封爲安平君。事見《史記》卷八二《田單列傳》。

[3]玉壁有韋孝寬：玉壁，城名。《元和志》後魏大統四年(538)，東道行臺王思政表築玉壁城，自鎮之。城在今山西省稷山縣西南。韋孝寬，本名淑裕，以字行。周京兆杜陵人。時東魏丞相高歡傾山東之衆攻玉壁，韋孝寬固守之。事見《周書》卷三一《韋孝寬傳》。

崔立，將陵人。[1]少貧無行，[2]嘗爲寺僧負鈸鼓，乘兵亂從上黨公開爲都統、提控，[3]積階遥領太原知府。[4]正大初，求入仕，爲選曹所駁，[5]每以不至三品爲恨。圍城中授安平都尉。[6]天興元年冬十二月，上親出師，授西面元帥。性淫姣，常思亂以快其欲。

[1]將陵：縣名。治所在今山東省德州市。

[2]少貧無行：年輕時家貧而無善行。

[3]上黨公：封爵名。爲金宣宗時所封河北地方武裝九郡公之一，正二品。　開：賜姓完顔，所以亦稱完顔開。本書卷一一八有傳。　都統：金末招募義軍，以四萬户爲一副統，兩副統爲一都統，都統官爲正七品。　提控：金末義軍於都統之外，另設一總領提控，所以有時亦稱總領爲提控，爲從五品。

[4]積階遥領太原知府：階，指散官階。與官職的品級不盡相同，低階可任高職，高階者亦可任低職。遥領，即授官而不到職視事。太原知府，即太原府尹。太原府行政長官，兼河東南路兵馬都總管，掌統諸城隍兵馬甲仗，總判太原府事。正三品。治所在今山西省太原市。

[5]選曹：掌銓選官吏的官員。

[6]安平都尉：金哀宗正大二年（1225），改總領爲都尉，官品由原來的從五品升爲正四品。四年，又升爲從三品。時共有十三都尉，安平都尉是其中之一。1984年5月，在今河北省任城縣出土一方金“安平都尉之印”（見景愛《金代官印集》，第179頁）。

藥安國者管州人，[1]年二十餘，有勇力。嘗爲嵐州招撫使，[2]以罪繫開封獄，[3]既出，貧無以爲食。立將爲變，潛結納之，安國健啖，日飽之以魚，遂與之謀。先以家置西城上，事不勝則挈以逃。日與都尉揚善入省中候動静，布置已定，召善以早食，殺之。二年正月，遂帥甲卒二百，撞省門而入。二相聞變趨出，立拔劍曰：“京城危困，二公欲如何處之？”二相曰：“事當好議之。”立不顧，麾其黨張信之、孛术魯長哥出省，[4]二相遂遇害。馳往東華門，[5]道遇點檢温屯阿里，[6]見其衷甲，[7]殺之。即諭百姓曰：“吾爲二相閉門無謀，今殺之，爲汝一城生靈請命。”衆皆稱快。是日，御史大夫裴滿阿忽帶、諫議大夫左右司郎中烏古孫奴申、左副點檢完顔阿散、奉御忙哥、講議蒲察琦、户部尚書完顔珠顆皆死。[8]

[1]管州：地名。治所在今山西省静樂縣。

[2]嵐州招撫使：主管嵐州歸附、安撫人民之事。嵐州治所在今山西省嵐縣北。

[3]開封：府名。治所在今河南省開封市，時爲金朝京府。

[4]張信之：崔立之變後，任左司郎中。

[5]東華門：城門名。爲汴京宫城東門。

[6]温屯阿里：女真人。即本卷《完顏奴申傳》所記的“温敦阿里”。

[7]衷甲：身穿鎧甲。

[8]完顏阿散：女真人。即本卷《完顏奴申傳》所記的“完顏阿散”。　奉御：近侍局屬吏名。原名入寢殿小底，正員十六人，多以官僚貴胄子弟充任。　忙哥：人名。其他不詳。　講議：即講議所官員。蒲察琦，棣州陽信縣女真人。曾任安平都尉粘葛合典麾下都統兼知事，哀宗遷歸德，琦入汴京講議所，與元好問甚相得。崔立之變發生後，琦自縊而死。本書卷一二四有傳。

立還省中，集百官議所立。立曰：“衛紹王太子從恪，[1]其妹公主在北兵中，[2]可立之。”乃遣其黨韓鐸以太后命往召從恪，須臾入，以太后誥命梁王監國。[3]百官拜舞山呼，從恪受之，遂遣送二相所佩虎符詣速不䚟納款。[4]凡除拜皆以監國爲辭。立自稱太師、軍馬都元帥、尚書令、鄭王，[5]出入御乘輿，稱其妻爲王妃，弟倚爲平章政事，侃爲殿前都點檢。其党孛术魯長哥御史中丞，[6]韓鐸都元帥兼知開封府事，[7]折希顏、藥安國、張軍奴並元帥，[8]師肅左右司郎中，[9]賈良兵部郎中兼右司都事，[10]内府之事皆主之。初，立假安國之勇以濟事，至是復忌之，聞安國納一都尉夫人，數其違約斬之。[11]

[1]衛紹王：封號。金朝第七任君主完顏永濟，本名興勝。1209年至1213年在位。本書卷一三有紀。　從恪：原作“承恪”，中華點校本據本書卷一八《哀宗紀下》、卷五九《宗室表》、卷九三《從恪傳》的相關記載，改爲“從恪”。　從恪：女真人。即完

顔從恪，衛紹王子。本書卷九三有傳。

[2]其妹公主在北兵中：指衛紹王女岐國公主，爲從恪之妹。金宣宗時被獻給成吉思汗作妃妾，蒙古稱“公主皇后”。

[3]梁王：封爵名。金大國封號，大定格第五位。本書卷五五《百官志一》，“明昌二年以漢、遼、唐、宋、梁、秦、殷、楚之類，皆昔有天下者之號，不宜封臣下，遂皆改之。邵，舊曰梁”。卷九三《衛紹王諸子傳》，“天興元年，崔立以從恪爲梁王”。知崔立以從恪爲梁王，是已不遵金朝現制。

[4]虎符：虎形兵符。金章宗承安元年（1196），參諸漢、唐之制，造虎符，爲五左一右，右者領兵官主之，左者留御前。若調撥軍隊或變易將帥，朝廷則派專使持左符一至軍中，與右符勘合，則將帥奉詔命。如有差誤，則可拒不奉命。

[5]太師：金采唐宋之制，置太師、太傅、太保各一員，合稱“三師”。師範一人，儀刑四海。皆正一品。“三師”之職多授予元老勳臣，實爲一種榮譽官銜。　軍馬都元帥：即兵馬都元帥，爲都元帥府長官。掌兵馬征討之事，兵罷則省。從一品。　尚書令：尚書省長官。總領紀綱，儀刑端揆。正一品。　鄭王：封爵名。次國封號，明昌格第二位。

[6]御史中丞：御史臺屬官。御史大夫副佐。從三品。

[7]韓鐸都元帥兼知開封府事：按上文崔立自稱軍馬都元帥，韓鐸不應同爲都元帥。本書卷一八《哀宗紀下》作“韓鐸副元帥兼知開封府”。《歸潛志》卷一一，“韓鐸爲副元帥、知開封府”。所以此處“都元帥”當爲“副元帥”。

[8]折希顔、藥安國、張軍奴並元帥：本書卷一八《哀宗紀下》記“張軍奴”下還有“完顔合答”。折希顔，崔立妹婿，《歸潛志》卷一一作“折彦顔”。

[9]師肅：人名。生平不詳。

[10]賈良：人名。生平不詳。　兵部郎中：兵部屬官。從五品。　右司郎中：尚書省右司屬官。正員二人，正七品。

[11]聞安國納一都尉夫人，數其違約斬之：《歸潛志》卷一一記，“因其夜取故監軍王守玉妻，旦坐都堂，以安國犯令，叱左右斬以循”。

壬申，速不解至青城，[1]立服御衣，[2]儀衛往見之。大帥喜，飲之酒，立以父事之。師還，悉燒京城樓櫓，火起，大帥大喜，始信其實降也。立托以軍前索隨駕官吏家屬，聚之省中，人自閱之，日亂數人猶若不足。又禁城中嫁娶，有以一女之故殺數人者。未幾，遷梁王及宗室近族皆置宫中，以腹心守之，限其出入。以荆王府爲私第，取内府珍玩實之。二月乙酉，以天子衮冕后服上進。[3]又括在城金銀，搜索熏灌，訊掠慘酷，百苦備至，郕國夫人及内侍高祐、京民李民望之屬，[4]皆死杖下。温屯衛尉親屬八人，[5]不任楚毒皆自盡。白撒夫人、右丞李蹊妻子皆被掠死。[6]同惡相擠，視人如讎，期於必報而後已。人人竊相謂曰：“攻城之後七八日之中，諸門出葬者開封府計之凡百餘萬人，恨不早預其數而值此不幸也。”立時與其妻入宫，兩宫賜之不可勝計。立因諷太后作書陳天時人事，遣皇乳母招歸德。當時冒進之徒争援劉齊故事以冀非分者，[7]比肩接武。

[1]青城：城名。在汴京城南五里。

[2]御衣：皇帝的服裝。

[3]天子兖冕后服：皇帝的衣帽和皇后的服裝。

[4]郕國夫人：《歸潛志》卷一一作“陳國夫人”。金哀宗的姨母，姓王氏，中都人。經常出入宫中，干預朝政。崔立之變後，幫

助蒙古人向貴族勒索金銀，在汴京被杖死。

[5]温屯衛尉：女真人。生平不詳。

[6]白撒：女真人。即完顔白撒。本書卷一一三有傳。　右丞李蹊：按此處“右丞”應爲“左丞”。時李蹊已升爲尚書左丞。李蹊，大興府（今北京市）人。進士出身，宣宗時曾爲吏部侍郎、大司農。正大初官至左丞，專掌財賦。汴京被圍，曾坐公罪落職。不久，復左丞。天興元年（1232）十二月隨哀宗出奔歸德，死於蒲察官奴之亂。

[7]劉齊：金朝所立傀儡政權名。宋高宗建炎年間，宋金構兵，南宋的濟南府尹劉豫降金，被金人立爲兒皇帝，國號齊，定都汴京，統治河南和陝西地，史稱“劉齊”，後被廢。詳見本書卷七七《劉豫傳》和《宋史》卷四七五《劉豫傳》。

三月壬辰，[1]立以兩宫、梁王、荆王及諸宗室皆赴青城，甲午北行，立妻王氏備仗衛送兩宫至開陽門。[2]是日，宫車三十七兩，[3]太后先，中宫次之，妃嬪又次之，宗族男女凡五百餘口，次取三教、醫流、工匠、繡女皆赴北。四月，北兵入城。立時在城外，兵先入其家，取其妻妾寶玉以出，立歸大慟，無如之何。

[1]三月：中華點校本校勘記云，是年三月乙巳朔，無壬辰。本書卷一八《哀宗紀下》，天興二年四月“癸巳，崔立以梁王從恪、荆王守純及諸宗室男女五百餘人至青城，皆及於難”。癸巳後壬辰一日，或傳聞之誤，其繫月不誤，故改爲“四月”。

[2]開陽門：城門名。爲汴京外城十四城門之一。

[3]宫車三十七兩：兩，與“輛”字通。

李琦者，山西人，爲都尉，在陳州與粘哥奴申同行省事，[1]陳州變，入京，附崔立妹婿折希顔，娶夾谷元之妻。[2]妻年二十余，有姿色，立初拘隨駕官之家屬，妻輿病而往，[3]得免。琦娶之後，有言其美者，立欲强之。琦每見立欲奪人妻，必差其夫遠出，一日差琦出京，琦以妻自隨，如是者再三，立遂欲殺琦。琦又數爲折希顔所折辱，乃首建殺立之謀。李伯淵者寶坻人，[4]本安平都尉司千户，[5]美姿容，深沉有謀，每憤立不道，欲仗義殺之。李賤奴者燕人，[6]嘗以軍功遥領京兆府判，[7]壬辰冬，車駕東狩，以都尉權東面元帥。立初反，以賤奴舊與敵體，頗貌敬之。數月之後，勢已固，遂視賤奴如部曲然。賤奴積不能平，數出怨言，至是與琦等合。

[1]陳州：治所在今河南省淮陽縣。　粘哥奴申：中華點校本此處斷句爲“粘哥、奴申”，誤，應爲“粘哥奴申”。女真人，即粘葛奴申，本書卷一一九有傳。　同行省事：即同行尚書省事。行省，是行尚書省的簡稱，亦稱行臺尚書省，在地方上設立代行尚書省權事的官署機構。

[2]夾谷元：女真人。生平不詳。

[3]輿病而往：帶病乘車而前往。

[4]寶坻：縣名。治所在今天津市寶坻縣。

[5]千户：女真語爲“猛安”，漢譯爲千户。金末招募義軍，以三十人爲一謀克，五謀克爲一千户。千户已無法與金初的猛安相比。

[6]燕：古地名。今北京市。

[7]京兆府判：即京兆府判官。京兆府屬官。掌紀綱衆務，分

判吏、户、禮案事，通檢推排薄籍。從六品。京兆府治所在今陝西省西安市。

三年六月甲午，傳近境有宋軍，伯淵等陽與立謀備禦之策。翌日晚，伯淵等燒外封丘門以警動立。[1]是夜，立殊不安，一夕百卧起。比明，伯淵等身來約立視火，立從苑秀、折希顔數騎往，[2]諭京城民十五以上、七十以下男子皆詣太廟街點集。[3]既還，行及梳行街，[4]伯淵欲送立還二王府，[5]立辭數四，伯淵必欲親送，立不疑，倉卒中就馬上抱立。[6]立顧曰："汝欲殺我耶?"伯淵曰："殺汝何傷。"即出匕首横刺之，洞而中其手之抱立處，再刺之，立墜馬死。伏兵起，元帥黄摑三合殺苑秀。[7]折希顔後至不知，見立墜馬，謂與人鬬，欲前解之，隨爲軍士所斫，被創走梁門外，[8]追斬之。伯淵係立屍馬尾，至内前號于衆曰："立殺害劫奪，烝淫暴虐，[9]大逆不道，古今無有，當殺之不?"萬口齊應曰："寸斬之未稱也。"乃梟立首，望承天門祭哀宗。[10]伯淵以下軍民皆慟，或剖其心生噉之。[11]以三尸掛闕前槐樹上，樹忽拔，人謂樹有靈亦厭其爲所汙。已而，有告立匿宫中珍玩，遂籍其家，以其妻王花兒賜丞相鎮海帳下士。[12]

[1]外封丘門：城門名。位於汴京城南面。

[2]苑秀：人名。崔立黨羽。

[3]太廟街：汴京街名。

[4]梳行街：汴京街名。

[5]二王府：王府，指荆王守純府邸，時崔立居之。

[6]倉卒：與“倉猝”二字通，匆促之意。

[7]黄摑三合：女真人。曾任鄧州宣差都總領。

[8]梁門：汴京城門名。

[9]烝淫：喪倫淫亂。以上淫下叫作“烝”。

[10]承天門：城門名。爲汴京宮城北門。

[11]生噉（dàn）：生吃。“噉”是“啖”的異體字。

[12]鎮海：蒙古人。姓怯烈台氏，隨元太宗攻金河東、河南，元定宗時官至中書右丞相。《元史》卷一二〇有傳。

初，立之變也，前護衛蒲鮮石魯負祖宗御容五，[1]走蔡。[2]前御史中丞蒲察世達、西面元帥把撒合挈其家亦自拔歸蔡。七月己巳，以世達爲尚書吏部侍郎，[3]權行六部尚書。[4]世達嘗爲左司郎中，同簽樞密院事，[5]充益政院官，皆稱上意。及上幸歸德，遣世達督陳粮運。陳變，世達亦與脅從，尋間道之汴，至是徒往行在，上念其舊，録用之。左右司官因奏把撒合、石魯亦宜任用，上曰：“世達曲從非出得已，然朕猶少降資級以示薄罰。彼散合掌軍一面，石魯宿衛九重，[6]崔立之變曾不聞發一矢，束手於人。今雖來歸，待以不死足以示恩，又安得與世達等。撒合老矣，量用其子可也。石魯但當酬其負御容之勞。”未幾，以撒合爲北門都尉，其子爲本軍都統。石魯復充護衛。世達字正夫，泰和三年進士。[7]

[1]蒲鮮石魯：女真人。生平不詳。　祖宗御容：完顏皇室先祖的畫像。

[2]蔡：州名。治所在今河南省汝南縣。

[3]吏部侍郎：吏部尚書副佐。正四品。

[4]權行六部尚書：代行六部尚書權事。

[5]同簽樞密院事：樞密院屬官。正四品。

[6]彼散合掌軍一面，石魯宿衛九重：中華點校本據殿本改“散合”爲“撒合”。九重，原指上天，此喻指天子。

[7]泰和：金章宗年號（1201—1208）。

論曰：崔立納款，[1]使其封府庫、籍人民以俟大朝之命可也。[2]乘時僭竊，大肆淫虐，徵索暴横，輒以供備大軍爲辭，逞欲由己，斂怨歸國，其爲罪不容誅矣。而其志方且要求劉豫之事，我大朝豈肯効尤金人者乎。金俘人之主，帝人之臣，[3]百年之後適啓崔立之狂謀，以成青城之烈禍。曾子曰：“戒之，戒之，出乎爾者反乎爾者也。”[4]豈不信哉。

[1]崔立納款：指崔立降敵之事。“納款”意爲歸降，修《金史》者站在元朝正統立場上叙事，所以稱崔立降蒙爲“納款”。

[2]大朝：指當時的蒙古政權。

[3]俘人之主，帝人之臣：指金朝滅掉北宋，俘獲欽、徽二帝，先後立宋臣張邦昌、劉豫爲帝之事。

[4]曾子：春秋末魯國武城（今山東省費城縣）人。名參，孔子的學生，以孝著稱。　戒之，戒之，出乎爾者反乎爾也：語出《孟子・梁惠王下》，意爲要特别小心那種反復無常的人。

聶天驥字元吉，五臺人。[1]至寧元年進士，[2]調汝陰簿，[3]歷睢州司候、封丘令。[4]興定初，辟爲尚書省令史。時胥吏擅威，[5]士人往往附之，獨天驥不少假借，彼亦不能害也。尋授吏部主事，[6]權監察御史。夏使賀正旦，互市於會同館，[7]外戚有身貿易于其間者，天驥上章曰："大官近利，失朝廷體，且取輕外方。"[8]遂忤太后旨。出爲同知汝州防禦使事，[9]未赴，陝西行尚書省驛召，特旨遥領金安軍節度副使，[10]兼行尚書省都事。[11]未幾，入爲右司員外郎，[12]轉京兆治中，[13]尋爲衛州行尚書六部事。

[1]五臺：縣名。治所在今山西省五臺縣。

[2]至寧：金衛紹王年號（1213）。

[3]調汝陰簿：即汝陰縣主簿，正九品。汝陰縣治所在今安徽省阜陽市。《遺山文集》卷二一《聶元吉墓誌銘》作"釋褐汝陰簿，轉睢州司侯"。所以此處"調"應爲"釋褐"。

[4]睢州司侯：睢州屬官。正九品。睢州治所在今河南省睢縣。封丘：縣名。治所在今河南省封丘縣。

[5]胥吏：指在官府中主管文書之類的小吏，亦稱"刀筆吏"。

[6]吏部主事：吏部屬官。掌知管差除，校勘行止，分掌封勳資考之事，又掌受事付事，檢勾稽失省署文牘，兼知本部宿直，檢校架閣。正員四人，正七品。

[7]會同館：官署名。爲當時朝廷接待少數民族官員和外國使臣的機關，掌管通譯、伴送、點視貢物及互市等事。

[8]取輕外方：意爲被外國人瞧不起。

[9]同知汝州防禦使事：簡稱汝州同知。爲汝州防禦使副佐，掌通判防禦州事。正六品。汝州治所在今河南省臨汝縣。

[10]金安軍節度副使：金安軍節度州屬官。從五品。金安軍節度使治所在華州，今陝西省華縣。

[11]行尚書省都事：行省屬官。尚書省左右司都事爲正七品，而行省官品比中臺官品低一級，所以行省都事應爲從七品。

[12]右司員外郎：爲尚書省右司郎中副佐，掌本司奏事，總兵、刑、工三部受事付事，兼修起居注。正六品。

[13]京兆治中：京兆府屬官。按本書卷五七《百官志三》，府級屬官中無治中官名，而本書各人物傳記中"治中"官名屢出，乃"少尹"之别稱。爲正五品。

慶陽圍急，[1]朝廷遣宿州總帥牙古塔救之，[2]以天驥充經歷官。[3]圍解，從别帥守邠，[4]帥欲棄州而東，天驥力勸止之，不從，帥坐是被繫逮，天驥降京兆治中。尋有訟其冤者，即召爲開封簽事，[5]旬月復右司員外郎。丁母憂，未卒哭，奪哀復職。[6]

[1]慶陽：府名。治所在今甘肅省慶陽市。

[2]宿州總帥牙古塔：宿州治所在今安徽省宿州市。牙古塔，女真人。亦作"牙吾塔"，即紇石烈志。本書卷一一一有傳。

[3]經歷官：即行元帥府經歷官，宣宗興定三年（1219）始見此官名。爲行府屬官，正七品。

[4]邠：州名。治所在今陝西省彬縣。

[5]開封簽事：當爲南京路簽按察司事。正五品。

[6]奪哀復職：古人居父母之喪，必辭官守孝。守孝期滿，始得重新出任官職。在特殊情況下，於守孝期間被起用爲官，叫"奪哀"，也稱"奪情"。

哀宗遷歸德，天驥留汴中。崔立變，天驥被創甚，卧一十餘日，[1]其女舜英謁醫救療，天驥歎曰："吾幸得死，兒女曹乃爲謁醫，尚欲我活耶。"竟鬱鬱以死。舜英葬其父，明日亦自縊，有傳。

[1]卧一十餘日：《遺山文集》卷二一《聶元吉墓誌銘》作“創卧二十許日”。知此處“一”應爲“二”。

天驥沉静寡言，不妄交。起於田畝，能以雅道自將，踐歷臺省若素宦然，[1]諸人多自以爲不及也。

[1]臺省：指御史臺和尚書省。

赤盞尉忻字大用，[1]上京人。[2]當襲其父謀克，[3]不願就，中明昌五年策論進士第。[4]後選爲尚書省令史、吏部主事、監察御史，言“諸王駙馬至京師和買諸物，失朝廷體”。有詔禁止。[5]遷鎮南軍節度副使、息州刺史。[6]耕鞠場種禾，[7]兩禾合穗，進於朝，特詔褒諭。改丹州，[8]遷鄭州防禦使，[9]權許州統軍使。[10]丞相高汝礪嘗薦其才可任宰相。[11]元光二年正月，[12]召爲户部侍郎。未幾，權參知政事。二月，爲户部尚書，權職如故。三月，拜參知政事，兼修國史。詔諭近臣曰：“尉忻資稟純質，事可倚任，且其性孝，朕今相之，國家必有望，汝輩當効之也。”

[1]赤盞尉忻：女真人。亦作“赤盞吾里忻”“赤盞畏忻”。

[2]上京：都城名。金初建都之地，治所在今黑龍江省阿城市東南金上京舊址，俗稱“白城”。

[3]謀克：女真地方行政設置及長官名稱。謀克相當於縣，亦稱百户。又是女真貴族世襲爵，受封人有領地、封户。

[4]明昌：金章宗年號（1190—1196）。

[5]禁：原作“楚”，據文義改。

[6]鎮南軍節度副使：鎮南軍節度州屬官。從五品。鎮南軍節度使治蔡州，在今河南省汝南縣。　息州刺史：息州軍政長官。主治州事。正五品。治所在今河南省息縣。

[7]鞠場：球場。

[8]丹州：治所在今陝西省宜川縣。

[9]鄭州防禦史：掌防捍不虞，禦制盜賊，主治州事。從四品。治所在今河南省鄭州市。

[10]許州統軍使：掌督領軍馬，鎮攝封陲，分營衛，視察奸。正三品。許州治所在今河南省許昌市。

[11]高汝礪：應州金城縣人。世宗大定十九年（1179）進士，宣宗時官至尚書右丞相，封壽國公。本書卷一〇七有傳。

[12]元光：金宣宗年號（1222—1223）。

正大元年五月，拜尚書右丞。哀宗欲修宮室，尉忻極諫，至以卧薪嘗膽爲言，上悚然從之。同判睦親府内族撒合輦交結中外，[1]久在禁近。哀宗爲太子，有定策功，由是頗惑其言，復倚信日深，臺諫每以爲言。太后嘗戒勅曰：“上之騎鞠舉樂皆汝教之，[2]再犯必杖汝。”哀宗終不能去。尉忻諫曰：“撒合輦姦諛之最，日在天子左右，非社稷福。”[3]上悔悟，出爲中京留守，朝論快之。

[1]撒合輦：女真人。出身完顏宗室，哀宗時任中京留守。正大九年（1232），三峰山戰役後，城破，輦投水自殺殉國。本書卷一一一有傳。

[2]騎鞠：指玩打馬毬的游戲。

[3]社稷：原指土地神和穀神，喻指國家。

五年，致仕，[1]居汴中。崔立之變明日，召家人付以後事，望睢陽慟哭，[2]以弓弦自縊而死，時年六十三。一子名董七，没於兵間。弟秉甫，字正之。

[1]致仕：亦作"致政"。意爲辭去官職，還政於君，即離職退休。

[2]睢陽：縣名。原名宋城縣，金章宗承安五年（1200）改爲睢陽，爲歸德府依郭縣，治所在今河南省商丘市。

贊曰：聶天驥素履清慎，赤盞尉忻天資忠諒，在治世皆足爲良臣，不幸仕亂離之朝，以得死爲願欲，哀哉。

金史　卷一一六

列傳第五十四

徒單兀典　石盞女魯歡　蒲察官奴　内族承立 一名慶山奴

徒單兀典，[1]不知其所始，累官爲武勝軍節度使，[2]駐鄧州。尋遷中京留守，[3]知金昌府事，[4]駐洛陽。[5]鄧及洛陽兀典皆城之，且招亡命千人，號"熊虎軍"，以剽掠南鄙爲事，[6]宋人亦時時報復，邊民爲之搔動。兀典資性深刻，而以大自居，好設耳目，凡諸將官屬下及民家細事，令親暱日報之，務爲不可欺。正大間，[7]以兵部尚書權參知政事，[8]行省事於徐州。[9]自恃得君，[10]論議之際不少假貸，[11]同列皆畏之。

[1]徒單兀典：女真人。本書卷一四《宣宗紀上》記作"徒單吾典"。

[2]武勝軍節度使：掌鎮撫諸軍防刺，總判本鎮兵馬，兼鄧州管内觀察使事。從三品。治所在今河南省鄧州市。

[3]中京留守：中京留守司長官，兼金昌府府尹，本路兵馬都總管。正三品。宣宗興定元年（1217）八月，升河南府爲中京，府名金昌，治所在今河南省洛陽市。

[4]知金昌府事：即金昌府尹。金昌府行政長官，由中京留守兼任。正三品。

[5]洛陽：古城名。今河南省洛陽市。

[6]南鄙：指金南部與宋接壤的邊地。

[7]正大：金哀宗年號（1224—1232）。

[8]兵部尚書：兵部長官。主管兵籍、兵器等事。正三品。權參知政事：權，代理。參知政事，金尚書省執政官，佐治尚書省事。正員二人，從二品。

[9]行省事於徐州：行省，官署名。全稱爲行尚書省，亦稱行臺尚書省，是在地方上設立的代行尚書省權事的官署機構。徐州治所在今江蘇省徐州市。

[10]得君：受到皇帝的信任和重用。

[11]不少假貸：没有少許的寬宥。

天興元年正月，[1]朝廷聞大兵入饒風，[2]移兀典行省閿鄉，[3]以備潼關。[4]徒單百家爲關陝總帥，[5]便宜行事。[6]百家馳入陝，[7]榜州民云："淮南透漏軍馬，慮其道由潼關，勢不能守，縣鎮遷入大城，粮斛輜重聚之陝州，[8]近山者入山寨避兵。"會阿里合傳旨召兀典入援，[9]兀典遂與潼關總帥納合合閏、秦藍總帥都點檢完顏重喜、高平都尉苗秀、蕩寇都尉朮甲某、振武都尉張翼及虎威、鷹揚、葭州劉趙二帥，[10]軍十有一萬、騎五千，盡撤秦藍諸隘之備，從號入陝。[11]同、華、閿鄉一帶軍粮數十萬斛，[12]備關船二百餘艘，皆順流東下。俄聞大兵近，粮皆不及載，船悉空下。復盡起州民，運靈寶、硤石倉粟，[13]游騎至，[14]殺掠不勝計。又遣陝州觀察副使兼規措轉運副使抹撚速也以船八十往運潼關、閿鄉粮，[15]行及靈寶北河夾灘。義軍張信、侯三集壯士三百餘，[16]保老幼，立水栅。北將忽魯罕只乘淺攻之不能克，[17]遇速也船至即降，大兵得此船遂破侯、張，殺戮殆盡。

[1]天興：金哀宗年號（1232—1234）。

[2]大兵入饒風：大兵，指蒙古軍隊。元朝人修《金史》，所以稱蒙古軍隊爲“大兵”“大軍”。饒風，關隘名。即饒風關，亦作“饒風嶺”“饒峰嶺”“饒峰關”。在今陝西省石泉縣西。

[3]閿（wén）鄉：縣名。亦作“閺鄉”，治所在今陝西省潼關縣東。

[4]潼關：關隘名。在今陝西省潼關縣北。

[5]徒單百家：女真人。宣宗時曾任孟州經略使，後隨哀宗出奔歸德，爲軍帥。

[6]便宜行事：本書卷四四《兵志》，“及南遷，河北封九公，因其兵假以便宜從事，沿河諸城置行樞密院元帥府，大者有‘便宜’之號，小者有‘從宜’之名”。便宜從事意爲有相對的自主權，不必申奏朝廷，是當時金朝不得已實行的一種權力下放的權宜政策。

[7]陝：州名。治所在今河南省三門峽市西北的黄河南岸。

[8]粮斛（hú）：斛，古代量器名，亦作爲容量單位。古人以十斗爲一斛，宋時改爲五斗。糧斛意爲糧食和物品。

[9]阿里合：女真人。即本卷《蒲察官奴傳》所記的紇石烈阿里合。

[10]納合合閏：女真人。生平不詳。　秦藍總帥都點檢完顏重

喜：秦藍，兩州名。秦州治所在今甘肅省天水市。藍州，即蘭州，治所在今甘肅省蘭州市。都點檢，爲殿前都點檢司長官，兼侍衛親軍都指揮使，掌行從宿衛，關防門禁，督攝隊仗，總判點檢司事。正三品。完顏重喜，女真人。後戰敗降蒙，被殺。　高平都尉苗秀：中華點校本據本書卷四四《兵志》、卷一二三《白撒傳》、卷一一五《崔立傳》、卷一七《哀宗紀上》的相關記載，改“高平都尉”爲“安平都尉”。安平都尉，金末招募義軍，以四萬户爲一副統，兩副統爲一都統，都統之外，設一總領官提控，爲從五品。金哀宗正大二年（1225），改總領爲都尉，升爲正四品，四年又升爲從三品。金末有十三都尉之號，安平都尉是其中之一。1984 年，在河北省任城縣出土一方金代“安平都尉之印”（見景愛《金代官印集》，文物出版社 1991 年版，第 179 頁）。苗秀，下文作“苗英”，本書卷一七《哀宗紀上》亦作“苗英”。此處“秀”乃“英”字之誤。　蕩寇都尉朮甲某：蕩寇都尉，金末十三都尉名號之一。朮甲某，姓女真朮甲氏而失其名。　振威都尉張翼及虎威、鷹揚、葭（jiā）州劉趙二帥：振威、虎威、鷹揚，皆爲都尉名號。張翼，生平不詳。葭州治所在今陝西省佳縣。劉、趙二帥，其名不詳。

［11］虢（guō）：州名。治所在今河南省靈寶市。

［12］同、華：州名。兩州治所分别在今陝西省大荔縣和華縣。

［13］靈寶、硤石：靈寶，縣名。治所在今河南省靈寶市東北。硤石，地名。今地不詳。

［14］游騎：指蒙古的巡邏騎兵。

［15］陝州觀察副使兼規措轉運副使：陝州觀察副使，爲陝州屬官，由陝州節度副使兼任，從五品。轉運副使，爲轉運司屬官，正五品。　抹撚速也：女真人。生平不詳。

［16］義軍：金宣宗南渡以後，金蒙戰争規模日益擴大，正規軍已無力全面承擔起抗蒙重任，於是開始實行募軍，稱爲“義軍”，義軍的編制與正規軍有所不同，“三十人爲一謀克，五謀克爲一千户，四千户爲一萬户，四萬户爲一副統，兩副統爲一都統，設一總

領提控”。見本書卷一〇二《蒙古綱傳》。

[17]北將忽魯罕只：北將，指蒙古將領。忽魯罕只，蒙古人，生平不詳。

是時陝州同知内族探春願從行省征進，[1]兀典授以帥職，聽招在城民充軍。探春厚擬官賞，數日無一人，乃以兀典命招之，得壯士八百。宣差趙三三名偉，[2]亦依探春招募，偉人所知識，不二日得軍八百餘，號“破敵軍”。兀典忌偉得衆，欲挾詐坑之，完顔素蘭時爲同華安撫使，[3]力諫乃止。尋以偉權興寶軍節度使，[4]兼行元帥府事，[5]領軍三百，屯金鷄堡。[6]

[1]陝州同知：時陝州爲節鎮，陝州同知即陝州同知節度使。爲陝州節度使副佐，通判節度使事。兼同知陝州管内觀察使事，正五品。　内族：指完顔氏宗室成員。金前期稱宗室，章宗時爲避世宗父宗輔（一名宗堯）名諱，改稱“内族”。　探春：女真人。即完顔探春。其餘不詳。

[2]宣差：金末有“宣差總領”“宣差提控”“宣差都提控”“宣差都總領”等官名，官名前加“宣差”二字，意爲受皇帝的直接差遣，類似“欽差”。

[3]完顔素蘭：女真人。衛紹王至寧元年（1213）策論進士一甲第一名，哀宗時官至權元帥左都監、參知政事，行省於京兆府，後在陝遇害。本書卷一〇九有傳。　安撫使：原名宣撫使，章宗泰和八年（1208）改爲安撫使。掌鎮撫人民，譏察邊防軍旅，審録重刑事。從一品。

[4]興寶軍節度使：金無“興寶軍”，據中華點校本卷一八《哀宗紀下》校勘記，本書卷二六《地理志下》解州，“貞祐三年

復升爲節鎮，軍曰寶昌”。此處“興寶”當是“寶昌”之誤。

[5]行元帥府事：行元帥府長官，代行元帥府的權事。其官署簡稱行府。

[6]金鷄堡：寨堡名。所在地不詳。

大兵既知潼關焚棄，長驅至陝，賀都喜不待命出城迎戰，[1]馬蹶幾爲所獲，兀典易以一馬，遂下令不復令一人出，大兵亦去。自此潼關諸渡船筏俱盡，偉亦無船可渡矣。

[1]賀都喜：時爲裕州鎮防軍將領，天興元年（1232）爲都尉，隨哀宗出奔歸德，戰死。

初，兀典發閿鄉，拜天，[1]賞軍，人白金三兩，[2]將校有差。州之庫藏，軍資器械，爲之一空。期日進發，已而不行，日造銀器及兵幕牌印，[3]陝州及鹽司牌亦奪取之。[4]又欲劫州民財物以資軍，素蘭諫之而止。二月戊午，乃行。有李先生者諫曰：“方今大兵俱在河南，河北空虚，相公可先取衛州，[5]出其不意。彼知我軍在北，必分兵北渡，京師即得少寬，相公入援亦易爲矣。”兀典大怒，以爲泄軍機，斬之於市，遂行。軍士各以老幼自隨。州中亦有關中、河中遷避商賈老幼，[6]亦倚兵力從行，婦女皆嫁士卒，軍中亦有强娶奪者。

[1]拜天：舉行祭天儀式。

[2]白金：即白銀。

[3]牌印：牌，兵符。金初之制，有金牌、銀牌和木牌，金牌

授予萬户，銀牌授予猛安，木牌授予謀克、蒲輦。印，官印。有兩種，一種是官署之印，一種是職官之印。

[4]鹽司：官署名。掌食鹽專賣之事。金朝全國共設七處鹽司，亦稱鹽使司，時解州設有鹽司。

[5]衛州：治所在今河南省衛輝市。

[6]關中：地區名。泛指今函谷關以西的陝西之地。　河中：府名。治所在今山西省永濟市西的黄河東岸。

是日，軍出兩東門及南門，不遵洛陽路，乃由州西南徑入大山冰雪中。葭州劉、趙兩帥即日叛去，大兵以數百騎遥躡其後。明日，張冀軍叛往朱陽，[1]入鹿盧關，[2]大兵追及降之。山路積雪，晝日凍釋，泥淖及脛，隨軍婦女棄擲幼稚，哀號盈路。軍至鐵嶺，[3]大兵潛召洛陽大軍從西三縣過盧氏，[4]所至燒官民廬舍積聚，慮爲金軍所據，又反守鐵嶺，以斷歸路。金兵知必死，皆有鬭志，然已數日不食，行二百里許，困憊不支，頗亦散走。於是，完顔重喜先降，大軍斬於馬前。鄭倜劫苗英降，[5]英不從，殺之，携其首以降，於是士卒大潰。兀典、合閏提數十騎走山間，追騎禽得，[6]皆殺之。

[1]朱陽：縣名。治所在今河南省靈寶市西南。

[2]鹿盧關：關隘名。所在地不詳。

[3]鐵嶺：山嶺名。亦稱車箱谷，在今河南省盧氏縣北。

[4]從西三縣過盧氏：西三縣，指洛陽西的福昌、永寧、長水三縣。盧氏，縣名。治所在今河南省盧氏縣。

[5]鄭倜（tì）：生平不詳。

[6]禽：與“擒”字通。

先是，兀典嘗爲鄧州節度使，世襲謀克黄擱三合時爲宣差都總領，[1]與兀典親厚，故决計入鄧。是役也，安平、蕩寇、鷹揚、振威諸都尉，[2]及西安、金鷄等軍，[3]脱走者百才一二。

[1]黄擱三合：女真人。金亡之後在汴京與李伯淵等合謀殺崔立。見本書卷一一五《崔立傳》。　宣差都總領：亦稱元帥，出土的金代官印中有"宣差總領之印"（見景愛《金代官印集》，文物出版社 1991 年版，第 64 頁）。

[2]蕩寇：金末都尉名號。

[3]西安、金鷄：軍名。即西安軍節度使和金鷄堡的駐軍。

二月，素蘭竄歸，有報徒單百家言"行省至"，百家欲出迎，父老遮馬前哀訴云："行省復來，吾州碎矣，願無出迎。"百家曉之曰："前日兀典欲劫此州，爲素蘭力勸而止，此行省非兀典乃素蘭也。"父老乃聽百家出城。陝州自軍出，日有逃還者，百家皆撫納之，所得及萬人。百家又募收所棄甲仗。若獲二副，即以一與之，其一官出直買之。[1]由是軍稍振。

[1]直：與"值"字通。

五月，總帥副點檢顔盞領軍復立商州總帥。[1]華州人王某立虢州，權刺史。[2]七月，制旨召百家入援，[3]以權西安軍節度使、行元帥府事阿不罕奴十剌爲金安軍節度使、關陝總帥。[4]九月，鞏昌知府元帥完顏忽斜虎入陝州，[5]詔拜參知政事，行尚書省事。以河中總帥府經歷李獻能充左右司員外郎。[6]獻能字欽叔，貞祐三年進士。[7]復立山寨，安撫軍民。十月朔，制旨召忽斜虎赴南陽留山寺，[8]以阿不罕奴十剌權參知政事，行省。

[1]副點檢：即殿前副都點檢，爲殿前都點檢司屬官。有左、右副都點檢，同爲都點檢副佐，兼侍衛親軍副都指揮使。掌宮掖及行從。從三品。顏盞，女真姓氏，佚其名。　商州：治所在今陝西省商洛市。

[2]刺史：刺史州長官。主治州事。正五品。

[3]制旨：皇帝的命旨。

[4]西安軍節度使：掌鎮撫諸軍防刺，總判本鎮兵馬，兼本州管内觀察使事。從三品。按，金無“西安軍”。本書卷二五《地理志中》陝州，“貞祐二年升爲節鎮”。疑西安軍節度使在陝州，待考。　阿不罕奴十剌：女真人。亦作“阿不罕奴失剌”。　金安軍：州軍名。治所在今陝西省華縣。

[5]鞏昌知府：即鞏昌府尹，爲鞏昌府行政長官。正三品。完顏忽斜虎：合懶路女真人。即完顏仲德，章宗泰和三年（1203）進士，哀宗天興元年（1232），以參知政事行省於陝州。二年，又行省於徐州，後領兵勤王至蔡州。城破，投汝水自殺殉國。本書卷一一九有傳。

[6]河中總帥府經歷李獻能充左右司員外郎：經歷，爲元帥府屬官。宣宗興定三年（1219）始見此官名，從五品。李獻能，河中府人。宣宗貞祐三年（1215），特賜進士殿試第一名，哀宗正大末，以鎮南軍節度副使充河中帥府經歷官。河中府城破，李獻能在兵變中遇害。本書卷一二六有傳。左右司員外郎，爲尚書省左右司屬官，正六品。

[7]貞祐：金宣宗年號（1213—1217）。

[8]南陽留山寺：南陽，縣名。治所在今河南省南陽市。留山寺，佛寺名。留山在今河南省南召縣東北。

時趙偉爲河解元帥，[1]屯金鷄堡，軍務隸陝省，行省月給糧以贍其軍，明年五月，麥熟，省劄令偉計置兵食，[2]權罷月給。十月，偉軍食又盡，屢白陝省，云無糧可給，偉私謂其軍言："我與李員外郎有隙，[3]坐視我軍飢餓，不爲存恤。"於是，自往永寧勸喻，[4]偉頗爲小民所信，往往獻糧，或導其發藏。南縣把隘軍提控以偉橫恣言於行省，[5]行省遣趙提控者權元帥，[6]守永寧元村寨，[7]偉還金鷄。

[1]河解：河，指河中府。解，州名。治所在今山西省運城市西南。

[2]省劄：行省的公文。

[3]李員外郎：指李獻能。

[4]永寧：縣名。治所在今河南省洛寧縣。

[5]南縣把隘軍提控：按，金無"南縣"，疑有脱誤。本書卷二六《地理志下》商州有洛南縣，疑此處"南"上脱"洛"字。中華點校本本卷校勘記把商州誤作陝州。洛南縣治所在今陝西省洛南縣。把隘軍提控，爲扼守關隘軍的提控官。

[6]趙提控：佚其名。

[7]元村寨：寨堡名。在今河南省洛寧縣境内。

十一月冬至，大兵已攻破元村寨，偉攻解州不能下，於是密遣總領王茂軍士三十人入陝州，[1]匿菜圃中凡三四日，乘夜，王茂殺北城邏卒，舉號召偉軍八百渡河，入城劫殺阿不罕奴十剌、李獻能、提控蒲鮮某、總領來道安，[2]因誣奏："奴十剌等欲反，臣誅之矣。"朝廷知其冤而莫敢詰，就授偉元帥左監軍，[3]兼西安軍節度使，行總帥府事。食盡，括粟。粟又盡，以明年三月降大兵。

[1]王茂：生平不詳。

[2]提控蒲鮮某、總領來道安：蒲鮮，女真姓氏。某，佚其名，故以"某"稱之。來道安，人名。生平不詳。

[3]元帥左監軍：都元帥府屬官。與元帥右監軍同爲正三品，位在右監軍之上。1954年，在河北省保定市徵集到一方金代銅印，印文爲"元帥左都監印"（見鄭紹宗《河北古代官印集釋》，《文物》1984年第9期）。

或謂偉軍餉不繼，以劫掠自資，一日詣李獻能，獻能靳之，[1]曰："從宜破敵不易。"由是憾之。乃乘奴十剌宴飲不設備，選死士二十八人，夜由後河灘踰城而上，取餅爐碎石擲屋瓦門扇爲箭鏃聲。州人疑叛軍多，不敢動，遂開門納軍。殺行省以下官屬二十一人，獻能最爲所恨，故被害尤酷。

[1]靳（jìn）之：嘲弄、奚落。

偉之變，絳州録事張升字進之，[1]大同人，[2]户工部令史出身，[3]曾爲漁陽簿，[4]遷絳州録事，謂知識者曰：

“我本小人，[5]受國家官禄，今日國家遭不幸，我不能從反賊。”言訖赴水死，岸上數百人皆嗟惜之。

[1]絳州録事：即絳州判官。掌簽判州事，通檢推排簿籍。正八品。絳州，宣宗興定元年（1217）十二月升爲晋安府，治所在今山西省新絳縣。

[2]大同：府、路名。治所在今山西省大同市。時亦爲金朝西京所在地。

[3]户工部令史：即户部令史和工部令史，分别爲户部和工部的下級屬吏。

[4]漁陽簿：即漁陽縣主簿。主管漁陽縣的文書簿籍。正九品。漁陽縣治所在今天津市薊縣。

[5]小人：即小人物。謙稱。

及徒單百家鄭西之敗，[1]單騎間道數百里入京，爲上言兀典等鐵嶺敗狀。於是籍重喜、合閏、兀典家貲，[2]暴兀典爲罪首，榜通衢云。

[1]鄭西：鄭州之西。鄭州治所在今河南省鄭州市。

[2]家貲：家中財産。“貲”與“資”字通。

石盞女魯歡，本名十六。[1]興定三年，[2]以河南路統軍使爲元帥右都監，[3]行平凉元帥府事。[4]先是，陝西行省胥鼎言：[5]“平凉控制西垂，[6]實爲要地。都監女奚烈古里間材識凡庸，[7]不閑軍務，[8]且以入粟補官，[9]遂得升用，握重兵，當方面，豈能服衆。防秋在邇，[10]宜選才謀、有宿望、善將兵者代之。”故以命女魯歡。

［1］石盞女魯歡，本名十六：石盞，女真姓，亦作“赤盞”“石琖”“食盞”。本書《金國語解》，“十六曰女魯歡”。所以“女魯歡”即本名，“十六”是“女魯歡”的漢語意譯。

［2］興定：金宣宗年號（1217—1222）。

［3］河南路統軍使：河南路統軍司長官。主管督領軍馬，鎮攝封陲，分管營衛，視察奸僞。正三品。治所在今河南省開封市。元帥右監軍：都元帥府屬官。與元帥左監軍同爲正三品，位在左監軍之下。

［4］平涼：府名。治所在今甘肅省平涼市。

［5］胥鼎：代州繁畤縣（今山西省繁峙縣）人。世宗大定二十八年（1188）進士，尚書右丞胥持國之子。哀宗時官至平章政事，封英國公，爲金朝後期一代名相。本書卷一〇八有傳。

［6］西垂：西部邊疆。“垂”與“陲”字通。

［7］都監：即元帥都監，爲都元帥府屬官。有元帥左都監和右都監之分，皆爲從三品。　女奚烈古里間：女真人。生平不詳。

［8］閑：與“嫻”字通。意爲熟悉。

［9］入粟補官：向國家進獻糧食換取官職，即以糧買官。

［10］防秋：古代軍事術語。意爲備戰。古人多於秋季莊稼收割後舉行大規模的軍事行動，所以稱備戰爲“防秋”。

十一月，女魯歡上言：“鎮戎赤溝川，[1]東西四十里，地無險阻，當夏人往來之衝，[2]比屢侵突，金兵常不得利。明年春，當城鎮戎，彼必出兵來撓。乞於二三月間，徵傍郡兵聲言防護，且令鄜、鞏各屯兵境上示進伐之勢，[3]以掣其肘。臣領平涼之衆由鎮戎而入，攻其心腹。彼自救之不暇，安能及我，如此則鎮戎可城，而彼亦不敢來犯。又所在官軍多河北、山西失業之人，其家屬仰給縣官，每患不足。鎮戎土壤肥沃，又且平衍，臣裨將所統幾八千人，[4]每以遷徙不常爲病。若授以荒田，使耕且戰，則可以禦備一方，縣官省費而食亦足矣。其餘邊郡亦宜一體措置。”上嘉納焉。遷昌武軍節度使。[5]

［1］鎮戎（róng）赤溝川：鎮戎，州名。治所在今寧夏回族自治區固原市。赤溝川，地名。當在固原市境内。

［2］夏人：指西夏人。　衝：要衝、要道。

［3］鄜（fū）、鞏：州名。鄜州治所在今陝西省富縣，鞏州治所在今甘肅省隴西縣。

［4］裨將：即副將。

［5］昌武軍：州軍名。治所在今河南省許昌市。

元光二年九月，[1]又言：“商洛重地，[2]西控秦陝，[3]東接河南，軍務繁密，宜選才幹之士爲防禦使、攝帥職以鎮之。又舊來諸隘守禦之官，並從帥府辟置，其所辟者多其親暱，殖産營私，專事漁獵，及當代去，又復保留，此最害之甚者。宜令樞府選舉，[4]以革其弊。又州之戍兵艱於饋運，亦合依上屯田，以免轉輸之費。”又言：“每年防秋，諸隘守者不過數十人，餘衆盡屯保安、石門、大荆、洛南以爲應援，[5]中間相距遠至百里，倉猝豈能徵集。宜近隘築營，徙見兵居之，以待緩急。又南邊所設巡檢十員，[6]兵率千人，此乃平時以詰姦細者，已有大軍，宜悉罷去。”朝廷略施行之。

[1]元光：金宣宗年號（1222—1223）。

[2]商洛：地區名。泛指商州和洛州地區，今陝西省商洛市及河南省洛陽市一帶。

[3]秦陝：地區名。泛指今陝西省南部和甘肅省天水市一帶。

[4]樞府：指樞密院和元帥府。

[5]保安、石門、大荆、洛南：保安，州名。治所在今陝西省志丹縣。石門，山名。在今陝西省旬邑縣東。大荆，其地不詳。洛南，縣名。治所在今陝西省洛南縣。

[6]巡檢：即都巡檢使，正七品。本書卷五七《百官志三》，"諸州都巡檢使各一員"。

正大九年二月，以行樞密院事守歸德。[1]乙丑，大元將忒木解率真定、信安、大名、東平、益都諸軍來攻。[2]是日，無雲而雷，有以《神武秘略》占之者，[3]曰"其城無害"，人心稍安。適慶山奴潰軍亦至，城中得之，頗有鬬志。己巳，提控張定夜出斫營，[4]發數砲而還。定平日好談兵，女魯歡令自募一軍，使爲提控，小試而勝，上下遂恃以爲可用。初患砲少，欲以泥或墫爲之，議者恐爲敵所輕，不復用。父老有言北門之西一菜圃中時得古砲，云是唐張巡所埋，[5]掘之得五千有奇，上有刻字或"大吉"字者。大兵晝夜攻城，駐營于南城外，其地勢稍高。相傳是安禄山將尹子奇於此攻巡、遠，[6]得睢陽。[7]時經歷冀禹錫及官屬王璧、李琦、傅瑜極力守禦，[8]城得不拔。

[1]正大九年二月，以行樞密院事守歸德：正大，金哀宗年號（1224—1231）。行樞密院事，行樞密院長官，代行樞密使的職權，

官署稱行院。歸德，府名。治所在今河南省商丘市。

[2]忒木觮（dǎi）：蒙古人，《元史》作“忒木台”。蒙古札剌兒部人，時爲蒙古軍帥。其事迹見《元史》卷一三一《奥魯赤傳》。　真定、信安、大名、東平、益都：府、縣名。真定府治所在今河北省正定縣，時亦爲河北西路治所。信安縣治所在今河北省永清縣東南。大名府治所在今河北省大名縣。東平府治所在今山東省東平縣，時亦爲山東西路治所。益都府治所在今山東省青州市，時亦爲山東東路治所。

[3]《神武秘略》：書名。

[4]提控：總領。　張定：生平不詳。

[5]張巡：唐代鄧州南陽（今河南省南陽市）人，中進士。唐玄宗天寶十四年（755），安禄山發動反唐叛亂，長安不守，中原板蕩。張巡率數千之衆以睢陽（即金之歸德府）孤城爲唐守。城陷，不屈而死。《新唐書》卷一九二有傳。

[6]安禄山：唐代營州（今遼寧省朝陽市）胡人。唐玄宗時身兼營州、范陽、河東三鎮節度使，發動反唐叛亂，攻陷河南和陝西許多城市，唐玄宗逃往四川。後因内訌，被其子安慶緒所殺。《新唐書》卷一九二有傳。　尹子奇：《新唐書》卷一九二有傳，作“尹子琦”。　遠：人名。即許遠，唐高宗宰相許敬宗的曾孫。安禄山叛，許遠官睢陽太守，與張巡同守孤城，城破遇害。《新唐書》卷一九二有傳。

[7]睢陽：縣名。歸德府依郭縣，治所在今河南省商丘市。

[8]冀禹錫：金末惠州龍山縣人。年少中進士，先後擔任過沈丘、考城、木石縣主簿，扶風縣丞，行樞密院都事等職。哀宗出奔歸德，擢應奉翰林文字、尚書省都事，蒲察官奴之亂被害。見《歸潛志》卷二。　王璧、李琦、傅瑜：王璧，時爲領兵元帥，天興二年（1232），哀宗從歸德奔蔡州，留王璧守歸德。李琦，山西人。爲領兵元帥，天興二年正月，崔立在汴京發動叛變，李琦與崔立之黨張俊民一起從陳州奔汴京，投靠崔立。後與李伯淵、黄摑三合等

合謀討殺崔立。傅瑜，生平不詳。

方大兵圍城，議決鳳池大橋水以護城，[1]都水官言，[2]去歲河決敖游堌時，[3]曾以水平量之，其地與城中龍興塔平，[4]果決此口則無城矣。及大兵至，不得已遣招撫陳貴往決之，[5]纔出門爲游騎所鈔，[6]無一返者。三月壬午朔，攻城不能下，大軍中有獻決河之策者，主將從之。河既決，水從西北而下，至城西南，入故濉水道，[7]城反以水爲固。求獻策者欲殺之，而不知所在。四月，以女魯歡爲總帥，佩金虎符。[8]罷司農司，[9]以其官蒲察世達爲集慶軍節度使、行六部侍郎。[10]温特罕道僧歸德府同知，[11]李無黨府判。[12]五月，圍城稍緩，頗遷民出城就食。

[1]鳳池：地名。今地不詳。

[2]都水官：指都水監官員，掌川澤、津梁、舟楫、河渠之事。本書卷五六《百官志二》，“外監東置於歸德，西置於河陰”。

[3]敖游堌：地名。所在地不詳。

[4]龍興塔：佛塔名。在歸德城中。

[5]招撫陳貴：招撫，即招撫使，爲招撫司長官。主管招納降附，安置流亡。本書卷一六《宣宗紀下》記，興定五年（1221），先後於單、懷兩州置招撫司。1973 年，在山東省冠縣徵集一方金末“招撫使印”（見景愛《金代官印集》，文物出版社 1991 年版，第 41 頁）。陳貴，生平不詳。

[6]鈔：包抄。“鈔”與“抄”字通。

[7]濉（suī）水：河名。今稱濉河，在安徽省東北部，源出今河南省開封市東南，經江蘇省泗洪縣入洪澤湖。

[8]金虎符：金代兵符的一種。以金製成，虎形，五左一右，左符留御前，右符由領兵官掌之。如有重要軍事行動或改易將帥，朝廷派專使持一左符至軍前，與右符勘合則領兵官奉命而行，若稍有差池，則可拒不奉命。

[9]司農司：官署名。原名勸農使司，宣宗興定六年（1222）罷，改設司農司，主管勸課天下力田，兼采訪公事。

[10]蒲察世達：女真人。章宗泰和三年（1203）中進士，時爲大司農卿。天興二年（1234），哀宗出奔歸德，世達到陳州督糧運。陳州兵變，脅從叛黨。後又逃往蔡州，哀宗復用之。　集慶軍：州軍名。治所在今安徽省亳州市。　行六部侍郎：即行臺尚書省六部侍郎。尚書省六部侍郎爲正四品，本書卷五五《百官志一》，"行臺官品皆下中臺一等"，所以行六部侍郎應爲從四品。

[11]温特罕道僧：女真人。生平不詳。　歸德府同知：爲歸德府尹副佐，正四品。

[12]李無黨：生平不詳。　府判：即歸德府判官。掌紀綱衆務，分判吏、户、禮案事，通檢推排簿籍。從六品。

十二月，哀宗次黄陵岡，[1]遣奉職术甲搭失不、奉職權奉御粘合斜烈來歸德徵糧。[2]女魯歡遣侍郎世達，治中王元慶權郎中，[3]儀封從宜完顏胡土權元帥，[4]護送載糧千五百石。是月晦二更發船。二年正月，達蒲城東二十里。[5]六軍給糧盡，[6]因留船不聽歸，且命張布爲幄，上遂用此舟以濟。

[1]黄陵岡：地名。亦作"黄陵堈"，在今山東省曹縣境内的黄河故道上。

[2]奉職：近侍局屬吏名。本書卷五六《百官志二》近侍局，"奉職三十人，舊名不入寢殿小底，又名帳外小底"。　术甲搭失

不：女真人。生平不詳。　奉御：近侍局屬吏名。原名入寢殿小底，正員十六人。　粘合斜烈：女真人。生平不詳。

[3]治中：即歸德府少尹。正五品。　王元慶：生平不詳。　郎中：即行六部郎中。

[4]儀封從宜：儀封，地名。從宜，本書卷四四《兵志》，“及南遷，河北封九公，因其兵假以便宜從事，沿河諸城置行樞密院元帥府，大者有‘便宜’之號，小者有‘從宜’之名”。　完顏胡土：女真人。亦作“完顏忽土”。

[5]蒲城：鎮名。時爲開州長垣縣屬鎮，治所在今河南省長垣縣。

[6]六軍：天子的軍隊。古代軍制，以一萬二千五百人爲一軍，諸侯小國一軍，中國二軍，大國三軍，天子以六軍臨之，所以稱天子的軍隊爲“六軍”。

及上來歸德，隨駕軍往往出城就糧，時城中止有馬用一軍近七百人。[1]用，山西人，與李辛同鄉里，[2]嘗爲辛軍彈壓，[3]在歸德權果毅都尉，[4]車駕至，授以帥職。此軍外復有官奴忠孝軍四百五十人。[5]河北潰軍至者皆縱遣之，故城中惟此兩軍。上時召用計事，而不及官奴，故官奴有異心。朝廷知兩人不協，恐生變。三月戊辰，制旨令宰相錫宴省中，[6]和解之。是夜，用撤備，官奴以兵乘之爲亂。明日，攻用軍，用敗走被殺，衆下城投水奪船而去者斯須而盡。

[1]馬用：原爲果毅都尉，到歸德後升爲元帥，被蒲察官奴所殺。

[2]李辛：《歸潛志》卷一一作“李新”。賜姓温撒，所以又稱

温撒辛。哀宗出奔歸德，李辛留守汴京，爲東面元帥。李辛跋扈，欲出逃，被完顏奴申派人追斬於城壕之中。

[3]彈壓：官名。本書《世宗紀》有彈壓謀克。現已出土的金官印中有“忠孝軍彈壓印”。1975 年，在遼寧省喀左縣出土一方“都彈壓所之印”（見景愛《金代官印集》，第 183、184 頁）。

[4]果毅都尉：金末所封的都尉名號之一，從三品。

[5]忠孝軍：軍名。本書卷四四《兵志》，“復取河朔諸路歸正人，不問鞍馬有無，譯語能否，悉送密院，增月給三倍它軍，授以官馬，得千餘人，歲時犒燕，名曰忠孝軍”。卷一二三《完顏陳和尚傳》，“忠孝一軍皆回紇、乃蠻、羌、渾及中原被俘避罪來歸者”。由於待遇優厚，戰鬬力很强。人數一度達到一萬八千人。

[6]錫：與“賜”字通。

官奴在雙門，[1]驅知府女魯歡至，言汝自車駕到府，上供不給，好醬亦不與，汝罪何辭。遂以一馬載之，令軍士擁至其家，檢其家雜醬凡二十甕，且出所有金貝，[2]然後殺之。即提兵入見，言“石盞女魯歡等反，臣殺之矣”。上不得已，就赦其罪，且暴女魯歡之惡。後其姪大安入蔡，上言求湔雪，[3]上復其官，語在《烏古論鎬傳》。[4]

[1]雙門：歸德城門名。

[2]金貝：中華點校本據殿本改爲“金具”。金具，金制器具。

[3]湔（jiān）雪：洗雪。平反昭雪。

[4]烏古論鎬：女真人。出身護衛，哀宗遷蔡，以鎬爲御史大夫，權參知政事。蔡州城破，鎬被執，以招息州不下，殺之。本書卷一一九有傳。

禾速嘉兀底代女魯歡爲總帥，[1]軍變，官奴無意害兀底，使二卒召之，道官奴有善意，兀底喜，各以金十星與之，[2]同見官奴。二卒復恐受金事泄，亦殺之。

[1]禾速嘉兀底：女真人。本書卷一八《哀宗紀下》作“和速嘉兀底不”，卷一一三《白撒傳》作“和速嘉兀地不”，卷一二三《楊沃衍傳》作“和速嘉兀迪”。

[2]星：即戥，稱上的記數點，表示單位。

初，河北潰軍至歸德，糧餉不給。朝廷命孛术魯阿海行總帥府事，[1]以親軍武衛皆隸之。往宿州就食，[2]軍士有不願者，誶語道中，朝廷聞之，使問其故。或言願入京或陳州，[3]阿海請從其願，以券給之，軍心稍定。既而令求誶語者，阿海得四人，斬之國子監前，[4]由是諸軍洶洶。二月庚子夜，劫府民武邦傑及蒲察斂住等凡九家，[5]一軍遂散。數日，遂有官奴之變。

[1]孛术魯阿海：女真人。生平不詳。

[2]宿州：治所在今安徽省宿州市。

[3]陳州：治所在今河南省淮陽縣。

[4]國子監：官署名。掌國子學和太學，是古代國家的最高教育管理機構。

[5]蒲察斂住：女真人。宣宗時酷吏之一，與蒲察合住、王阿里並稱“三賊”。哀宗正大初致仕，居歸德，至此被亂軍所殺。

蒲察官奴，[1]少嘗爲北兵所虜，往來河朔。[2]後以姦事繫燕城獄，[3]劫走夏津，[4]殺回紇使者得鞍馬資貨，[5]

即自拔歸。朝廷以其種人，特恩收充忠孝軍萬户。[6]此軍月給甚優，官奴日與群不逞博，爲有司所劾。事聞，以其新自河朔來，未知法禁，詔勿問。

[1]蒲察官奴：王鶚《汝南遺事》卷一記，官奴原是契丹人，後賜女真姓蒲察。

[2]河朔：地區名。泛指黄河以北廣大地區。

[3]燕城：古城名。指金中都，古稱燕京，遼爲南京析津府，金海陵王貞元元年（1153）遷都於此，改稱中都，治所在今北京市。

[4]夏津：地名。所在地不詳。

[5]回紇：族名。古鐵勒後裔，隋稱韋紇，唐代稱回紇，788年又改稱回鶻。曾在西北地區建立地方政權，國滅後分爲三支，一支遷葱嶺以西，後二支即今新疆維吾爾族的祖先。

[6]萬户：軍官名。金末義軍以三十人爲一謀克，五謀克爲一千户，四千户爲一萬户，官僅爲正九品。

移剌蒲阿攻平陽，[1]官奴請行，論功第一，遷本軍提控，佩金符。三峰山之敗，[2]走襄陽，[3]説宋制使以取鄧州自効，[4]制使信之，至與同燕飲。[5]已而，知汴城罷攻，復謀北歸。遣移剌留哥入鄧，[6]説鄧帥粘合，[7]稱欲劫南軍爲北歸計。留哥以情告粘合，官奴繼以騎卒十餘入城議事，粘合欲就甕城中擒之。[8]官奴知事泄，即馳還，見制使得騎兵五百，掠鄧之邊面小城，獲牛羊數百，宋人不疑。官奴掩宋軍得馬三百，至鄧州城下，移書粘合辨理屈直，留馬於鄧而去。乃縛忠孝軍提控姬旺，[9]詐爲唐州太守，[10]械送北行，隨營帳取供給，因得入汴。有言其出入南北軍、行數千里而不懾，其智略有可取者，宰相以爲然，乃使權副都尉。[11]未幾，提軍數百馳入北軍獵騎中，生挾一回紇而還。遂巡黄陵、八谷等處，[12]劫牛羊糧資甚衆，尋轉正都尉。又以軍至黄陵，幾獲鎮州大將，[13]於是中外皆以爲可用，遂拜爲元帥，統馬軍。

[1]移剌蒲阿：契丹人。《歸潛志》卷一一作“移剌蒲瓦”，《元史》卷一二二《按札兒傳》作“移剌不花”。本書卷一一二有傳。　平陽：府、路名。治所在今山西省臨汾市。

[2]三峰山之敗：三峰山，本書卷二五《地理志中》作“三封山”，在今河南省禹州市西南。哀宗天興元年（1232）正月，金蒙軍隊在三峰山決戰，金十五萬精鋭之師全軍覆没，是爲三峰山之敗。

[3]襄陽：南宋府名。治所在今湖北省襄樊市。

[4]制使：南宋官名。即制置使，《宋史》卷一六七《職官志七》，“制置使，不常置，掌經畫邊鄙軍旅之事”。

[5]燕飲：即宴飲。“燕”與“宴”字通。

[6]移剌留哥：契丹人。生平不詳。

[7]鄧帥粘合：契丹人。即鄧州元帥移剌粘合，本名粘合，亦作“粘割”“粘哥”“粘葛”“粘何”，漢名瑗。移剌粘合出身契丹貴族，爲世襲猛安。後以鄧州降於宋，改名劉介。宋授其兵馬鈐轄之職，病死襄陽。

[8]甕城：保護城門的月城。

[9]忠孝軍提控：即忠孝軍總領，爲忠孝軍領兵官。　姬旺：生平不詳。

[10]唐州太守：即唐州刺史，掌一州財政訴訟，宣導風俗等各種政務，獨不領兵。正五品。唐州治所在今河南省唐河縣。

[11]副都尉：都尉副佐。1978 年，在今山東省蒼山縣出土一方金代“虎威副都尉印”，銅官印側面刻有“壬辰年正月丑”六字（見景愛《金代官印集》，第 179 頁）。

[12]黄陵、八谷：地名。黄陵，即黄陵岡。八谷，不詳。

[13]鎮州：遼時稱儒州縉陽軍，金初改爲縉山縣，衛紹王崇慶元年（1212）升爲縉州，治所在今北京市延慶縣。

天興元年十二月，從哀宗北渡。上次黄陵岡，平章白撒率諸將戰，[1]官奴之功居多。及渡河朔，惟官奴一軍號令明肅，秋毫無犯。明年正月，上至歸德。知府石盞女魯歡以軍衆食寡，懼不能給，請於上，令河北潰軍至者就糧於徐、宿、陳三州，親衛軍亦遣出城就食，上不得已從之。乃召諭官奴曰：“女魯歡盡散衛兵，卿當小心。”

[1]平章白撒：平章，即平章政事。金尚書省於左、右丞相之下置平章政事二員，與尚書令、左右丞相並爲宰相，掌丞天子，平章萬機。從一品。白撒，女真人。即完顔白撒。本書卷一一三有傳。

是時，惟官奴忠孝軍四百五十人，馬用軍七百人，留府中。用本果毅都尉，上至歸德始升爲元帥，又嘗召之謀事，而不及官奴，故官奴始有圖用之志。是時，大元將忒木解守歸德。[1]官奴既總兵柄，私與國用安謀，[2]欲邀上幸海州。[3]及近侍局直長阿勒根兀惹使用安回，[4]附奏帖，謂海州可就山東豪傑以圖恢復，且已俱舟楫，可通遼東。上覽奏不從。又嘗請上北渡，再圖恢復，女魯歡沮之，自是有異心矣。且一軍倚外兵肆爲剽掠，官奴不之禁。於是，左丞李蹊、左右司郎中張天綱、近侍局副使李大節俱爲上言官奴有反狀。[5]上竊憂之，以馬軍總領紇石烈阿里合、内族習顯陰察其動静，[6]與朝臣言及，則曰："我從官奴微賤中起爲大帥，何負而反耶。卿等勿過慮。"阿里合、習顯知官奴漸不能制，反泄上意。上亦懼官奴、馬用相圖，因以爲亂，命宰執置酒和解之。用撤備。俄官奴乘隙率其軍攻用，用軍敗走。官奴亂殺軍民，以卒五十人守行宫，[7]劫朝官皆聚於都水毛花輦宅，[8]以兵監焉。驅參知政事石盞女魯歡至其家，悉出所有金具，然後殺之。乃遣都尉馬實被甲持刃劫直長把奴申於上前，[9]上初握劍，見實，擲劍於地曰："爲我言於元帥，我左右止有此人，且留侍我。"實不敢迫，逡巡而退。[10]凡殺朝官左丞李蹊已下三百餘人，軍將、禁衛、民庶死者三千。郎中完顔胡魯剌、都事冀禹錫赴水死。[11]

[1]大元將忒木䚟守歸德：中華點校本據本書卷一一七《粘哥荆山傳》和本卷《石盞女魯歡傳》的相關記載，改"守歸德"爲"攻歸德"。

[2]國用安：淄州人。原名安用，原是紅襖起義軍楊安兒的部下，曾投降蒙古，爲都元帥、行山東路尚書省事。復歸金朝，後又附宋，係反復無常之人。本書卷一一七有傳。

[3]海州：治所在今江蘇省連雲港市西南。

[4]近侍局直長：近侍局屬官。正八品。　阿勒根兀惹：女真人。"兀惹"亦作"兀撒惹"，生平不詳。

[5]左丞：即尚書左丞，爲金尚書省執政官。佐治尚書省事。正二品。　李蹊：金大興府（今北京市）人。進士出身，南渡後官吏部侍郎，曾被奸臣蒲察合住陷害而下獄，獲釋後任大司農。哀宗即位，官至尚書左丞，隨哀宗東巡到歸德，被蒲察官奴所害。　左右司郎中：爲尚書省左右司長官，又稱“首領官”。正五品。　張天綱：霸州人。衛紹王至寧元年（1213）進士，隨哀宗遷蔡，爲御史中丞，權參知政事。蔡州城破，被宋將陣珙所擄，不屈，後不知所終。本書卷一一九有傳。　近侍局副使：爲近侍局提點副佐，從六品。　李大節：生平不詳。

[6]紇石烈阿里合：女真人。生平不詳。　習顯：女真人。即完顔習顯，生平不詳。

[7]行宫：皇帝臨時駐蹕之處。

[8]都水：都水監官員。　毛花輦：人名。生平不詳。

[9]馬實：是蒲察官奴黨羽。　直長：即近侍局直長。　把奴申：女真人。生平不詳。

[10]逡（qūn）巡：亦作“逡循”“逡遁”，欲進不進，欲退不退，遲疑不决。

[11]郎中：即尚書省左右司郎中。　完顔胡魯剌：女真人。《歸潛志》卷一一有“完顔進德”，其官名亦爲郎中，疑二者是一人。“胡魯剌”是女真本名，“進德”是漢名。　都事：即尚書省左右司都事，正員二人，正七品。

禹錫字京甫，[1]龍山人。[2]至寧元年進士，[3]仕歷州郡有能聲。歸德受兵，禹錫爲行院都事，經畫守禦一府倚重。聞變，或勸以微服免，不從，見害。

[1]禹錫字京甫：《歸潛志》卷二，冀禹錫字“京父”。

[2]龍山：縣名。金惠州屬縣，治所在今遼寧省喀左縣南。

[3]至寧：金衛紹王年號（1213）。

是日薄暮，官奴提兵入見，言："赤盞女魯歡等反，[1]臣殺之矣。"上不得已，赦其罪，以爲樞密副使、權參知政事。[2]

[1]赤盞女魯歡：中華點校本據本卷的相關記載，改"赤盞"爲"石盞"。

[2]樞密副使：樞密使副佐，協助樞密使掌武備機密之事。從二品。

初，官奴之母，自河北軍潰，北兵得之。至是，上乃命官奴因其母以計請和，故官奴密與忒木觧議和事，令阿里合往言，欲劫上以降。忒木觧信之，還其母，因定和計。官奴乃日往來講議，或乘舟中流會飲。其遣來使者二十余輩，皆女直、契丹人，上密令官奴以金銀牌與之，勿令還營。因知王家寺大將所在，[1]故官奴畫斫營之策。[2]

[1]王家寺：佛寺名。時爲蒙古軍指揮部所在地。

[2]斫（zhuó）營：劫營，闖劫敵人軍營。

先是，忠孝軍都統張姓者，謂官奴決欲劫上北降，遂率本軍百五十人圍官奴之第，數之曰："汝欲獻主上，我輩皆大朝不赦者，[1]使安歸乎。"官奴懼，乃以其母出質，云："汝等若以吾母自北中來，疑我與北有謀，即殺之，我不恨。”張意稍解，即以好語與之約曰：“果如參政所言，今後勿復言講和，北使至即當殺之。”官奴曰：“殺亦可，不殺亦可，奏而殺之亦可。”張乃退。官奴即聚軍北草場，自言無反情，今勿復相疑也。遂畫斫營之策。

[1]大朝：指蒙古政權。《金史》爲元人所修，所以稱蒙古政權爲“大朝”“天朝”。

五月五日，祭天。軍中陰備火槍戰具，率忠孝軍四百五十人，自南門登舟，由東而北，夜殺外堤邏卒，遂至王家寺。上御北門，繫舟待之，慮不勝則入徐州而遁。四更接戰，忠孝初小却。再進，官奴以小船分軍五七十出栅外，腹背攻之。持火槍突入，北軍不能支，即大潰，溺水死者凡三千五百餘人，盡焚其栅而還。遂真拜官奴參知政事、兼左副元帥，[1]仍以御馬賜之。

[1]左副元帥：都元帥府屬官。掌征討之事。正二品。

槍制，以敕黄紙十六重爲筒，長二尺許，實以柳灰、鐵滓、磁末、硫黄、砒霜之屬，[1]以繩繫槍端。軍士各懸小鐵罐藏火，臨陣燒之，焰出槍前丈餘，藥盡而筒不損。蓋汴京被攻已嘗得用，今復用之。兵既退，官奴入亳州，留習顯總其軍。上御照碧堂，[2]無一人敢奏對者，日悲泣云：“自古無不亡之國、不死之君，但恨我不知用人，故爲此奴所囚耳。”於是，内局令宋乞奴與奉御吾古孫愛實、納蘭圪荅、女奚烈完出密謀誅官奴。[3]或言，官奴密令兀惹計構國用安，脅上傳位，恢復山東。事不成則獻上於宋，自贖反復之罪。

[1]柳灰：中華點校本據殿本改爲“柳炭”。
[2]照碧堂：歸德城内一座殿堂名。
[3]内局令：按本書《百官志》無内局令之名。疑爲内侍局令，掌正位閤門之禁，率殿位都監、同監及御直各給其事。正員二人，從八品。　宋乞奴：本書卷一八《哀宗紀下》作“宋珪”。吾古孫愛實、納蘭圪荅、女奚烈完出：皆爲女真人，生平俱不詳。

官奴以己未往亳州。辛酉，召之還，不至。再召，乃以六月己卯還。上諭以幸蔡事，[1]官奴憤憤而出，至於扼腕頓足，意趣叵測。上决意欲誅之，遂與内侍宋乞奴處置，令裴滿抄合召宰相議事，[2]完出伏照碧堂門間。官奴進見，上呼參政，官奴即應。完出從後刺其肋，上亦拔劍斫之。官奴中創投城下以走，[3]完出叱忔荅、愛實追殺之。

[1]蔡：州名。治所在今河南省汝南縣。
[2]裴滿抄合：女真人。生平不詳。
[3]城下：中華點校本據文義改爲“階下”。

忠孝軍聞難皆擐甲，完出請上親撫慰之。名呼李泰和，[1]授以虎符，使往勞軍，因召范陳僧、王山兒、白進、阿里合。[2]進先至，殺之堂下。阿里合中路覺其事，悔發之晚，爲亂箭所射而死。乞奴、愛實、忔荅皆授節度使、世襲千户，完出兼殿前右衛將軍，[3]范陳僧、王山兒忠孝軍元帥。於是，上御雙門，赦忠孝軍以安反側。除崔立不赦外，其餘常所不原者咸赦之。

[1]李泰和：生平不詳。

[2]范陳僧、王山兒、白進：生平俱不詳。

[3]殿前右衛將軍：殿前都點檢司屬官。掌宫禁及行從宿衛警嚴，總領護衛。

初，官奴解睢陽之圍，侍從官屬久苦飢窘，聞蔡州城池堅固、兵衆糧廣，咸勸上南幸。惟官奴以嘗從點檢内族斜烈過蔡，[1]知其備禦不及睢陽，力争以爲不可，故號於衆曰："敢言南遷者斬。"衆以官奴爲無君，諷上早爲計，會其變，遂以計誅之。後遣烏古論蒲鮮如蔡，[2]還言其城池兵糧果不足恃，上已在道，無可奈何。及蔡受兵，始悔不用官奴之言，特詔尚書省月給其母妻糧，[3]俾無失所。

[1]内族斜烈：女真人。即完顔斜烈，天興三年（1232）正月，蔡州城陷，斜烈從哀宗自焚殉國。

[2]烏古論蒲鮮：女真人。生平不詳。

[3]尚書省：行政官署名。金熙宗確立中書、門下、尚書三省制，至海陵王即位，實行官制改革，罷中書、門下兩省，衹設尚書省，成爲金朝最高政務機關。

習顯既黨官奴，一日率忠孝軍劫官庫金四千兩。上命歸德治中温特罕道僧、帥府經歷把奴申鞫問，[1]顯伏罪下獄。官奴變，顯脱走，殺總領完顔長樂於宫門，[2]殺道僧、奴申於其家，遂奔亳。及官奴伏誅，詔點檢阿勒根阿失荅即亳州斬顯及忠孝軍首領數人。[3]兀惹使用安未還，伺於中路，數其罪殺之。

[1]歸德治中温特罕道僧：歸德治中，即歸德府少尹。正五品。温特罕道僧，女真人。生平不詳。　鞫（jū）問：審訊，推問。

[2]完顔長樂：女真人。生平不詳。

[3]阿勒根阿失荅：女真人。生平不詳。

内族慶山奴名承立，字獻甫，統軍使枴山之子，[1]平章白撒之從弟也。爲人儀觀甚偉，而内惟怯無所有。[2]至寧初，宣宗自彰德赴闕，[3]慶山奴迎見於臺城。[4]宣宗喜，遣先還中都觀變。宣宗既即位，以承立爲西京副留守，[5]權近侍局直長，進官五階，[6]賜錢五千貫，且詔曰："汝雖授此職，姑留侍朕，遇闕赴之，[7]仍給汝副留守禄。此朕特恩，宜知悉也。"貞祐初，遷武衛軍副都指揮使，[8]兼提點近侍局。胡沙虎專權僭竊，[9]嘗爲宣宗言之，後胡沙虎伏誅，慶山奴愈見寵倖，以爲殿前右副都點檢。三年，大元兵圍中都，詔以慶山奴爲宣差便宜都提控，[10]率所募兵往援。俄爲元帥右都監，[11]行帥府事，兼前職。

[1]統軍使：統軍司長官。督領軍馬，鎮攝邊陲，分掌營衛，視察奸僞。正三品。　枴山：女真人。即完顔枴山。"枴"是"拐"的本字。

［2］惟怯：中華點校本據殿本改爲“恇怯”。

［3］宣宗：廟號。金朝第八任君主完顔珣，本名吾睹補。1213年至1223年在位。本書卷一四至卷一六有紀。　彰德：府名。治所在今河南省安陽市。

［4］臺城：鎮名。在今河北省邯鄲市西南。

［5］西京副留守：西京留守副佐，兼西京路兵馬副都總管，從四品。

［6］進官五階：升散官階五級。

［7］闕：與“缺”字通。

［8］武衛軍副都指揮使：武衛軍都指揮使副佐，掌防屯都城，警捕盜賊。正員二人，從四品。

［9］胡沙虎：女真人。即紇石烈執中，本書卷一三二有傳。

［10］宣差便宜都提控：都提控意爲總提控，前加“宣差便宜”四字，意爲有相當的自決權。1975年5月，在遼寧省法庫縣出土一方金代“宣差都提控印”（見景愛《金代官印集》，第63頁）。

［11］元帥右都監：都元帥府屬官。與元帥左都監同爲從三品，位在左都監之下。

四年，知慶陽府事，[1]兼慶原路兵馬都總管，[2]以所獲馬駞進，詔諭曰：“此皆軍士所得，即以與之可也。朕安用哉，後勿復進。”因令徧諭諸道帥府焉。

［1］知慶陽府事：即慶陽府尹，爲慶陽府行政長官。總判慶陽府事，兼本路兵馬都總管。正三品。慶陽府治所在今甘肅省慶陽市。

［2］慶原路兵馬都總管：慶原路兵馬都總管府長官，由慶陽府尹兼任。掌統諸城隍兵馬甲仗，總判府事。正三品。治所在今甘肅省慶陽市。

興定元年正月，[1]大元兵及夏人迴經寧州，[2]慶山奴以兵邀擊敗之，以功進元帥左都監，兼保大軍節度使，[3]行帥府事於鄜州。二年五月，夏人率步騎三千由葭州入寇，慶山奴以兵逆之，戰于馬吉峰，[4]殺百餘人，斬酋首二級，生擒數十人，獲馬三十餘匹。三年四月，夏人據通秦寨，[5]慶山奴遣提控納合買住討之。[6]夏人以步騎二萬逆戰，買住擊敗之，夏人由葭蘆川遁去，[7]凡斬首八百級。俄而，復攻寨據之，慶山奴率兵與戰，斬首五千級，復其寨。詔賜慶山奴金帶一，將士賞賚有差。四年四月，破夏兵于宥州，[8]斬首千餘級，遂圍神堆府。[9]慶山奴四面攻之，士卒方登陴，[10]援兵大至，復擊走之。

[1]興定：金宣宗年號（1217—1222）。

[2]寧州：治所在今甘肅省寧縣。

[3]保大軍：州军名。治所在今陝西省富縣。

[4]馬吉峰：地名。所在地不詳。

[5]通秦寨：寨堡名。在今陝西省佳縣西北。

[6]納合買住：女真人。後爲盱眙總帥，降於宋。見本書卷一二四《畢資倫傳》。

[7]葭蘆川：地名。所在地不詳。

[8]宥（yòu）州：西夏州名。治所在今陝西省靖邊縣長城外的紅柳河左岸。

[9]神堆府：地名。亦作“神堆驛”，在今陝西省横山縣北。

[10]陴（pí）：城牆上的女牆。

正大四年，李全據楚州，[1]詔以慶山奴爲元帥，同總帥完顔訛可將兵守盱眙，[2]且令城守勿出戰。已而，全軍盱眙界，二帥迎敵大敗，死者萬餘人，委棄資仗甚衆。時軍無見糧，轉輸不繼，民疲奔命，愁歎盈路。諸相不肯正言，樞密判官白華拜章乞斬之以謝天下，[3]不報。降爲定國軍節度使，[4]又以受賂奪一官。

[1]李全據楚州：李全，金山東濰州北海（今山東省濰坊市）人，紅襖起義軍首領，先附宋，後降蒙，終敗死。《宋史》卷四七六、四七七有傳。楚州治所在今江蘇省淮安市。

[2]完顔訛可：女真人。本書卷一一一本傳記，金末有兩完顔訛可，皆護衛出身，一曰“草火訛可”，一曰“板子訛可”。此訛可不詳，待考。　盱（xū）眙（yí）：縣名。爲泗州依郭縣，治所在今江蘇省盱眙縣北的淮河北岸，舊址已沉入洪澤湖中。

[3]樞密判官：樞密院屬官。本書《百官志》失載。　白華：本書卷一一四有傳。

[4]定國軍：州軍名。按金代無定國軍之號。本書卷二五《地理志中》和卷二六《地理志下》分别記邢州和同州皆爲“安國軍”，二者中必有一誤。本書卷五八《百官志四》，“泰和元年八月，安國軍節度使高有鄰言：‘本州所掌印三，曰安國軍節度使之印。曰邢州觀察使印，吏、户、禮案用之。曰邢州之印，兵、刑、工案用之’”。由此知安國軍節度使設在邢州。疑定國軍節度使應在同州，治所在今陝西省大荔縣。

八年正月，鳳翔破，[1]兩行省徙京兆居民於河南，[2]令慶山奴以行省守之。時京兆行省止有病卒八百、瘦馬二百，承立懼不能守，屢上奏請還。每奏一帖，附其兄白撒一書，令爲地，[3]朝廷不許。十月，慶山奴棄京兆還朝，[4]留同知乾州軍州事、保義軍提控苟琪守之。[5]

[1]鳳翔：府、路名。治所在今陝西省鳳翔縣。

[2]兩行省：指京兆行省和平凉行省。治所分别在今陝西省西安市和甘肅省平凉市。

[3]地：指迴旋的餘地。

[4]十月，慶山奴棄京兆還朝：按本書卷一七《哀宗紀上》記此事在九月。

[5]同知乾州軍州事：即乾州同知。爲乾州刺史副佐，掌通判州事。正七品。乾州治所在今陝西省乾縣。　保義軍：軍名。不詳。　苟琪：生平不詳。

慶山奴行至閿鄉，哀宗遣近侍裴滿七斤授以黄陵岡從宜，[1]不聽入見。未幾，代徒單兀典行省事於徐州。九年正月，自徐引兵入援，選精鋭一萬五千，與徐帥完顏兀論統之，[2]將趨歸德。義勝軍總領侯進、杜政、張興等率所部三千人降大兵。[3]慶山奴留睢州三日不敢進，[4]聞大兵且至，懼此州不可守，退保歸德。二月，行次楊驛店，[5]遇小乃鰐軍，[6]遂潰。兀論戰死，慶山奴馬躓被擒，[7]惟元帥郭恩、都尉烏林荅阿督率三百餘人走歸德。[8]

[1]裴滿七斤：女真人。生平不詳。

[2]完顏兀論：女真人。宰相完顏賽不的侄子。

[3]義勝軍：軍名。義軍的一支。　侯進、杜政、張興：三人事迹見本書卷一一七《徒單益都傳》。

[4]睢州：治所在今河南省睢縣。

[5]楊驛店：地名。在今河南省寧陵縣西。

[6]小乃斛：蒙古人。亦作“笑乃斛”“肖乃台”，姓怯烈氏，爲蒙古國王木華黎的先鋒軍帥。《元史》卷一二〇有傳。

[7]馬躓：戰馬失蹄跌倒。

[8]郭恩：時爲元帥右都監，後叛金降宋，係反復無常之人。烏林荅阿：女真人。生平不詳。

大兵以一馬載慶山奴，擁迫而行，道中見真定史帥，[1]承立問曰：“君爲誰？”史帥言：“我真定五路史萬户也。”承立曰：“是天澤乎？”曰：“然。”曰：“吾國已殘破，公其以生靈爲念。”及見大帥忒木斛，誘之使招京城，不從，又偃蹇不屈，左右以刀斫其足折，亦不降，即殺之。議者以承立累敗不能解其軍職，死有餘責，而能以死報國，亦足稱云。

[1]真定史帥：指蒙古真定府都元帥史天澤。其兄史天倪原爲真定守將，被恒山公武仙殺死，史天澤繼其兄帥真定。《元史》卷一五五有傳。

初，睢州刺史張文壽聞大兵將至，[1]遷旁縣居民入城，大聚芻粟，[2]然無固守意，日夜謀走以自便。既而，聞承立入援，即以州事付其僚佐，托以應援徐兵，夜啓關挈家走歸德，[3]慶山奴以爲行部郎中，死楊驛。俄大兵圍睢州，以無主將，故殘破之甚也。

[1]睢州刺史張文壽：睢州刺史，爲睢州軍政長官，主治睢州

事。正五品，張文壽，原爲哀宗近侍，正大五年（1228），因有受賄行爲被監察御史烏古論不魯剌所劾，出爲睢州刺史。

[2]芻粟：糧草。

[3]啓關：打開城門閂。

兀論，承相賽不之姪，[1]元光間例以諸帥爲總領，[2]兀論以丞相故獨不罷。金朝防近族而用疏屬，故白撒、承立、兀論輩皆腹心倚之。

[1]賽不：女真人。即完顔賽不。本書卷一一三有傳。

[2]元光間例以諸帥爲總領：按元光間爲“正大間”之誤。本書卷一二三，完顔斜烈落帥職爲總領。此例以諸帥爲總管，即落帥職爲總管，非元帥亦稱爲總管。

贊曰：官奴素行反側，倏南倏北，[1]若龍斷然。[2]哀宗一旦倚爲腹心，[3]終爲所制，照碧之處何異幽囚，其事與梁武、侯景大同而小異。[4]徒單兀典、慶山奴爲將皆貪，宜數取敗。女魯歡無大失行，而死於官奴，哀宗猶暴其罪，冤哉。

[1]倏（shū）南倏北：忽而南忽而北。“倏”，原意爲忽然。

[2]龍（lǒng）斷：原意爲斷而高的崗壟，引申爲獨占的行爲。

[3]哀宗：廟號。金朝末代皇帝，本名寧甲速，原名守禮，後改爲守緒。1224 年至 1234 年在位。本書卷一七至卷一八有紀。

[4]梁武、侯景：梁武，即梁武帝，是南朝梁政權的開國皇帝，名蕭衍。侯景，南北朝侯朔鎮（今内蒙古自治區包頭市東北）人。原爲北魏大將，降梁，受到梁武帝信任，封河南王。548 年，侯景

發動叛亂，攻破建康（今江蘇省南京市），梁武帝忿恨而死。侯景後被陳霸先打敗，爲其部下所殺。

金史　卷一一七

列傳第五十五

徒單益都　粘哥荆山 劉均等附　王賓 王進等附　國用安
時青

徒單益都，不詳其履歷，嘗累官爲延安總管。[1]正大九年正月，[2]行省事於徐州。[3]時慶山奴撤東方之備入援，[4]未至睢州，[5]徐、邳義勝軍總領侯進、杜政、張興率本軍降大兵於永州。[6]辛丑，大兵守徐張盆渡。[7]益都到官才三日，懼兵少不能守，即令移剌長壽率甲士千人迎大兵。[8]長壽軍無紀律，大兵掩之，一軍皆覆，徐危甚。益都籍州人及運糧埽兵得萬人。[9]乙巳，大兵傅城，[10]燒南關而去。侯進既降北，即以爲京東行省，[11]進遂請千人來襲。二月庚申未明，大兵坎南城而上，[12]守者皆散走，城中大呼曰："大兵入南門矣。"益都聞之不及甲，率州署夜直兵三百，[13]由黄樓而南，[14]力戰禦敵。亂定，遷賞有差。

［1］延安總管：即鄜延路兵馬都總管，由延安府尹兼任。掌統諸城隍兵馬甲仗，總判延安府事。正三品。治所在今陝西省延安市。

［2］正大：金哀宗年號（1224—1232）。

［3］行省事於徐州：即在徐州成立代行尚書省權事的機構，簡稱行省。徐州治所在今江蘇省徐州市。

［4］慶山奴：女真人。即完顏承立，出身貴族家庭，宣宗時以軍功爲元帥左都監，爲將怯懦無能，先後行省於鄜州和徐州。哀宗正大九年（1232）自徐州領兵馳援歸，被蒙古軍隊俘虜，不屈而死。本書卷一一六有傳。

［5］睢（suī）州：治所在今河南省睢縣。

［6］邳（pī）：州名。治所在今江蘇省邳州市西南的古邳城。　義勝軍：軍名，金末義軍的一支。　總領：金末招募義軍，以四萬户爲一副統，兩副統爲一都統，都統官之外，另設一總領官提控，所以有時亦稱總領爲提控。從五品。　侯進、杜政、張興：生平均不詳。　大兵：指蒙古軍隊。《金史》是元朝人所修，所以稱蒙古軍爲“大兵”。　永州：原爲永城縣，金宣宗興定五年（1221）十二月升爲永州，治所在今河南省永城縣。

［7］張盆渡：黄河渡口名。在今江蘇省徐州市附近。

［8］移剌長壽：契丹人。生平不詳。

［9］埽兵：爲修護江河的軍隊。

［10］傅：與“附”字通，意爲靠近。

［11］京東行省：蒙古所設的行省名。管轄汴京以東地區。

［12］坎南城而上：從城南挖地洞爬上城牆。

［13］州署夜直兵：徐州官署夜晚值宿的軍隊。“直”與“值”字通。

［14］黄樓：地名。所在地不詳。

由是，軍勢稍振，復奪張盆渡，取蕭縣，[1]破白塔，[2]戰於土山，救被俘老幼五千還徐。既而，侯進亡命駐靈璧，[3]杜政、張興亦慮爲北所害，窮窘自歸。益都撫而納之，興留徐，杜政還邳州。

[1]蕭縣：治所在今安徽省蕭縣北的黄河北岸。

[2]白塔：地名。所在地不詳。

[3]靈璧：縣名。治所在今安徽省靈璧縣。

益都資稟仁厚，持大體，二子兩姪爲軍將，頗侵漁軍民。青州人王祐爲埽兵總領，[1]將兵千七百人，益都常倚之，雖有過亦不責。以故祐亦横恣，與河間張祚、下邑令李閏、義勝都統封仙、遥授永州刺史成進忠輩，[2]乘軍政廢弛，城中空虚，以六月丁巳夜燒草場作亂。時張興卧病，祐恐事不成，起興與同行。益都疑左右皆叛，挈妻子縋城而出，就從宜衆僧奴及東面總領劉安國軍。[3]張興推祐爲都元帥，[4]復懼祐圖己，遂誅祐，並張祚殺之，因大掠城中。壬戌，國用安以行山東路尚書省事率兵至徐，[5]張興率甲士迎之。用安輕騎而入，執興與其黨十餘人，斬之于市，遂以封仙爲元帥，兼節度使，[6]主徐州。

[1]青州：治所在今山東省青州市。　王祐：生平不詳。

[2]河間張祚：河間，府名。治所在今河北省河間市。張祚，生平不詳。　下邑令李閏：下邑令，即下邑縣令。下邑縣治所在今河南省下邑縣。李閏，生平不詳。　義勝都統封仙：義勝都統，即

義勝軍都統，正七品。封仙，曾被國用安封爲郡王，後被王德全所殺。　遥授永州刺史成進忠：遥授，意爲授官而因故不能到職視事。永州刺史，爲永州行政長官，主治州事。正五品。成進忠，生平不詳。

[3]從宜衆僧奴：從宜，是官名前所加的稱號，即從宜軍帥。本書卷四四《兵志》，“及南遷，河北封九公，因其兵假以便宜從事，沿河諸州置行樞密院元帥府，大者有‘便宜’之號，小者有‘從宜’之名”。衆僧奴，契丹人。又作“衆家奴”，即移剌衆家奴，本書卷一一八有傳。　劉安國：後被國用安所殺。

[4]都元帥：都元帥府長官。掌兵馬征討之事。從一品。

[5]行山東路尚書省事：山東行省長官。主行省事。此山東行省爲蒙古所設。

[6]節度使：節度州長官。掌鎮撫諸軍防刺，總判本鎮兵馬，兼本州管内觀察使事。從三品。

益都窘無所歸，乃奔宿州，[1]節度使紇石烈阿虎以益都爲人所逐不納，[2]乃與諸將駐于城南。時宿之鎮防軍有逃還者，阿虎以爲叛歸亦不納。城中鎮防千户高臘哥，[3]結小吏郭仲安，謀就徐州將士内外相應以取宿，因歸楊妙真。[4]甲戌夜半，開門納徐州總領王德全及妻弟高元哥軍，[5]劉安國尋亦入城，縛阿虎父子殺之。州中請益都主帥府事，益都不從曰：“吾國家舊人，爲將帥亦久，以資性疏迂不能周防，遂失重鎮。今大事已去，方逃罪不暇，豈有改易髻髮、奪人城池，以降外方乎！”即日，率官吏而行，至穀熟東，[6]遇大兵，不屈而死。

[1]宿州：治所在今安徽省宿州市。

[2]紇石烈阿虎：女真人。後被劉安國所殺。

[3]千户：女真語爲猛安。金末義軍以三十人爲一謀克，五謀克爲一千户，千户已成爲流外官。　高臘哥：生平不詳。

[4]楊妙真：金山東益都府（今山東省青州市）人。紅襖起義首領楊安兒之妹，人稱“四娘子”。楊安兒死後，楊妙真代領其衆，與李全結爲夫婦。李全死，楊妙真逃歸故里，病死。

[5]王德全：後被封爲郡王。天興二年（1233）三月，被完顔仲德執而殺之。

[6]穀熟：縣名。治所在今河南省商丘市東南。

徐州既歸海州，[1]邳帥兀林荅某亦讓印於杜政，[2]遂送款於用安。已而，宿州王德安、劉安國亦送款海州。惟安國不改髻髮，[3]以至於死云。

[1]海州：治所在今江蘇省連雲港市西南。

[2]兀林荅某：兀林荅，亦作“烏林荅”，女真姓氏，佚其名，故以“某”稱之。

[3]惟安國不改髻髮：“安國”，中華點校本據殿本改爲“益都”。

粘哥荆山，不知其所始，正大中，累官亳州節度使。[1]九年正月己丑，游騎自鄧至亳，[2]鈔鹿邑，[3]營於衛真西北五十里。[4]鹿邑令高昂霄知太康已降，[5]即夜趍亳，道出衛真，呼縣令楚珩約同行。[6]珩知勢不支，即明諭縣人以避遷之意，遂同走亳。丁未，二邑皆降。是日，軍至亳州城下。州止有單州兵四百人，[7]號“鎮安軍”，提控楊春、邢某、都統戴興屯已六年。[8]荆山悉籍城中丁壯爲軍，修守具，而大兵亦不暇攻。四月，擁降民而北，城門閉，不之知也。

[1]亳州：治所在今安徽省亳州市。

[2]游騎：指蒙古軍隊的前哨騎兵。　鄧：州名。治所在今河南省鄧州市。

[3]鈔鹿邑：鈔，與“抄”字通，意爲抄掠。鹿邑，縣名。治所在今河南省鹿邑縣西。

[4]衛真：縣名。治所在今河南省鹿邑縣。

[5]高昂霄：生平不詳。　太康：縣名。本書卷二五《地理志中》作“泰康”，治所在今河南省太康縣。

[6]楚珩（héng）：生平不詳。

[7]單州：治所在今山東省單縣。

[8]提控：武職，相當於總領，有時亦稱總領爲提控。　楊春：參加紅襖軍，先降蒙，後降宋。　戴興：生平不詳。

五月，縱遷民收麥，老幼得出，丁壯悉留之。民往往不肯留而遁，數日，城爲之空。荆山遣將領各詣所屬招之，並將領亦不返。“鎮安”者皆紅襖餘黨，[1]力盡來歸，變詐反覆，朝廷終以盜賊待之。荆山以遷民爲軍，蓋防之也。及召外兵不至，乃請於歸德，[2]得甲騎百餘，兩總領統之。既至，“鎮安”疑其謀已，乃乘將士新到不設備，至夜，掩殺殆盡。荆山出走衛真，楚珩與之馬而去，州中豪貴悉被剽略。

[1]紅襖：指紅襖軍。金衛紹王、宣宗執政時，蒙古軍隊攻入

中原，天下大亂。山東、河北一帶爆發了大規模的反金起義，因起義將士皆衣紅襖，所以稱紅襖軍。

[2]歸德：府名。治所在今河南省商丘市。

劉堅者，[1]初爲大兵守城父，[2]亳州復，擒之，囚之於獄。楊春謀欲北降，乃出之，使爲宣差。[3]乙巳，大兵石總管入州，[4]改州爲順天府，春爲總管，[5]戴興爲同知，[6]劉順治中，[7]留党項軍千人戍之。[8]屬縣皆下，惟城父令李用宜不降，[9]其妻子在亳，春以爲質，竟不屈而死。春既據州，與劉堅坐樓上，召副提控邢某。[10]邢剛直循理，將士嚴憚之，時卧病，聞春亂，流涕不自禁。春遣人舁致之，邢指春大駡，春慚恧無言。春欲殺荆山家，邢力勸止之，且令給道路費送之出城，邢尋病卒。

[1]劉堅：生平不詳。

[2]城父：縣名。治所在今安徽省亳州市東南。

[3]宣差：官名前所加的稱號。有時省去官名，簡稱宣差。意爲受皇帝直接差遣，類似欽差。

[4]石總管：指石天禄。金泰安州（今山東省泰安市）人，父珪，原爲紅襖軍首領，後降蒙古，戰死。天禄襲父職，爲蒙古濟、兖、單三州管民總管，所以稱石總管。《元史》卷一五二有傳。

[5]總管：即兵馬都總管，爲金路一級軍政長官，兼總管府尹。正三品。此時蒙古是借用金朝的官名以封降將。

[6]同知：即順天府（亳州）同知。爲總管副佐。從四品。

[7]劉順：生平不詳。　治中：按本書《百官志》無治中官名，而人物傳記中屢見。經對比審核，知治中即府級屬官中少尹的

别稱，爲府尹的助理，正五品。

[8]党項：族名。古代羌人的一支，西夏政權的統治民族即党項。

[9]李用宜：生平不詳。

[10]副提控：爲提控官副佐。　邢某：名佚，生平不詳。

二年夏四月，[1]北省忒木觪攻歸德，[2]春以戴興提精卒以往，獨與疲弱者守城，州人王賓遂反正，春渡河北遁。既而，崔七斤爲亂，[3]殺王賓，朝廷不得已，以七斤爲節度使，就其兵仗入蔡。[4]八月，劉順攻亳州，破之，七斤爲城父令所殺。未幾，單州軍以州人殺其家屬，召大兵來攻，不能拔，殺屬縣民而去。既渡河，知亳人不疑，復來攻，州竟爲春所破。是年六月，[5]宋人來攻，春出降，劉堅北走。

[1]二年夏四月：中華點校本本卷校勘記云，此“二年”當指天興二年。

[2]忒木觪（dǎi）：札剌兒部蒙古人。《元史》作“忒木台”，時爲蒙古軍帥。其事迹見《元史》卷一三一《奥魯赤傳》。

[3]崔七斤：據《齊東野語》卷五記，崔七斤時爲亳州總領。

[4]蔡：州名。治所在今河南省汝南縣。

[5]是年六月：中華點校本本卷校勘記云，《齊東野語》卷五，“端平元年甲午，六月十二日入合肥，二十四日入亳州，總領七斤出降”。宋端平元年爲金天興三年，此“是年”當爲“明年”。

劉均者林慮人，[1]時爲亳州觀察判官。[2]春既逐荆山，納款大兵，[3]脅均同降。均佯應之，歸其家取朝服服之，顧謂妻子曰："我起身刀筆，[4]仰荷上知，始列朝著，又佐大藩，[5]死亦足矣。今頭顱已如此，假使有十年壽，何以見先帝於地下乎。"即仰藥而死。

[1]林慮：縣名。舊名林慮鎮，宣宗貞祐三年（1215）九月升爲節鎮，治所在今河南省林州市。

[2]亳州觀察判官：亳州屬官。掌紀綱觀察衆務，分判吏、户、禮案事，通檢推排簿籍。正七品。

[3]納款：歸降之意。修《金史》者站在元朝統治者立場上叙事，所以稱投降蒙古政權的行爲是"納款"。

[4]刀筆：亦作"刀筆吏"，指主管文書簿籍的低級官吏。

[5]大藩：原意爲重要的屏障，此喻指節度使。

王賓字德卿，亳州人。貞祐二年進士。[1]外若曠達，而深有謀畫。初調蘭陵主簿，[2]辟虹縣令，[3]尋入爲尚書省令史，[4]坐事罷歸鄉里。

[1]貞祐二年進士：貞祐，金宣宗年號（1213—1217）。檢金代科舉史料，貞祐二年無科舉事，本書記載有五處，均爲貞祐三年進士，所以此處"二年"應爲"三年"。

[2]蘭陵主簿：蘭陵縣屬官。主管文書簿籍等事。正八品。蘭陵縣治所在今山東省棗莊市南。

[3]虹縣：治所在今安徽省泗縣。

[4]尚書省令史：尚書省屬吏。正員七十人，漢、女真各三十五人。

天興元年正月，亳州軍變，[1]節度使粘哥荆山出走，楊春以州出降。既而，自以羸兵守之。賓與前譙縣尉王進、魏節亨、吕鈞約城中軍民復其州，[2]楊春遂遁，遣節亨詣歸德以聞。哀宗嘉之，授進節度使，賓同知節度使，[3]節亨節度副使，[4]鈞觀察判官。楊春復以兵來攻，月餘不能拔，即渡河而北。

[1]天興元年正月，亳州軍變：中華點校本本卷校勘記云，按本卷《粘哥荆山傳》記，亳州軍變發生在正大九年（即天興元年）五月，此作“正月”疑是誤記。天興，金哀宗年號（1232—1234）。

[2]譙（qiáo）縣尉：即譙縣縣尉，爲譙縣屬官。專掌巡捕盗賊，正八品。譙縣是亳州依郭縣，治所在今安徽省亳州市。　王進、魏節亨、吕鈞：生平俱不詳。按本書卷五七《百官志三》記，赤縣設縣尉四員，劇縣、諸縣衹置一員，赤縣下又記“餘縣置四尉者同此”。由此知赤縣外，特殊的劇縣也有置四尉者。譙爲亳州依郭縣，應屬特例，所以王進等三人當時皆爲縣尉。

[3]同知節度使：節度州屬官。爲節度使副佐，通判節度州事。正五品。

[4]節度副使：節度州屬官。從五品。

六月，哀宗遷蔡，賓奉迎於州北之高安，[1]上與語大悦，恨用之晚，擢爲行部尚書，世襲謀克。[2]上初至亳，賓等適徵民丁負鐵甲入蔡，及會計忠孝軍家屬口粮，[3]故留參知政事張天綱董之，[4]就遷有功將士。時亳之粮儲不廣，賓等常吝惜，軍士以此歸怨。及運甲之役，復不欲行。會天綱與賓等於一樓上銓次立功等第，[5]鎮防軍崔復哥、王六十之徒擐甲譁譟登樓，[6]天綱問曰：“即欲見殺，容我望闕拜辭。”[7]賊曰：“無預相公。”即拽賓及吕鈞往市中。鈞且行且跪，涕淚俱下。賓岸然不懼，大叫曰：“不過殺我。但殺，但殺。”乃並害之。節度副使魏節亨、節度判官孫良、觀察副使孫九住皆被害。[8]又數日，殺節度使王進。

[1]哀宗：廟號。金朝末代皇帝完顏守緒，本名寧甲速，漢名守禮，後改守緒。1224 年至 1234 年在位。本書卷一七至卷一八有紀。　高安：地名。在今河南省汝南縣北。

[2]行部尚書：即行六部尚書。本書卷五五《百官志一》，“行臺官品皆下中臺一等”，所以行部尚書應爲從三品。　世襲謀克：女真地方行政設置及長官的名稱。謀克相當於縣。又是女真貴族世襲爵，受封人有領地、封户。金代授世襲謀克者係女真、契丹人，授漢人世襲謀克實屬金末特例。

[3]會（kuài）計忠孝軍家屬口粮：會計，管理與發放。忠孝軍，軍名。本書卷四四《兵志》，“復取河朔諸路歸正人，不問鞍馬有無，譯語能否，悉送密院，增月給三倍它軍，授以官馬，得千餘人，歲時犒燕，名曰忠孝軍”。卷一二三《完顏陳和尚傳》，“忠孝一軍皆回紇、乃蠻、羌、渾及中原被俘避罪來歸者”。由於待遇優厚，至天興年間，忠孝軍增至一萬八千人。

[4]參知政事：金尚書省執政官。佐治尚書省事。正員二人，從二品。張天綱，本書卷一一九有傳。　董：主持、監督。

[5]銓次立功等第：衡量品評立功的名次和等級。

[6]崔復哥、王六十：生平俱不詳。

[7]闕：指朝廷。

[8]節度判官：節度州屬官。掌紀綱節鎮衆務，僉判兵馬之事，兼判兵、刑、工案事。正七品。　孫良：生平不詳。　觀察副使：按本書卷五七《百官志三》，節度州屬官中無觀察副使，疑爲同知觀察使的别稱，待考。　孫九住：生平不詳。

進嘗應荆山之募，由間道入汴京納奏，[1]賞以物不受，又散家所有濟貧民，以死自勵。至汴，以勞遷本州節度判官，[2]賜以白金，[3]亦不受，一時甚稱之。

[1]汴京：京城名。即當時的金朝都城開封，治所在今河南省開封市。

[2]以勞遷本州節度判官：按此處記事有誤。中華點校本本卷校勘記云，上文有“前譙縣縣尉王進”及“授進節度使”，始末甚明，則“以勞遷本州節度判官”者必非王進。上文節度使判官爲孫良，以此或叙孫良事，緣上文誤爲“王進”。或本叙王進事，而有訛誤。

[3]白金：指白銀。

有李喜住者，本宿州衆僧奴下宣差。天興二年四月，進粮入歸德，將還，聞亳州王進反正，制旨以喜住爲振武都尉，[1]將兵三千應援。是時，太赤圍亳步騎十萬，[2]喜住以衆寡不敵，獨與三人間道入城，王進方議遷左軍林，[3]喜住不可，進即以兵付喜住。大兵攻八日不能下，五月壬子，兵退。

[1]振武都尉：都尉原名總領，哀宗正大二年（1225）改爲都尉，官品也由原來的從五品升爲正四品。四年，又升爲從三品。哀宗時共封十三都尉（或記爲十五都尉），各有名號，振武都尉是其中之一。

[2]太赤：蒙古人。姓燕只吉台氏。《元史》卷一五二《王珍傳》，“國用安據徐、邳，珍從太赤及阿术魯攻拔之”。所記“太

赤”即此人。《元史》卷一二三《純知海傳》作“大帥太出”。卷一三〇《徹里傳》，“徹里，燕只吉台氏，曾祖太赤，爲馬步軍都元帥，從太祖定中原，以功封徐、邳二州，因家於徐”。所谓曾祖太赤，亦即此人。

[3]左軍林：地名。所在地不詳。

己未，官奴與阿里合提忠孝軍百人至亳，[1]與諸將議遷可否。以爲不可，當留輜重於蔡，選軍扈從入聖朶就武仙軍，[2]遂入關中。[3]關中地利可恃，又有郭蝦蟇等軍在西可恃。[4]五月甲子，召官奴還歸德，不赴，再召，留其軍半於亳乃赴。

[1]官奴與阿里合：官奴，即蒲察官奴，王鶚《汝南遺事》卷一記，官奴本契丹人，賜姓蒲察。本書卷一一六有傳。阿里合，女真人。即紇石烈阿里合，時爲馬軍總領，蒲察官奴黨羽。天興元年（1232）五月，與官奴一起伏誅。

[2]聖朶：寨堡名。本書卷一一八《武仙傳》作“聖朵寨”。武仙：威州人。河北地方武裝首領，宣宗時被封爲恒山公。曾一度降蒙，後又反正。哀宗天興二年（1233），曾領兵救蔡州。蔡州城破，武仙率殘部逃往澤州，被澤州守兵所殺。本書卷一一八有傳。

[3]關中：地區名。指函谷關以西大散關以東，南至武關，北至肅關的廣大地區，相當於今陝西省大部地區。

[4]郭蝦蟇：人名。賜姓顔盞，所以亦稱“顔盞蝦蟇”。本書卷一二四有傳。

六月壬辰，車駕舟行至亳，王進奏：“臣本軍伍，不知治體，如李喜住扈從入蔡，則亳不守矣。乞留治此州。"詔以喜住爲集慶軍節度使，[1]便宜從事，[2]進領帥職。七月，進死。喜住先往城父督糧餫，聞亂遂不敢入亳，後投宋。

[1]集慶軍節度使：掌鎮撫諸軍防刺，總判本鎮兵馬，兼亳州管内觀察使事。從三品。治所在今安徽省亳州市。

[2]便宜從事：意爲有相對的自决權，可不申奏朝廷批准。

論曰：金季之亂，軍士欲代其偏裨，[1]偏裨欲代其主將，即群起而償之，無復忌憚。益都、荆山皆忠亮之士，賓、進才略尤足取焉，而並不免於難，惜哉。

[1]偏裨：指低級佐官。

國用安，先名安用，本名咬兒，淄州人。[1]紅襖賊楊安兒、李全餘黨也。[2]嘗歸順大元，[3]爲都元帥、行山東路尚書省事。

[1]淄州：治所在今山東省淄博市西南。

[2]紅襖賊楊安兒、李全：紅襖賊，金朝統治者對紅襖軍的污稱。楊安兒，原名楊安國，金益都縣（今山東省青州市）人。金章宗泰和年間，楊安兒在山東領導農民起義，後接受招安，官刺史、防禦使。衛紹王大安三年（1211），楊安兒再舉義旗，聲勢浩大，建國號天順，後敗死。詳見本書卷一〇二《僕散安貞傳》。李全，金濰州北海縣（今山東省濰坊市）人，紅襖起義軍首領。先附宋，又降蒙，後敗死。《宋史》卷四七六、四七七有傳。

[3]大元：元朝國號。時蒙古國尚未改國號爲元，元朝人修

《金史》，所以稱蒙古國爲“大元”“大朝”。

天興元年六月，徐州埽兵總領王祐、義勝軍都統封仙、總領張興等夜燒草場作亂，逐元帥徒單益都。安用率兵入徐，執張興與其黨十餘人斬之，以封仙爲元帥兼節度使，主徐州。宿州鎮防軍千户高臈哥與東面總帥劉安國搆徐州總帥王德全，[1]殺宿帥紇石烈阿虎，以其州歸海州。邳州從宜兀林荅某亦讓州於杜政，送款海州。既而，皆歸安用。

[1]搆：與“構”通，爲串通、勾結之意。

北大將阿术魯聞安用據徐、宿、邳，大怒曰：[1]“此三州我當攻取，安用何人，輒受降。”遣信安張進等率兵入徐，[2]欲圖安用，奪其軍。安用懼，謀於德全，劫殺張進及海州元帥田福等數百人，與楊妙真絶，乃還邳州。會山東諸將及徐、宿、邳主帥，刑馬結盟，[3]誓歸金朝。既盟，諸將皆散去，安用無所歸，遂同德全、安國托從宜衆僧奴自通於朝廷。衆僧奴遣人上奏：“安用以數州反正，功甚大。且其兵力强盛，材略可稱。國家果欲倚用，非極品重權不足以堅其許國之心。”未報。安用率兵萬人攻海州，未至，衆稍散去。安國因勸安用當赤心歸國，安用亦自知反復失計，事已無可奈何，於是復金朝衣冠。妙真怒其叛己，又懼爲所圖，悉屠安用家走益都。[4]安用遂選兵分將，期必得妙真，自此淮海之上無寧歲矣。

[1]阿术魯：蒙古人。時爲蒙古軍帥，隨元太宗攻金。《元史》卷一二三有傳。

[2]信安張進：按，中華點校本此處斷句爲“信安、張進”，誤。信安，縣名。治所在今河北省霸州市東北。張進，人名。《元史》卷一二三《阿术魯傳》，“繼領兵收復信安，下金二十餘城”。卷一六六《張榮實傳》，“張榮實，霸州保定縣人，父進，金季封北平公，守信安城”。張榮實之父即此“信安張進”。所以此處應斷爲“信安張進”。張進後死於徐州。

[3]刑馬結盟：殺馬宣誓，以結同盟。

[4]益都：府名，治所在今山東省青州市。

未幾，朝廷遣近侍局直長因世英、都事高天祐持手詔至邳，[1]以安用爲開府儀同三司、平章政事、兼都元帥、京東山東等路行尚書省事，[2]特封兖王，[3]賜號“英烈戡難保節忠臣”，[4]錫姓完顏，[5]附屬籍，改名用安，賜金鍍銀印、駞紐金印、金虎符、世襲千户宣命、勑様、牌様、御畫體宣、空頭河朔山東赦文，[6]便宜從事，且以彭王妃誥委用安招妙真。[7]用安始聞使者至，猶豫未决，以總領楊懋迎使者入，[8]監于州廨，[9]問所以來。世英對以封建事，[10]意頗順。諸帥王、杜輩皆不欲宣言，欲殺使者。明日，用安乃出見使者，跪揖如等夷，[11]坐定，語世英曰：“予向隨大兵攻汴，嘗於開陽門下與侯摯議内外夾擊。[12]此時大兵病死者衆，十七頭項皆在京城，[13]若從吾計出軍，中興久矣。朝廷乃無一人敢决者，今日悔將何及。”言竟而起。既而選人取朝廷賜物遍觀之，喜見顔色。復與使者私議，欲不以朝禮受之，世英等不可，即設宴拜授如儀，以主事常謹等隨使者奉表入謝。[14]

[1]近侍局直長因世英：近侍局直長，爲近侍局屬官，正八品。因世英，人名。後被蒙古兵殺害於宿州之西。　都事高天祐：都事，爲尚書省左右司屬官，掌本司受事付事，檢勾稽失，省署文牘，兼知省内宿直，檢校架閣等事。正員二人，正七品。高天祐，生平不詳。　手詔：皇帝的親筆詔勅。

[2]開府儀同三司：文官散階，從一品上。　平章政事：金尚書省宰相。掌丞天子，平章萬機。正員二人，從一品。

[3]兖王：封爵名。金大國封號，明昌格第十六位。

[4]英烈戡難保節忠臣：榮譽稱號，六字功臣之號。

[5]錫：與“賜”字通。

[6]金鍍銀印：金一字王、諸郡王、一品高官用金鍍銀印。駞紐金印：金三師、三公、親王、尚書令用金印。印紐作駱駝形。金虎符：金制虎形兵符。　世襲千户宣命：封世襲千户的勅書。世襲千户，又稱世襲猛安，爲女真貴族世襲爵，受封人有領地、封户。　勅様、牌様、御畫體宣：皆爲委任官吏、宣布勅命的文書。空頭河朔山東赦文：赦免北方地區官民的空白文檔。

[7]彭王妃誥：勅封彭王妃的誥命。彭王，封爵名。金朝大國封號，明昌格第七位。

[8]楊懋（mào）：生平不詳。

[9]州廨：州署官衙。

[10]封建：原意是封邦建國，以藩王室。此指勅封國用安爲王之事。

[11]跪揖如等夷：等夷，爲同輩或同等的人，即以同等身份的禮節接待使者。

[12]開陽門：城門名。爲汴京外城門之一。　侯摰：東阿人，

章宗明昌二年（1191）進士，哀宗時官至平章政事，封蕭國公。崔立之變，在汴京被蒙古兵所殺。本書卷一〇八有傳。

［13］十七頭項皆在京城：指當時蒙古軍的首領人物十有七、八都集中在汴京城下。

［14］主事常謹：主事，尚書省六部屬官中皆有主事，均爲正七品。此主事是指行六部主事。常謹，生平不詳。

上復遣世英、天祐賜以鐵券一、虎符六、龍文衣一、玉魚帶一、弓矢二、封贈其父母妻誥命，[1]及郡王宣、世襲宣、大信牌、玉兔鶻帶各十，[2]聽同盟可賜者賜之。使者至邳，用安迎受如禮，始有入援意。及聞上將遷蔡州，乃遣人以蠟書言遷蔡有六不可，[3]大率以謂："歸德環城皆水，卒難攻擊，蔡無此險，一也。歸德雖乏粮儲，而魚芡可以取足，[4]蔡若受圍，廩食有限，[5]二也。大兵所以去歸德者，非畏我也，縱之出而躡其後，舍其難而就其易者攻焉，三也。蔡去宋境不百里，萬一資敵兵粮，禍不可解，四也。歸德不保，水道東行猶可以去，蔡若不守，去將安之，五也。時方暑雨，千里泥淖，聖體豐澤，[6]不便鞍馬，倉卒遇敵，[7]非臣子所敢言，六也。雖然，陛下必欲去歸德，莫如權幸山東。山東富庶甲天下，臣略有其地，東連沂、海，[8]西接徐、邳，南扼盱、楚，[9]北控淄、齊。[10]若鑾輿少停，[11]臣仰賴威靈，河朔之地可傳檄而定。[12]惟陛下審察。"上以其言示宰臣。宰臣奏用安反復，本無匡輔志，此必參議張介等議之，[13]業已遷蔡，議遂寢。

[1]鐵券：賞給特殊功臣的一種憑證。本書卷五八《百官志四》，"鐵券，以鐵爲之，狀如卷瓦。刻字畫襴，發金填之。外以御寶爲合，半留内府，以賞殊功也"。　龍文衣：即上繡龍紋的衣服。龍紋衣一般衹限帝王服用，以龍紋衣賜國用安是一種特例。　玉魚帶：衣帶名。金制，皇太子玉帶，佩玉雙魚；親王玉帶，佩玉魚；一品官玉帶，佩金魚。國用安封兗王，例比親王，所以得賜玉魚帶。　誥命：皇帝賜爵和授官的詔令。

[2]郡王宣、世襲宣：勅封郡王和世襲官職的宣命。　大信牌：是軍中傳授命令的憑證，亦稱"遞牌"。金初有金牌、銀牌和木牌之分，金牌以授萬户，銀牌以授猛安，木牌以授謀克、蒲輦（蒲里衍）。世宗大定之後，尚書省亦制信牌，朱漆金字，由左右司掌之，有勅命則遞送有關部門。　玉兔鶻：一種名貴的玉帶。上有鷹鶻浮雕，亦稱"玉吐鶻"。本書卷四三《輿服志下》，"吐鶻，玉爲之，金次之，犀象骨角又次之"。

[3]蠟書：亦作"蠟丸書"，是把重要的書信藏在蠟丸裏，躲避敵人的搜查。一般在形勢嚴重、軍情緊急的情況下纔使用蠟丸書。

[4]芡（qiàn）：一種水生植物名。其種子稱"芡實"或"鷄頭米"，可食用和釀酒。

[5]廩食：倉庫裏儲存的糧食和食品。

[6]聖體豐澤：指金哀宗身體肥胖。

[7]倉卒：與"倉猝"二字通。

[8]沂、海：州名。沂州治所在今山東省臨沂市，海州治所在今江蘇省連雲港市西南。

[9]盱、楚：盱，縣名。即盱眙縣，時爲泗州依郭縣，治所在今江蘇省盱眙縣淮河北岸，舊址現已沉入洪澤湖中。楚，南宋州名。治所在今江蘇省淮安市。

[10]齊：縣名的簡稱。即齊和縣，治所在今山東省齊和縣。

[11]鑾輿：皇帝的鑾駕儀仗。

[12]檄（xí）：古代官府用以徵召、曉諭或聲討的文書。

[13]參議：金末宣撫司和行元帥府屬官，亦稱“參謀”。本書《百官志》失載。　張介：金朝平州（今河北省盧龍縣）人。哀宗正大元年（1224）經義進士一甲第一名。

初，世英等過徐，王德全、劉安國説之曰：“朝廷恩命豈宜出自用安，郡王宣吾二人最當得者，乞就留之。”世英乃留郡王宣、世襲宣、玉帶各二。由是與用安有隙，又懼爲所圖，皆不聽其節制。十郡王者，李明德、封仙、張瑀、張友、卓翼、康琮、杜政、吴歪頭、王德全、劉安國也。[1]用安必欲取山東，累徵徐、宿兵，止以勤王爲辭，[2]二帥不應。用安怒，令杜政等率兵三千，以取粮爲名，襲徐、宿。既入城，德全覺之，就留杜政、封仙不遣。用安愈怒，謂德全、安國必有謀，乃執桃園帥吴某等八九人下獄鞫問。[3]二帥遣温特罕張哥以杜政、封仙欲襲取徐州白用安，[4]不聽，驅吴帥、張哥輩九人併斬之。張哥將死大呼曰：“國咬兒，汝無尺寸功，受國家大封爵。何負於汝，而從杜政等變亂，又殺無罪之人。今雖死，當與汝辨於地下矣。”

[1]李明德：生平不詳。　張瑀：本書卷一六《宣宗紀下》元光元年（1222）六月，有提控官張瑀。吉林省博物館收藏的《文姬歸漢圖》有金代張瑀的收藏印記。不知是否同一人，待考。　張友：原是紅襖軍季先的部下。　卓翼：沛縣（今江蘇省沛縣）人。原爲紅襖軍首領，國用安部下。天興二年（1233）歸金，被國用安封爲東平郡王。　康琮：生平不詳。　吴歪頭：可能是綽號，生平不詳。

［2］勤王：臣下統兵赴君王或國家之難稱“勤王”。

［3］桃園：鎮名。在今江蘇省泗陽縣西南的黄河南岸。

［4］温特罕張哥：女真人。生平不詳。

會上遣臧國昌以密詔徵兵東方，[1]故用安假朝命聲言入援，檄劉安國爲前鋒，親率兵三千駐徐州城下招德全。德全終疑見圖，不出，係封仙於獄，殺之，遣杜政出城。安國既至宿州，用安復召安國還，安國不從，獨與衆僧奴赴援。行及臨涣龍山寺，[2]用安使人劫殺之，遂攻徐州，逾三月不能下，退歸漣水。[3]於是，因世英以用安終不赴援，乃還朝，至宿州西遇大兵，不屈而死，事聞，贈汝州防禦使。[4]

［1］臧國昌：生平不詳。

［2］臨涣龍山寺：臨涣，縣名。治所在今安徽省宿州市西北。龍山寺，佛寺名。

［3］漣水：縣名。治所在今江蘇省漣水縣。

［4］汝州防禦使：汝州行政長官。掌防捍不虞，禦制盜賊，主治州事。從四品。治所在今河南省汝州市。

既而，用安軍食不給，乞粮於宋，宋陽許之，即改從宋衣，[1]而私與朝使相親。尋益乏食，軍民多亡去，乃命蕭均以嚴刑禁亡者，[2]血流滿道。大元東平萬户查剌將兵至漣水，遂降焉。查剌既渡河，趨蔡州，用安以詭計還漣水，[3]復叛歸於宋，受浙東總管、忠州團練使，[4]隸淮閫。[5]甲午正月，[6]聞大兵圍沛，[7]用安往救之，敗走徐州。會移兵攻徐，用安投水死，求得其尸，剫面繫馬尾，[8]爲怨家田福一軍臠食而盡。[9]

[1]即改從宋衣：中華點校本據本卷上文的相關記載，於此句末補“冠”字。

[2]蕭均：國用安的黨羽。

[3]東平萬户：東平，府名。治所在今山東省東平縣。萬户，此係蒙古萬户，爲從三品。　查剌：契丹人。姓石抹氏，隨木華黎攻金，官至真定路達魯花赤。其事迹見《元史》卷一五二《石抹阿辛傳》。

[4]浙東總管、忠州團練使：總管，南宋官名。掌總治軍旅屯戍、營防守禦等事。忠州，南宋州名。治所在今四川省忠縣。團練使，南宋官名。

[5]隸淮閫（kǔn）：閫，原意是門檻，這裏作將領解。隸淮閫即隸屬於駐淮南路的將帥。

[6]甲午正月：即金哀宗天興三年（1234）正月，該年爲甲午年。

[7]沛：縣名。金哀宗天興二年（1233）改爲源州，治所在今江蘇省沛縣。

[8]剫（pí）：用刀割或剥。

[9]臠（luán）食：將肉切成碎塊吃掉。

用安形狀短小無須，喜與輕薄子游，日擊鞠衢市間，[1]顧眄自矜，[2]無將帥大體。[3]

[1]擊鞠：鞠是古代一種皮制毬，擊鞠爲當時流行的一種體育游戲。

[2]顧眄（miǎn）自矜（jīn）：雙目回望而斜視，高傲自大。

[3]無將帥大體：没有將帥的氣質和風度。

介字介甫，平州人，[1]正大元年經義進士第一，[2]時爲用安參議。

[1]平州：治所在今河北省盧龍縣。

[2]經義進士：金科舉科目名。亦稱經義進士科，爲漢進士科之一。

初，天祐等出汴，微服間行，[1]經北軍營幕，至通許崔橋始有義軍招撫司官府，[2]去京師二百里矣。至陳州，[3]防禦使粘葛奴申始立州事。[4]留二日，至項城，[5]縣令朱珍立縣事，[6]有士卒千二百人。至泰和縣，縣令王義立縣已五月矣。[7]八月，至宿州，衆僧奴得報，且知朝廷授以權宿州節度使、兼元帥左都監之命，[8]且彩輿儀衛出城五里奉迎。[9]時東方不知朝廷音問已八月矣，官民見使者至，且拜且哭。有張顯者任俠尚氣知義理，[10]即謂天祐曰："東方不知朝廷音問已數月，今見使者，百姓皆感動。若不以聖旨撫慰之，恐失東民之心。我欲矯稱制旨宣諭，[11]如何？"天祐書生守規矩，不敢從，但以宰相旨集州民慰撫之，州民復大哭。明日，往徐州。

[1]微服間行：穿普通人的衣服走小路。

[2]通許崔橋：通許，縣名。治所在今河南省通許縣。崔橋，鎮名，在今通許縣東南。　義軍招撫司：官署名。義軍是由河朔逃

亡者爲主體組織起來的雜牌軍隊。招撫司主管招集降附，安撫流亡。出土的金末官印有“招撫司印”，印背刻小字“正大元年行宫禮部造（見景愛《金代官印集》，文物出版社 1991 年版，第 38 頁）。

［3］陳州：治所在今河南省淮陽縣。

［4］粘葛奴申：女真人。亦作“粘割奴申”“粘哥奴申”，本書卷一一九有傳。

［5］項城：縣名。治所在今河南項城市。

［6］朱珍：生平不詳。

［7］王義：生平不詳。

［8］元帥左都監：都元帥府屬官。與元帥右都監同爲從三品，位在右都監之上。

［9］且彩輿儀衛出城五里奉迎：中華點校本據殿本改“且”爲“具”。彩輿，裝飾華麗的車。

［10］張顯：生平不詳。

［11］矯稱制旨：假傳聖旨。

時青，滕陽人。[1]初與叔父全俱爲紅襖賊，[2]及楊安兒、劉二祖敗，[3]承赦來降，隸軍中。興定初，[4]青爲濟州義軍萬户。[5]是時，叔父全爲行樞密院經歷官。興定二年冬，全馳驛過東平，青來見，因告全將叛入宋，全祕之。頃之，青率其衆入于宋。宋人置之淮南，屯龜山，[6]有衆數萬。

［1］滕陽：州名。原爲北宋滕陽軍，金世宗大定二十二年（1182）升爲滕陽州，二十四年更名滕州，治所在今山東省滕州市。

［2］叔父全：指時青之叔時全。時全降金後官至同簽樞密院事。宣宗元光元年（1222），時全與完顏訛可領兵伐宋，潰敗後被宣宗

誅殺。

［3］劉二祖：金泰州（今山東省泰安市）人。紅襖軍首領，戰敗負傷被擒，不屈而死。

［4］興定：金宣宗年號（1217—1222）。

［5］濟州義軍萬户：濟州，治所在今山東省濟寧市。義軍萬户，金末義軍以三十人爲一謀克，以五謀克爲一千户，四千户爲一萬户，萬户官僅爲正九品。

［6］龜山：鎮名。地在今江蘇省盱眙縣北的洪澤湖邊。

興定四年，泗州行元帥府紇石烈牙吾塔遣人招之，[1]青以書來。書曰："青本滕陽良民，遭時亂離，撫老携幼避地草莽。官吏不明此心，目以叛逆，無所逃死，竄匿淮海。離視舊，去鄉邑，豈人情之所樂哉。僕雖偷生寄食他國，首丘之念未嘗一日忘之。[2]如朝廷赦青之罪，乞假邳州以屯老幼。當襲取盱眙，[3]盡定淮南，以贖往昔之過。"牙吾塔復書曰："公等初亦無罪，誠能爲國建功，全軍來歸，即吾人也。邳州吾城，以吾人居之亦何不可。《易》曰：[4]'君子見幾而作，不俟終日。'公其亟圖之，生還父母之邦，富貴終身，傳芳後世，與其羈縻異域，目以兵虜，孰愈哉。"牙吾塔奏其事。十月，詔加青銀青榮禄大夫，[5]封滕陽公，[6]仍爲本處兵馬總領元帥、兼宣撫使。[7]青潛表陳謝，復以邳州爲請。樞密院奏：[8]"恐青意止欲得邳州。可諭牙吾塔，若青誠實來歸，即當授之。如審其詐，可使人入宋境宣布往來之言，及所授官爵，亦行間之術也。"[9]青既不得邳州，復爲宋守。

[1]泗州行元帥府：泗州，治所在今江蘇省盱眙縣北的淮河北岸，舊址已沉入洪澤湖中。行元帥府，官署名。即代行元帥府權事的機構。出土的金代官印有“行元帥府之印”（見景愛《金代官印集》，第99頁）。　紇石烈牙吾塔：女真人。即紇石烈志。本書卷一一一有傳。

[2]首丘之念：首，頭。丘，狐穴所在之土丘。傳説狐狸死時，頭猶向着出生的山丘。首丘之念即懷念故鄉之意。《禮記·檀弓》：“狐死正丘首，仁也。”爲不忘本之意。

[3]盱眙：南宋州軍名。治所在今江蘇省盱眙縣，與金泗州隔淮河南北相望。

[4]《易》：書名。即《易經》，爲儒家經典之一。

[5]銀青榮禄大夫：文官散階，正二品下。

[6]滕陽公：封爵名。郡公封號，正、從二品。

[7]宣撫使：金章宗泰和六年（1206），置陝西路宣撫使，節制陝西兵馬公事。八年，改爲安撫司，宣撫使官名亦改稱安撫使，從一品。

[8]樞密院：軍政官署名。掌國家武備機密之事。

[9]行間之術：行反間計。

興定五年正月二十五日夜，青襲破泗州西城，[1]提控王禄遇害。[2]是時，時全爲同簽樞密院事，[3]朝廷不知青襲破西城，止稱宋人而已。詔全往督泗州兵取西城。全至泗州，獲紅襖賊一人，詰問之，乃知青爲宋京東鈐轄，[4]襲破西城。全頗喜，乃殺其人以滅口。牙吾塔晝夜力戰，募死士以梯衝逼城，青縋兵出拒不得前。牙吾塔遣提控王應孫穴城東北隅，[5]青夜出兵來襲，擊却之。越二日，復出又却之。攻城益急，青以舟兵二千合城中兵來犯牙吾塔營，提控斡魯朵先知，[6]設伏掩擊，青兵大敗，溺淮水死者千人，自是不復出矣。王應孫穴城將及城中，青隧地然薪逼出之。[7]青乘城指麾，流矢中其目，餘衆往往被創，樓堞相繼摧壞，城中恟懼，遂無固志。二月二十六日夜，青拔衆走，遂復西城。[8]

[1]興定五年正月二十五日夜，青襲破泗州西城：中華點校本據本書卷一六《宣宗紀下》興定五年（1221）正月所記，“戊戌，宋人襲泗州西城，提控王禄死之”。認爲戊戌是正月十三日，與此所記二十五日異。

[2]提控：即總領。　王禄：生平不詳。

[3]同簽樞密院事：樞密院屬官，正四品。

[4]京東鈐轄：南宋官名。即京東路鈐轄官，掌總治軍旅屯戍、營防守禦等事。

[5]王應孫：生平不詳。

[6]斡魯朵：族属与生平俱不詳。

[7]隧地然薪：挖掘地道點燃柴草。然，與“燃”字通。

[8]二月二十六日夜，青拔衆走，遂復西城：據中華點校本本卷校勘記，本書卷一六《宣宗紀下》，復泗州西城是二月丙子日，即二月二十一日，與此記二十六日異。據《宋史》卷四七七《李全傳下》記，寶慶三年（金正大四年，1227），時青被李全殺死。

元光元年二月，[1]全與元帥左監軍訛可，[2]節制三路軍馬伐宋。詔曰：“卿等重任，毋致不和以貽喪敗。其資糧可取，規取失宜不能得之，罪在訛可。既已得之，不能運致以爲我用，罪在全。”全與訛可由潁、壽進渡淮，[3]敗宋人于高塘市，[4]攻固始縣，[5]破宋廬州將焦思忠兵。[6]無何，獲生口言，[7]時青受宋詔與全兵相拒，全匿其事。

［1］元光：金宣宗年號（1222—1223）。

［2］訛可：女真人。即完顔訛可。本書卷一一一《訛可傳》載，金末内族有兩訛可，皆護衛出身。一綽號爲“草火訛可”，一綽號稱“板子訛可”。經核對有關史實，知此任元帥左監軍的訛可是後來被杖責而死的“板子訛可”。

［3］潁、壽：兩州治所分别在今安徽省阜陽市和鳳臺縣。

［4］高塘市：地名。在今安徽省霍丘縣西北，時爲南宋轄領。

［5］固始：南宋縣名。治所在今河南省固始縣。

［6］廬州：南宋州名。治所在今安徽省合肥市。　焦思忠：生平不詳。

［7］生口：指俘獲的南宋俘虜。

五月，兵還，距淮二十里，諸軍將渡，全矯稱密詔“諸軍且留收淮南麥”，遂下令人穫麥三石以給軍。衆惑之，訛可及諸將佐勸之不聽，軍留三日。訛可謂全曰：“今淮水淺狹，可以速濟。[1]時方暑雨，若值暴漲，宋乘其後，將不得完歸矣。”全力拒之。從宜達阿、移失不、斜烈、李辛稍稍不平，[2]全怒曰：“訛可一帥耳，汝曹黨之。汝曹致身至此，皆吾之力。吾院官也，於汝無不可者。”衆乃不敢言。是夜，大雨。明日，淮水暴漲，乃爲橋渡軍。宋兵襲之，軍遂敗績。橋壞，全以輕舟先濟，士卒皆覆没。宣宗乃下詔誅之，遣官招集潰軍，詔曰：“大軍渡淮，每立功効。諸將謬誤，部曲散亡，流離憂苦，朕甚閔焉。各歸舊營，勉圖自効。”又詔曰：

"陣亡把軍品官子孫，[3]十五以上者依品官子孫例隨局承應，[4]十五以下、十歲以上者依品從隨局給俸，至成人本局差使。無子孫官，依例給俸。應贈官、賻錢、軍人家口當養贍者，[5]並如舊制。"

[1]淮水：即今淮河。

[2]達阿、移失不、斜烈、李辛：移失不，契丹人。達阿、斜烈，俱不詳。李辛，山西人。《歸潛志》卷一一作"李新"，賜姓温撒，所以又稱温撒辛。天興元年（1232）十二月，哀宗出奔歸德，李辛留守汴京，爲東面元帥。李辛跋扈，見疑欲出逃，被完顔奴申派人追斬於汴京城壕中。

[3]把軍品官：把軍即領軍，品官即有品級的官員。

[4]隨局承應：指在皇宫内庭各局補任差使，是當時貴族子弟入仕爲官的一條途徑。

[5]賻（fù）錢：發給錢幣以助喪事。

贊曰：金自章宗季年，[1]宋韓侂胄構難，[2]招誘鄰境亡命以撓中原，事竟無成。而青、徐、淮海之郊民心一摇，歲遇饑饉，盗賊蜂起，相爲長雄，又自屠滅，害及無辜，十餘年麋沸未息。[3]宣宗不思靖難，[4]復爲伐宋之舉，迄金之亡，其禍尤甚。簡書所載國用安、時青等遺事，至今仁人君子讀之猶蹙頞終日。[5]當時烝黎，[6]如魚在釜，其何以自存乎。兵，凶器也。金以兵得國，亦以兵失國，可不慎哉，可不慎哉。

[1]章宗：廟號。金朝第六任君主完顔璟，本名麻達葛。1189年至1208年在位。本書卷九至卷一二有紀。

［2］韓侂（tuō）胄：北宋名臣韓琦的曾孫，祖籍相州（今河南省安陽市）。南宋寧宗時，韓侂胄官至太傅、爵封平原郡王，把持了南宋朝政。開禧二年（金章宗泰和六年，1206），其乘金北部多事之機，發動北伐，軍事失利後被政敵殺害函首金朝。《宋史》卷四七四有傳。

［3］糜沸：糜即爛碎之意，沸即喧騰之意。形容天下形勢動蕩不安。

［4］宣宗：廟號。金朝第八任君主完顔珣，本名吾睹補。1213年至1223年在位。本書卷一四至卷一六有紀。

［5］蹙頞（è）：頞，鼻梁。蹙頞，皺眉而蹙動鼻梁。

［6］烝黎：指平民百姓。

金史　卷一一八

列傳第五十六

苗道潤　王福　移剌衆家奴　武仙　張甫　靖安民　郭文振　胡天作　張開　燕寧

苗道潤，[1]貞祐初，[2]爲河北義軍隊長。[3]宣宗遷汴，[4]河北土人往往團結爲兵，或爲群盗。道潤有勇略、敢戰鬭，能得衆心。比戰有功，略定城邑，遣人詣南京求官封。宰相難其事，宣宗召河南轉運使王擴問曰：[5]“卿有智慮，爲朕决道潤事。今即以其衆使爲將，肯終爲我盡力乎？”擴對曰：“兼制天下者以天下爲度。[6]道潤得衆，[7]有功因而封之，使自爲守，羈縻使之，策之上也。今不許，彼負其衆，何所不可爲。”宣宗顧謂宰執曰：“王擴之言，實契朕心。”於是，除道潤宣武將軍、同知順天軍節度使事。[8]貞祐四年，復以功遷懷遠大將軍、同知中山府事。[9]再閲月，復戰有功，遷驃騎上將軍、中都路經略使、兼知中山府事。[10]頃之，加中都留守、兼經略使。[11]道潤前後撫定五十餘城。

[1]苗道潤：據《畿輔通志》卷一六八“古迹·陵廟”記載，其墓在安肅縣西南四十里，道潤當是安肅縣人。

[2]貞祐：金宣宗年號（1213—1217）。

[3]河北義軍：指金蒙戰争中河北戰區自動組織起來的抗蒙漢族地方武裝勢力。

[4]宣宗遷汴：宣宗貞祐二年（1214），在蒙古大軍的威逼下，宣宗將都城由中都（今北京市）遷到汴京。汴，都城名。即汴京城，原爲北宋都城，金朝改爲南京，金宣宗遷都於此，治所在今河南省開封市。宣宗，廟號。金朝第八任君主完顏珣，本名吾睹補，1213 年至 1223 年在位。本書卷一四至卷一六有紀。

[5]河南轉運使：掌税賦錢穀，倉庫出納，權衡度量之制。正三品。　王擴：中山府永平縣人。章宗明昌五年（1194）進士，宣宗時官至户部侍郎。本書卷一〇四有傳。

[6]兼制天下者以天下爲度（duó）：統治天下的人要首先考慮天下的得失。

[7]得衆：受衆人的擁戴。

[8]宣武將軍：武官散階，從五品下。　同知順天軍節度使事：順天軍節度使副佐，同判節度使事，兼保州管内觀察使。正五品。順天軍治所在今河北省保定市。

[9]懷遠大將軍：武官散階，從四品下。　同知中山府事：中山府尹副佐，正四品。中山府治所在今河北省定州市。1976 年，在今河北定州市境内發現金貞祐二年鑄造的“中山府印”（見劉福珍、趙振克《定州市博物館藏“中山府印”》，《文物春秋》1990 年第 2 期）。

[10]驃（piào）騎上將軍：武官散階，正三品下。本書卷五五《百官志一》作“驃騎衛上將軍”。　中都路經略使：本書卷一四《宣宗紀上》貞祐四年（1216）六月，“罷河北諸路宣撫司，更置經略司”。出土的金代晚期官印中有“經略司之印”（見景愛《金

代官印集》，文物出版社 1991 年版，第 33—34 頁）。經略使是經略司長官，本書《百官志》失載。中都路治所在今北京市。　知中山府事：即中山府尹。中山府行政長官。正三品。

[11]中都留守：中都留守司長官，兼中都路兵馬都總管和大興府尹。正三品。治所在今北京市。

興定元年，[1]詔道潤恢復中都，[2]以山東兵益之。道潤奏："去年十一月，臣遣總領張子明招降蠡州獨吉七斤。[3]近日，河北東路兵馬都總管移剌鐵哥移軍蠡州，[4]襲破子明軍，殺數百人，子明亦被創。臣將提兵問罪，重以鐵哥自拔來歸，但備之而已。今欲復取都城，乞無罪鐵哥，直令受臣節制，庶可集事。"宣宗以問宰相，奏曰："道潤、鐵哥不協，不可相統屬。"詔以完顏寓行元帥府事，[5]督道潤復中都，和輯鐵哥軍。

[1]興定：金宣宗年號（1217—1222）。

[2]中都：都城名。舊名燕京，遼稱南京析津府。金海陵王貞元元年（1153）遷都於此，改稱中都，治所在今北京市。

[3]總領：金末招募義軍，以四萬户爲一副統，兩副統爲一都統，設都統官一員。都統之外，另設一總領，又稱總領使，從五品。　張子明：生平不詳。　蠡（lǐ）州：治所在今河北省蠡縣。獨吉七斤：女真人。生平不詳。

[4]河北東路兵馬都總管：掌統諸城隍兵馬，總判河間府事，兼河間府尹。正三品。治所在今河北省河間市。　移剌鐵哥：契丹人。生平不詳。

[5]完顏寓：女真人。時爲權元帥左都監。本書卷一〇四有傳。行元帥府事，代行都元帥府的職權，其官署稱"行府"。

初，道潤與順天軍節度使李琛不相能，[1]兩軍士兵因之相攻，琛遣兵攻滿城、完州，[2]道潤軍拒戰，殺琛兄榮及弟明等。琛奏："潞州提控烏林荅吾典承道潤風指，[3]日謀侵害。山東行省數諭道潤與臣通知，[4]竟不見從，且殺臣兄榮、弟明等，恣横如此，將爲後患。"又奏："乞令河北州府官不相統攝，並聽帥府節制。仍遣官增減諸路兵力，使權均勢敵無相併吞，則百姓安農畝矣。"道潤奏李琛以衆叛，陷滿城，攻完州。琛亦奏道潤叛。廷議以爲兩人失和，故至于此，令山東行省樞密院諭琛：[5]"行省在彼，自當俱聽節制，何待帥府。士兵本以義團結，且耕且戰。今乃聚之城寨，遂相併吞。百姓不安，皆由官長無所忌憚使之然也。嚴爲約束，依時樹藝，[6]無致生事。"有詔道潤與移剌鐵哥合兵撫定河北，令諸道兵互相應援。

[1]李琛：生平不詳。　不相能：互不相容，不和。

[2]滿城：縣名。治所在今河北省滿城縣。　完州：原爲中山府永平縣，金宣宗貞祐二年（1214）四月升爲完州，治所在今河北省永平縣。

[3]潞州：治所在今山西省長治市。　烏林荅吾典：女真人。生平不詳。

[4]行省：行政官署名。即行臺尚書省，是金朝在地方設立代行尚書省職權的機構。

[5]樞密院：軍政官署名。掌國家武備機密之事。

[6]依時樹藝：按農時種植莊稼。

既而，道潤與賈全、賈瑀互相攻擊，[1]詔道潤、賈全、王福、武仙、賈瑀分畫各路元帥府控制之，彰德、衛、輝招撫司隸樞密院。[2]賈瑀既與道潤相攻，已而詐爲約和，道潤信之，遂伏兵刺殺道潤。朝廷不能問，一軍彷徨無所依，提控靖安民乞權隸潞州行元帥府，聽其節制，時興定二年也。[3]

[1]賈全、賈瑀：中華點校本據殿本改“賈全”爲“賈仝”。下同。時二人皆爲河北義軍首領，賈仝爲永定軍節度使，後被高陽公張甫打敗，自縊而死。賈瑀後被張柔所擒，刳其心以祭苗道潤。詳見《元史》卷一四七《張柔傳》。

[2]彰德、衛、輝招撫司：彰德，府名，治所在今河南省安陽市。衛、輝，爲二州名。衛州治所在今河南省衛輝市。輝州原爲衛州蘇門縣，金宣宗貞祐三年（1215）九月升爲輝州，治所在今河南省輝縣市。招撫司，官署名。主管招集降附、安置流亡。

[3]時興定二年：據本書卷一五《宣宗紀中》，賈瑀等刺殺苗道潤是在興定二年（1218）五、六月間。

右丞侯摯乞以保、蠡、完三州隸真定，[1]而蠡州舊受移剌衆家奴節制，一旦改隸真定，恐因而交争。靖安民等願隸潞州，乃令河北行省審處之。經略副使張柔奏：[2]“賈瑀攻易州寨，[3]殺刺史馬信及其裨校，[4]奪所佩金符而去。”[5]頃之，張柔攻賈瑀殺之。道潤既死，靖安民代領其衆，是後乃封建矣。[6]

[1]右丞：金尚書省執政官之一。佐治省事。正二品。　侯摯：本書卷一〇八有傳。　真定：府名。治所在今河北省正定縣，時亦爲河北西路治所。

[2]經略副使：爲經略使副佐。　張柔：金朝易州定興縣（今河北省定興縣）人。貞祐間組織義軍，隸苗道潤部下，官至中都留守、大興府尹、中都路經略使，後戰敗降蒙。《元史》卷一四七有傳。

[3]易州寨：易州寨堡。易州治所在今河北省易縣。

[4]刺史：即易州刺史。爲易州軍政長官，主治易州事。正五品。　馬信：生平不詳。　裨校：部下的屬官和將校。

[5]金符：金製的兵符。

[6]封建：原意是分封諸侯，以屏王室。此指宣宗封河北九公事，時稱“九公封建”。

初，貞祐四年，右司諫朮甲直敦乞封建河朔，[1]詔尚書省議，[2]事寢不行。興定三年，太原不守，[3]河北州縣不能自立，詔百官議所以爲長久之利者。翰林學士承旨徒單鎬等十有六人以謂：[4]“制兵有三，一曰戰，二曰和，三曰守。今欲戰則兵力不足，欲和則彼不肯從，唯有守耳。河朔州郡既殘毀，不可一概守之，宜取願就遷徙者屯于河南、陝西，其不願者許自推其長，保聚險阻。”刑部侍郎奧屯胡撒合三人曰：[5]“河北於河南有輔車之勢，蒲、解於陝西有襟喉之要，[6]盡徙其民，是撤其藩籬也。[7]宜令諸郡，選才幹衆所推服、能糾衆遷徙者，願之河南或晋安、河中及諸險隘，[8]量給之食，授以曠土，盡力耕稼。置僑治之官，[9]以撫循之。擇其壯者，教之戰陣。勅晋安、河中守臣檄石、嵐、汾、霍之兵，[10]以謀恢復，莫大之便。”兵部尚書烏林荅與等二十一人曰：[11]“河朔諸州，親民掌兵之職，擇土人嘗居官、有材略者授之，急則走險，無事則耕種。”宣徽使移剌光祖等三人曰：[12]“度太原之勢，雖暫失之，頃亦可復。當募土人威望服衆者，假以方面重權。能克復一道，即以本道總管授之。[13]能捍州郡，即以長佐授之，必能各保一方，使百姓復業。”提點尚食局石抹穆請以高爵募民，[14]大概同光祖議。宰臣欲置公府，[15]宣宗意未決，御史中丞完顔伯嘉曰：[16]“宋人以虚名致李全，[17]遂有山東實地。苟能統衆守土，雖三公亦何惜焉。”[18]宣宗曰：“他日事定，公府無乃多乎。”伯嘉曰：“若事定，以三公就節鎮何不可者。”宣宗意乃決。

[1]右司諫：諫院屬官，從五品。　朮甲直敦：女真人。生平不詳。

[2]尚書省：行政官署名。金前期中央設中書、門下、尚書三省。至海陵王即位，罷中書、門下二省，中央只置尚書省，是國家最高政務機關。

[3]太原不守：中華點校本據本書卷一五《宣宗紀中》的相關記載，於此句首補“以”。太原，府名。治所在今山西省太原市，時亦爲河東北路治所。

[4]翰林學士承旨：翰林院長官。掌制撰詞命。原爲正三品，宣宗貞祐三年（1215）升爲從二品。　徒單鎬：女真人。又名徒單渭河，崇慶二年（1213）八月紇石烈胡沙虎作亂，其時爲殿前都點檢，縋城出見胡沙虎。宣宗即位，升爲御史大夫。詳見本書卷一三二《紇石烈執中傳》。

[5]刑部侍郎：刑部尚書副佐。正四品。　奥屯胡撒合：女真人。生平不詳。

[6]蒲、解：州名。蒲州原爲隰州蒲縣，宣宗興定五年

（1221）正月升爲蒲州，治所在今山西省蒲縣。解州，治所在今山西省運城市。

［7］藩籬：屏障。

［8］晋安、河中：府名。晋安原名絳州，宣宗興定二年（1218）十二月升爲晋安府，治所在今山西省新絳縣。河中府，治所在今山西省永濟市西涑水河與黄河匯流處。

［9］僑治：將舊治暫時移置其他行政區劃之内，仍其舊名，謂之僑治。

［10］檄（xí）：古代官府用以徵召、曉喻或聲討的文書。　石、嵐、汾、霍：皆爲州名。石州治所在今山西省離石縣，嵐州治所在今山西省嵐縣北，汾州治所在今山西省汾陽市。霍州原爲平陽府霍邑縣，宣宗貞祐三年（1215）七月升爲霍州，治所在今山西省霍州市。

［11］兵部尚書：尚書省兵部長官。掌兵籍、軍器、城隍、鎮戍、厩牧、鋪驛、車輅、儀仗、郡邑圖志、險阻、障塞、遠方歸化之事。正三品。　烏林荅與：女真人。本書卷四八《食貨志三》作“烏林達與”。

［12］宣徽使：宣徽院長官。有左、右宣徽使，掌朝會、宴享、殿廷禮儀，監知御膳。正三品。　移剌光祖：契丹人。生平不詳。

［13］本道總管：即本路兵馬都總管。

［14］提點尚食局：宣徽院所屬的尚食局長官。掌總知御膳，進食先嘗，兼管從官食。正五品。　石抹穆：契丹人。石抹即遼代的外戚蕭姓，金代改爲石抹。石抹穆，生平不詳。

［15］公府：郡公府官署。

［16］御史中丞：御史臺屬官。爲御史大夫副佐。從三品。　完顏伯嘉：女真人。本書卷一〇〇有傳。

［17］李全：金朝濰州北海縣（今山東省濰坊市）人。紅襖軍首領，先附宋，又降蒙古，後敗死。《宋史》卷四七六、四七七有傳。

[18]三公：指太尉、司徒、司空，皆爲正一品高官。一般是作爲榮譽官銜授予有功於國家的勳臣。

四年二月，封滄州經略使王福爲滄海公，[1]河間路招撫使移剌衆家奴爲河間公，[2]真定經略使武仙爲恒山公，[3]中都東路經略使張甫爲高陽公，[4]中都西路經略使靖安民爲易水公，[5]遼州從宜郭文振爲晋陽公，[6]平陽招撫使胡天作爲平陽公，[7]昭義軍節度使完顔開爲上黨公，[8]山東安撫副使燕寧爲東莒公。[9]九公皆兼宣撫使，[10]階銀青榮禄大夫，[11]賜號"宣力忠臣"，總帥本路兵馬，署置官吏，徵斂賦税，賞罰號令得以便宜行之。仍賜詔曰："乃者邊防不守，河朔失寧，卿等自總戎昭，備殫忠力，若能自効，朕復何憂。宜膺茅土之封，[12]復賜忠臣之號。除已畫定所管州縣外，如能收復鄰近州縣者，亦聽管屬。"

[1]滄州：治所在今河北省滄州市東南。　滄海公：封爵名。郡公封號，正、從二品。

[2]河間路招撫使：招撫司長官。掌招納降附，安置流亡。河間路又稱河北東路，治所在今河北河間市。　河間公：封爵名。郡公封號，正、從二品。

[3]恒山公：封爵名。郡公封號，正、從二品。

[4]中都東路：按金原來衹有中都路，宣宗南遷，中都淪陷，河北義軍重新劃分勢力範圍。朝廷因時制宜，把原中都路分爲中都東路、中都南路、中都西路。　高陽公：封爵名。郡公封號，正、從二品。

[5]易水公：封爵名。郡公封號。正、從二品。

［6］遼州從宜：遼州治所在今山西省左權縣。從宜，官名前所加之號，全稱爲“從宜總帥”。本書卷四四《兵志》，“及南遷，河北封九公，因其兵假以便宜從事，沿河諸城置行樞密院元帥府，大者有‘便宜’之號，小者有‘從宜’之名”。便宜、從宜，指領兵將帥有相對的自決權。　晋陽公：封爵名。郡公封號。正、從二品。

［7］平陽：府名。治所在今山西省臨汾市，時亦爲河東南路治所。　平陽公：封爵名。郡公封號。正、從二品。

［8］昭義軍節度使：掌鎮撫諸軍防刺，總判本鎮兵馬之事，兼潞州管内觀察使事。從三品。治所在今山西省長治市。　上黨公：封爵名。郡公封號。正、從二品。

［9］山東安撫副使：爲山東安撫使副佐，兼山東按察副使之職，協助安撫使掌鎮撫人民，譏察邊防軍旅，審録重刑事，兼勸課農桑。正三品。　東莒公：封爵名。郡公封號。正、從二品。

［10］宣撫使：宣撫司長官。從一品。金章宗泰和六年（1206），置陝西路宣撫使，節制陝西兵馬。八年，改宣撫司爲安撫司，時金朝全國共設十處宣撫司。

［11］銀青榮禄大夫：文官散階，正二品下。

［12］茅土之封：指封爲王侯。古代封侯先在以五色土建成的社稷壇上根據方向取其一色土，用茅包之，稱爲茅土，給受封者在祠内立社壇。

王福，本河北義軍，積戰功累遷同知横海軍節度使事、滄州經略副使。[1]

［1］同知横海軍節度使事：爲横海軍節度使副佐，兼同知滄州管内觀察使，掌通判節度使事。正五品。治所在今河北省滄州市東南。

興定元年，福遣提控張聚、王進復濱、棣二州，[1]以聚攝棣州防禦使，[2]進攝濱州刺史。久之，福與聚有隙，聚以棣州附於益都張林。[3]

[1]張聚、王進：本書卷一〇二《田琢傳》，興定元年（1217）八月，"棣州裨將張聚殺防禦使斜卯重興，遂據棣州"。王進，生平待考。　濱、棣：兩州名。濱州治所在今山東省濱州市北，棣州治所在今山東省惠民縣。

[2]攝棣州防禦使：攝，暫時代理。棣州防禦使，棣州行政長官，從四品。

[3]益都：府名。治所在今山東省青州市。　張林：時山東有兩張林，益都張林本是益都府卒，因有復益都府之功，授益都府治中，跋扈不逞。宣宗興定三年（1219），益都張林逐益都尹田琢，朝廷無奈他何。詳見本書卷一〇二《田琢傳》。另一張林爲益都桃林寨總領，綽號"張大刀"，先降宋，後降蒙古。

興定三年九月，福上言："滄州東濱滄海，西連真定，北備大兵，[1]可謂要地。乞選重臣爲經略使，得便宜從事，以鎮撫軍民。"朝廷以福初率義兵復滄州，招集殘民，今有衆萬餘，器甲完具，自雄一方。與益都張林、棣州張聚皆爲鄰境。今利津已不守，[2]遼東道路艱阻，[3]且其意本欲自爲使，但托詞耳。因而授之，使詔集濱、棣之人，通遼東音問。今若不許，宋人或以大軍迫脅，或以官爵招之，將貽後悔。宣宗以爲然，乃以福爲本州經略使，仍令自擇副使。會福有戰功，遷遥授同知東平府事、權元帥右都監，[4]經略節度如故。興定四年，封爲滄海公，以清、滄、觀州，[5]鹽山、無棣、樂陵、東光、寧津、吴橋、將陵、阜城、蓨縣隸焉。[6]

[1]大兵：指蒙古兵。《金史》爲元朝人所修，故稱蒙古兵爲“大兵”。

[2]利津：縣名。原爲濱州永和鎮，金章宗明昌三年（1192）十二月升爲利津縣，治所在今山東省利津縣。

[3]遼東：地區名。泛指遼河以東地區。

[4]遥授同知東平府事：遥授，授官而因故不能到職視事。同知東平府事，爲東平府尹副佐，兼同知東平府總管，掌通判府事。正四品。治所在今山東省東平縣。　元帥右都監：都元帥府屬官。正三品。

[5]清、滄、觀州：清州治所在今河北省青縣，滄州治所在今河北省滄州市東南。觀州，原名景州，衛紹王大安年間，爲避章宗諱（同音字），改爲觀州，治所在今河北省東光縣。

[6]鹽山、無棣、樂陵、東光、寧津、吴橋、將陵、阜城、蓨（tiáo）縣：縣名。鹽山縣治所在今河北省鹽山縣，無棣縣治所在今山東省無棣縣，樂陵縣治所在今山東省樂陵市西南。東光縣爲觀州依郭縣，治所在今河北省東光縣。寧津縣治所在今山東省寧津縣，吴橋縣治所在今河北省吴橋縣東，將陵縣治所在今山東省德州市，阜城縣治所在今河北省阜城縣，蓨縣治所在今河北省景縣。

四月，紅襖賊李二太尉寇樂陵，[1]棣州張聚來攻，福皆擊却之。李二復寇鹽山，經略副使張文與戰，[2]李二大敗，擒其統制二人，[3]斬首二千級，獲馬三十匹。七月，宋人與紅襖賊入河北，福嬰城固守。益都張林、棣州張聚日來攻掠，滄州危蹙，福將南奔，爲衆所止，遂納款於張林。[4]東平元帥府請討福，乞益河南步卒七千、騎兵五百，滑、濬、衛州資助芻粮，[5]先定賞格以待有功。朝廷以防秋在近，[6]河南兵不可往，東平兵少不能獨成功，待至來年春，使東平帥府與高陽公併力討之，乃止。

[1]四月，紅襖賊李二太尉寇樂陵：據中華點校本本卷校勘記，本書卷一六《宣宗紀下》記此事在興定四年（1220）五月。李二太尉，人名。當是綽號或自封的官號。

[2]張文：生平不詳。

[3]統制：南宋官名。爲中下級領兵官，此爲義軍首領接受南宋的官號。

[4]納款：歸降。

[5]滑、濬（xùn）、衛州：滑州治所在今河南省滑縣，濬州治所在今河南省濬縣，衛州治所在今河南省衛輝市。　芻粮：糧草。

[6]防秋：古代軍事術語。即備戰，古人多在秋季莊稼收割後進行大規模的軍事行動，故稱備戰爲防秋。

移剌衆家奴，[1]積戰功，累官河間路招撫使，遥授開州刺史，[2]權元帥右都監，賜姓完顔氏。興定四年，與張甫俱封。衆家奴封河間公，以獻、蠡、安、深州、河間、肅寧、安平、武强、饒陽、六家莊、郎山寨隸焉。[3]

[1]移剌衆家奴：契丹人。出身不詳。

[2]開州：治所在今河南省濮陽市。

[3]獻、安、深州：州名。獻州治所在今河北省獻縣，安州治

所在今河北省安新縣，深州治所在今河北省深州市南。　河間、肅寧、安平、武强、饒陽：縣名。河間縣治所在今河北省河間市，肅寧縣治所在今河北省肅寧縣，安平縣治所在今河北省安平縣，武强縣治所在今河北省武强縣西南，饒陽縣治所在今河北省饒陽縣。　六家莊、郎山寨：地名。六家莊所在地不詳。郎山寨在今河北省保定市西北。

興定末，所部州縣皆不可守。元光元年，[1]移屯信安，[2]本張甫境内。張甫因奏："信安本臣北境，地當衝要，乞權改爲府以重之。"詔改信安爲鎮安府。是歲，與甫合兵，復取河間府及安、蠡、獻三州，與張甫皆遷金紫光禄大夫。[3]二年，衆家奴及張甫同保鎮安，各當一面，别遣總領提領孫汝楫、楊壽、提控袁德、李成分保外垣，[4]遂全鎮安。

[1]元光：金宣宗年號（1222—1223）。

[2]信安：縣名。治所在今河北省霸州市東北。

[3]金紫光禄大夫：文官散階，正二品上。

[4]總領提領：中華點校本據本書卷一一一《古里甲石倫傳》、卷四四《兵志》的相關記載，改爲"總領提控"。總領提控，有時亦簡稱總領，爲金末義軍領兵官。出土的金代官印中有"總領提控印"（見景愛《金代官印集》，第192頁）。　孫汝楫、楊壽、袁德、李成：生平均不詳。　外垣：外城牆。

未幾，衆家奴奏："鎮安距迎樂堌海口二百餘里，[1]實遼東往來之衝。高陽公甫有海船在鎮安西北，可募人直抵遼東，以通中外之意。若賞不重不足以使人，令擬應募者特遷忠顯校尉，[2]授八品職，仍賞寶泉五千貫。[3]如官職已至忠顯八品以上者，遷兩官、升職一等，[4]回日再遷兩官、升職二等。”詔從之。

[1]迎樂堌（gù）海口：指今海河入口，即天津新港一帶。

[2]忠顯校尉：武官散階，從五品下。

[3]寶泉：金代紙幣名。亦稱“寶券”“交鈔”，是宣宗貞祐年間印發的紙幣，因此又稱“貞祐寶鈔”。

[4]遷兩官、升職一等：升階官兩級、職官一級。

武仙，威州人。[1]或曰嘗爲道士，時人以此呼之。貞祐二年，仙率鄉兵保威州西山，附者日衆，詔仙權威州刺史。興定元年，破石海于真定，[2]宣差招撫使惟宏請加官賞，[3]真授威州刺史，兼真定府治中，[4]權知真定府事。[5]遷洺州防禦使、兼同知真定府事，[6]遥授河平軍節度使。[7]興定四年，遷知真定府事，兼經略使，遥領中京留守，[8]權元帥右都監。無何，封恒山公，以中山、真定府，[9]沃、冀、威、鎮寧、平定州，[10]抱犢寨，[11]欒城、南宫縣隸焉。[12]同時九府，財富兵强恒山最盛。

[1]威州：治所在今河北省井陘縣。

[2]石海：興定元年（1217）三月，石海據真定府叛金，武仙擒斬之，降其餘黨。

[3]宣差招撫使：宣差，加在官名前的號，與“欽差”相似，受皇帝直接派遣之意。　惟宏：女真人。即完顔維宏，貞祐三年（1215）曾任林州刺史，興定元年爲同知歸德府事。

[4]真定府治中：即真定府少尹。真定府屬官，正五品。

[5]權知真定府事：權，代理。知真定府事，即真定府尹，正三品。

[6]洺州：治所在今河北肥鄉縣西北。

[7]河平軍節度使：掌鎮撫諸軍防刺，總判本鎮兵馬之事，兼衛州管内觀察使事。從三品。治所在今河南省衛輝市。

[8]中京留守：中京行政長官，兼金昌府尹及本路兵馬都總管。正三品。金原無中京之號，宣宗興定元年（1217）八月，升河南府爲中京，府名金昌，治所在今河南省洛陽市。

[9]中山：府名。治所在今河北省定州市。

[10]沃、冀、鎮寧、平定州：沃州治所在今河北省趙縣，冀州治所在今河北省冀州市。鎮寧本爲真定府獲鹿縣，宣宗興定三年（1219）三月升爲鎮寧州，治所在今河北省鹿泉市。平定州治所在今山西省平定縣。

[11]抱犢寨：在今河北省鹿泉市西。

[12]欒城、南宫縣：欒城縣治所在今河北省欒城縣，南宫縣治所在今河北省南宫市。

是歲，歸順于大元，[1]副史天倪治真定。[2]仙兄貴爲安國軍節度使，[3]史天祥擊之，[4]貴亦歸順于大元。仙與史天倪俱治真定且六年，積不相能，懼天倪圖己，嘗欲南走。宣宗聞之，詔樞密院牒招之，[5]仙得牒大喜，正大二年，[6]仙賊殺史天倪，復以真定來降。大元大將笑乃䚟討仙，[7]仙走。閱月，乘夜復入真定，笑乃䚟復擊之，仙乃奔汴京。

[1]大元：元朝國號。按蒙古國當時尚未稱大元國號，元朝人修《金史》，故稱蒙古國爲“大元”。

[2]史天倪：金中都永清縣（今河北省永清縣）人。蒙古軍隊

攻中都，天倪隨其父秉直降於木華黎，爲萬户，率部爲蒙古攻略金地。木華黎任命天倪爲河北西路兵馬都元帥，駐真定，武仙副之。後武仙反正，殺天倪。《元史》卷一四七有傳。

［3］安國軍：州軍名。治所在今河北省邢臺市。

［4］史天祥：史天倪的從兄弟，隨天倪父子同時降於蒙古，被任命爲鎮撫官，替蒙古攻城掠地，時爲河北西路兵馬左副都元帥。《元史》卷一四七有傳。

［5］牒（dié）：古代官府公文。

［6］正大：金哀宗年號（1224—1232）。

［7］笑乃觪（dǎi）：蒙古人。姓怯烈氏，《元史》作“肖乃台”，爲木華黎所統領的蒙古探馬赤五軍帥之一。《元史》卷一二〇有傳。

五年，召見，哀宗使樞密判官白華導其禮儀，[1]復封爲恒山公，置府衛州。七年，仙圍上黨，[2]已而大兵至，仙遁歸。未幾，衛州被圍，内外不通。詔平章政事合達、樞密副使蒲阿救之，[3]徙仙兵屯胡嶺關，[4]扼金州路。[5]

［1］哀宗：廟號。金朝末代皇帝，本名寧甲速，漢名守禮，後改守緒，1224年至1234年在位。本書卷一七至卷一八有紀。　樞密判官：樞密院屬官，本書《百官志》失載。　白華：本書卷一一四有傳。

［2］上黨：縣名。時爲潞州依郭縣，治所在今山西省長治市。

［3］平章政事：金尚書省宰相。掌丞天子，平章萬機。正員二人，從一品。　合達：女真人。即完顔合達。本書卷一一二有傳。樞密副使：爲樞密使副佐。從二品。　蒲阿：契丹人。即移剌蒲阿。本書卷一一二有傳。

[4]胡嶺關：亦作“鶻嶺關”，在今陜西省商洛市南。

[5]金州：治所在今陜西省安康市，時爲南宋轄領。

八年十一月，大元兵涉襄漢，[1]合達、蒲阿駐鄧州，[2]仙由荆子口會鄧州軍。[3]天興元年正月丁酉，[4]合達、蒲阿敗績於三峰山，[5]仙從四十餘騎走密縣，[6]趨御寨，[7]都尉烏林荅胡土不納，[8]幾爲追騎所得。乃舍騎，步登嵩山絶頂清凉寺，[9]謂登封蘭若寨招撫使霍琢僧秀曰：[10]“我豈敢入汴京。一旦有急，縛我獻大國矣。”[11]遂走南陽留山，[12]收潰軍得十萬人，屯留山及威遠寨。[13]立官府，聚糧食，修器仗，兵勢稍振。

[1]襄漢：地區名。泛指今陜西南部和湖北北部的漢江流域。

[2]鄧州：治所在今河南省鄧州市。

[3]荆子口：今地不詳。

[4]天興：金哀宗年號（1232—1234）。

[5]三峰山：本書卷二五《地理志中》作“三封山”。在今河南省禹州市西南。

[6]密縣：治所在今河南省新密市。

[7]御寨：寨堡名。在今河南省登封市境内嵩山上。本書卷一一一《烏林荅胡土傳》記作“太平頂御寨”。

[8]都尉：原名總領，哀宗正大二年（1225）改稱都尉，官品也由原來的從五品升爲正四品。四年，又升爲從三品。　烏林荅胡土：女真人。時爲破虜都尉，本書卷一一一有傳。

[9]嵩山：即今河南省登封市境内的嵩山，爲中華五嶽之一。清凉寺：爲嵩山上的一座佛寺名。

[10]登封蘭若寨：登封，縣名，治所在今河南省登封市。蘭若

寨，寨堡名。　霍琢僧秀：人名。按霍琢應爲姓氏。本書卷五五《百官志一》所記女真姓氏中無霍琢氏，陳述《金史拾補五種》補輯的女真姓氏亦未收録。疑爲女真姓氏，待考。

[11]大國：指蒙古國。元朝人修《金史》，故稱蒙古國爲“大國”或“大朝”。

[12]南陽留山：南陽，縣名，治所在今河南省南陽市。留山，山名，在今河南省南召縣東北。

[13]威遠寨：以威遠名者有威遠堡，在甘肅省大通縣東，又以鎮名者，在今河南省南陽縣東北。疑此威遠寨與南陽市東北威遠鎮有關。

三月，汴京被圍，哀宗以仙爲參知政事、樞密副使、河南行省，詔與鄧州行省思烈合兵入救。[1]八月，至密縣東，遇大元大將速不䚟兵過之，[2]仙即按軍眉山店，[3]報思烈曰：“阻澗結營待仙至俱進，不然敗矣。”思烈急欲至汴，不聽，行至京水，[4]大兵乘之，不戰而潰。仙亦令其軍散走，期會留山。仙至留山，潰軍至者益衆。哀宗罷思烈爲中京留守，詔仙曰：“思烈不知兵，向使從卿阻澗之策，豈有敗哉。軍務一以付卿，日夕以待，戮力一心以圖後舉。”十一月，遣刑部主事烏古論忽魯召仙，[5]仙不欲行，乃上疏陳利害，請緩三月，生死入援。

[1]思烈：女真人。即完顔思烈，時爲權參知政事、行鄧州省事。本書卷一一一有傳。

[2]速不䚟：蒙古兀良哈部人。亦作“速不歹”“速不台”“碎不䚟”，時隨元太宗攻金，爲軍帥。《元史》卷一二一有傳。

［3］眉山店：地名。在今河南省鄭州市南。

［4］京水：河名。發源於今河南省新密市東北，流經鄭州市西、北，入蔡河。

［5］遣刑部主事烏古論忽魯召仙：按，下文有“忽魯剌還歸德”，忽魯剌，當爲烏古論胡魯剌的簡稱，本書《金史語解》，“胡魯剌，户長”。據中華點校本本卷校勘記，此處“胡魯”二字後脱“剌”字。刑部主事，爲刑部屬官，正員二人，從七品。

初，思烈至鄧州，承制授宣差總領黄摑三合五朵山一帶行元帥府事、兼行六部尚書。[1]及仙還留山，惡三合權盛，改爲征行元帥，[2]屯比陽。[3]三合怨仙奪其權，乃歸順于大元，大將速不解署三合守裕州。[4]三合乃詐以書約仙取裕州，可以得志，仙信之。三合乃報大元大將，遣兵夾擊，敗仙于柳河，[5]仙跳走聖朵寨。[6]

［1］宣差總領：有時亦稱元帥。出土的金代官印中有“宣差總領之印”（見景愛《金代官印集》，文物出版社 1991 年版，第 64 頁）。　黄摑三合：女真人。三合於天興三年（1234）六月在汴京與李伯淵等合謀殺死崔立及其黨羽。詳見本書卷一一五《崔立傳》。五朵山：《元史》卷一六四《魏初傳》作“五垛山”，山在今河南省鎮平縣西北九十里。　行六部尚書：代行六部尚書的職權，其官署簡稱“行部”。

［2］征行元帥：即領兵元帥。三合原爲行元帥府事，兼行部，集軍政財大權於一身，武仙忌之，故奪其權，祇令其領兵。

［3］比陽：縣名。治所在今河南省泌陽縣。

［4］裕州：原爲方城縣，金章宗泰和八年（1208）正月升爲裕州，治所在今河南省方城縣。

［5］柳河：不詳所指，待考。

［6］聖朵寨：據下文有“乃由荆子口東還，自内鄉將入聖朵寨”。知聖朵寨當在今河南省西峽縣東。

初，沈丘尉曹政承制召兵西山，[1]裕州防禦使李天祥不用命，[2]政斬之以徇。[3]仙至聖朵，謂政曰：“何故擅誅吾將？”政曰：“天祥違詔逗遛不行，[4]政用便宜斬之。”仙怒曰：“今日宣差來起軍，明日宣差來起軍，因此軍卒戰亡殆盡矣。自今選甚人來亦不聽，且教兒郎輩山中休息。”又曰：“天祥果有罪，待我來處置，汝何人輒敢殺之。”政曰：“參政柳河失利，不知存亡，天祥違詔，何爲不殺。”仙大怒，叱左右奪政所佩銀牌，[5]令總領楊全械繫之。[6]會赦，猶囚之，及仙敗始得釋，與楊全俱降宋。

［1］沈丘尉：即沈丘縣尉。沈丘縣屬官。掌巡捕盗賊。正九品。沈丘縣治所在今河南省宛丘縣。　曹政：生平不詳。

［2］李天祥：生平不詳。

［3］斬之以徇：斬首示衆。

［4］違詔：違抗皇帝下達的勑命。

［5］銀牌：銀制兵符。

［6］楊全：武仙部下，後降宋。

是時，哀宗走歸德，[1]遣翰林修撰魏璠間道召仙。[2]行至裕州，會仙敗于柳河，璠矯詔招集潰軍以待仙，[3]仙疑璠圖己。二年正月，仙閲兵，選鋒尚十萬，[4]璠曰：“主上旦夕西首望公，公不宜久留於此。”仙怒，幾殺播。播及忽魯剌還歸德，[5]仙乃奏請誅播，哀宗不聽，以播爲歸德元帥府經歷官。[6]播字邦彦，渾源人，[7]貞祐二年進士云。[8]

[1]歸德：府名。治所在今河南省商丘市。

[2]翰林修撰：翰林院屬官。分掌詞命文字，分判院事。不限員，從六品。　魏播：《歸潛志》卷三作注云："魏播亦作皤。"金亡後，魏播返回故里。元世祖聞其名，徵至和林，訪以當世之務。播條陳三十餘事，舉名士六十余人，多被采納。後卒於和林。見《元史》卷一六四《魏初傳》。

[3]矯詔：假傳皇帝詔命。

[4]選鋒：古代軍事術語。意爲精兵。

[5]忽魯剌：女真人，即前文的"刑部主事烏古論忽魯"。

[6]元帥府經歷官：元帥府屬官。從五品。

[7]渾源：縣名。治所在今山西省渾源縣。按《元史·魏初傳》記，魏初是弘州順聖縣人，與此記魏氏是渾源人異。魏播是魏初的從祖父，或是魏初之祖、父移居弘州順聖縣，抑或是記載有誤，存疑待考。

[8]貞祐二年進士：檢金代科舉史料，知貞祐二年（1214）並無科舉取士之事。本書卷一二六《李獻能傳》記，獻能爲貞祐三年特賜詞賦進士第一人。《元史·魏初傳》記魏播爲貞祐三年進士，故此處"二年"應是"三年"之誤。

仙部將董祐有戰功，[1]詔賜虎符，[2]仙畏其偪己，[3]久不與佩。祐憾之，乃結官奴欲殺仙，[4]猶豫未敢發。近侍局使完顔四和有謀敢斷，[5]嘗徵兵鄧州，禦牧使移剌呆合有異志，[6]四和以計誅之。祐使謂四和曰："仙終不肯入援，祐等位卑，力不能誅，惟君爲國家圖之。”四和曰：“已殺呆合，復殺武仙，他日使者來，人誰肯信。”不從。仙知祐嘗有此謀，使祐使河北，其後竟殺之。

[1]董祐：生平不詳。

[2]虎符：金章宗承安年間，參照漢、唐舊制，制虎形兵符，爲五左一右。左者留皇帝處，右者授予各路領兵官掌之。若欲徵發兵員、變易將帥，皇帝派專使持左符一馳送軍中。左、右符勘合，則統兵長官奉詔而行。

[3]偪：“逼”的異體字。

[4]官奴：即蒲察官奴。王鶚《汝南遺事》卷一記，官奴是契丹人，賜姓蒲察。本書卷一一六有傳。

[5]近侍局使：爲近侍局提點副佐。從五品。近侍局掌侍從，承勅命，轉進奏帖。《歸潛志》卷七，“金朝近侍之權甚重，置近侍局於宮中，職雖五品，其要密與宰相等，如舊日中書。故多以貴戚、世家、恩幸者居其職，士大夫不預焉”。　完顏四和：女真人。生平不詳。

[6]禦牧使：中華點校本據本書卷五六《百官志二》的相關記載，改爲“圉牧使”。圉（yǔ）牧使，爲圉牧司長官，金宣宗興定二年（1218）始置，掌馬匹養殖放牧之事。正七品。　移剌呆合：契丹人。生平不詳。

三月，仙以聖朵軍食不足，徙軍鄧州，仰給于鄧州總帥移剌瑗。[1]鄧州倉廩亦乏，乃分軍新野、順陽、淅川就食民家。[2]遣講議官朱槩、劉琢往襄陽，[3]借糧于宋制置使史嵩之。[4]琢、槩持兩端，畏留。廼以情告史嵩之曰："仙兵勢不復振矣。"且曰："名爲借糧，實欲納款，待將軍一諾耳。"嵩之以爲實然，遣田俊持書報仙。[5]四月，仙遣大理少卿張伯直取糧于襄陽，[6]屯軍小江口以待之。[7]嵩之聞張伯直至大喜，謂仙送款矣，發書乃謝狀也，大怒，留伯直不遣。

［1］移剌瑗：契丹人。又名移剌粘合，亦作"移剌粘何""移剌粘割""移剌粘葛""移剌粘哥""曳剌粘合"。後以鄧州降於宋，改名劉介。《歸潛志》卷六記，粘合與其弟粘古俱好文，"幕府延致名士。初帥彭城，雷希顔在幕，楊叔能、元裕之皆游其門，一時士望甚重"。瑗後降宋，死於宋地。

［2］新野、順陽、淅川：鎮名。新野鎮在今河南省析野縣，順陽鎮舊址在今河南省内鄉縣西南，淅川鎮在今河南省析川縣。《宋史》卷四一二《孟珙傳》，"金順陽令李英以縣降"。疑此三鎮金末已改爲縣，《金史》失載，存疑待考。

［3］講議官：即講議所官員。金哀宗天興元年（1232）十二月，設講議所，掌受陳文字，以大理寺卿納合德輝、户部尚書完顔珠顆、中京留守愛失等總其事。　朱槩、劉琢：槩，是"概"的異體字。二人生平不詳。　襄陽：南宋府名。治所在今湖北省襄樊市。

［4］宋制置使：南宋官名。《宋史》卷一六七《職官志七》，"制置使，不常置。掌經畫邊鄙軍旅之事"。　史嵩之：南宋慶元府鄞縣（今浙江省寧波市）人。嘉定十三年（1220）進士，時以大理卿兼刑部侍郎，京西、湖北制置使，知襄陽府。《宋史》卷四一四有傳。

［5］田俊：爲史嵩之的部下。

［6］大理少卿：大理寺屬官。爲大理寺卿副佐，協助大理寺卿審斷天下奏案，詳讞疑獄。從五品。　張伯直：生平不詳。

[7]小江口：即江西信豐縣西南小江鎮，位於兩河合流之處。

仙自順陽入鄧州，移剌瑗畏逼，以女女仙，[1]仙不疑納之，乃還順陽。鄧州糧盡，瑗終疑仙。五月，瑗舉城降宋。[2]嵩之益知仙軍虛實，使孟珙率兵五千襲仙軍於順陽。[3]是時，仙令士卒刈麥供軍，未至二里許始覺，仙率帳下百餘人迎擊之，孟珙不敢前。俄頃，軍士稍集，有五六百人，大敗珙兵。珙與數百人脱走，生擒其統制、統領數十人，獲馬千餘。[4]至是，槩、琢安謂將納款于嵩之之語泄矣，仙皆誅之。

[1]以女女仙：把女兒嫁給了武仙。

[2]五月，瑗舉城降宋：《宋史》卷四一《理宗紀一》紹定六年（1233）五月庚戌，"鄧州移剌以城來降"。所記"移剌"應即移剌瑗（移剌粘合），脱其名。

[3]孟珙：南宋隨州棗陽縣（今湖北省棗陽市）人。時爲京西兵馬鈐轄，領兵駐札棗陽。《宋史》卷四一二有傳。

[4]珙與數百人脱走，生擒其統制、統領數十人，獲馬千匹：《宋史》卷四一二《孟珙傳》記，此役宋方斬首三千，馬牛駱駝以萬計，歸其民三萬一千有奇。宋、金兩史所記迥異，是各隱其所敗揚其所勝。統制、統領，爲南宋中下級領兵官。

移剌瑗本名粘合，字廷玉。世襲契丹猛安，[1]累功鄧州便宜總帥。既至襄陽，使更姓名，稱歸正人劉介，具將校禮謁制置使。瑗大悔恨，明年三月，疽發背死。

[1]世襲契丹猛安：猛安，爲女真語，原意是"千"，故猛安

官亦稱千夫長、千户。金初定制以三百户爲一謀克，十謀克爲一猛安。猛安既是軍政合一的社會組織名稱，也是其長官的名稱。金代女真人、契丹人、奚人長期保留猛安謀克組織形式。猛安官可由貴族世襲，即世襲猛安，亦稱“世官”。猛安掌修理軍務，訓練武藝，勸課農桑，主本猛安的行政事務。從四品。

孟珙雖敗而去，仙懼宋兵復來，七月，徙淅川之石穴。[1]是時，哀宗在蔡州，[2]遣近侍兀顔責仙赴難，[3]詔曰：“朕平日未嘗負卿，國家危難至此，忍擁兵自恃，坐待滅亡邪。”將士聞之，相視哽咽，皆願赴難與國同生死。仙懼衆心有變，乃殺馬牛，與將士三千人歃血盟誓，[4]不負國家，衆乃大喜。

[1]石穴：山名。在今河南省析川縣南。時武仙在山上立寨，稱“石穴山寨”。

[2]蔡州：治所在今河南省汝南縣。

[3]兀顔：女真人，生平不詳。

[4]歃（shà）血盟誓：微飲、口含或口塗牲畜之血宣誓。是古代的一種盟誓儀式。

無何，仙復謂衆曰：“蔡州道梗，吾兵食少，恐不能到。且蔡不可堅守，縱到亦無益。近遣人覘視宋金州，百姓據山爲栅極險固，廣袤百里，積糧約三百萬石。今與汝曹共圖之，可不勞而下，留老弱守此寨以爲根本，然後選勁勇趨蔡，迎上西幸未晚也。”衆未及應，即令戒行李。[1]取淅川溯流而上，山路險阻，霖雨旬日水湍悍，老幼溺死者不可勝數，糧食絶，軍士亡者八九。

[1]戒行李：準備行李。

仙計無所出，八月，乃由荆子口東還，自内鄉將入聖朵寨，[1]至峽石左右八疊秋林，[2]聞總領楊全已降宋，留秋林十日乃遷大和。[3]九月，至黑谷泊，[4]進退失據，遂謀北走，行部尚書盧芝、侍郎石玠不從。

[1]内鄉：縣名。治所在今河南省西峽縣。

[2]峽石左右八疊秋林：峽石，山名。八疊秋林，地名。由上下文涉及的地點推之，二者應皆在今河南省西峽縣和淅川縣之間。

[3]大和：寨名。宋置，在今陝西省神木縣西南五十里，亦稱“太和”。

[4]黑谷泊：地名。今甘肅省天水市西有黑谷山、黑谷關，黑谷泊是否在此，待考。

芝字庭瑞，河東人，[1]任子補官，以西安軍節度使行尚書。[2]玠字子堅，河中人，崇慶二年進士，[3]以汝州防禦使行侍郎。[4]二人相與謀曰：“吾等知仙不恤國家久矣。諫之不從，去之未可，事至今日，正欠蔡州一死耳。假若不得到蔡州，死於道中猶勝死於仙也。”既去，仙始覺，追玠殺之。芝走至南陽，爲土賊所害。

[1]河東：地區名。泛指黄河大曲折以東的山西省中南部地區及河北省。

[2]西安軍：軍州名。本書《地理志》失載，卷二五《地理志

中》陝州，“貞祐二年升爲節鎮”，疑西安軍節度使治所在陝州，存疑待考。

[3]崇慶：金衛紹王年號（1212—1213）。

[4]汝州防禦使：汝州長官。掌防捍不虞，禦制盜賊，主治州事。從四品。治所在今河南省汝州市。　行侍郎：即行部侍郎。

甲午，蔡州破。粮且盡，將士大怨，皆散去。仙無所歸，乃從十八人北渡河，又亡五人。五月，趨澤州，[1]爲澤之戍兵所殺。

[1]澤州：治所在今山西省晋城市。

張甫，賜姓完顔氏。初歸順大元。涿州刺史李瘸驢招之，[1]興定元年正月，甫與張進俱來降。東平行省蒙古綱承制除甫中都路經略使，[2]進經略副使。二年，苗道潤死，河北行省侯摯承制以李瘸驢權道潤中都路經略使，甫與張柔爲副。頃之，苗道潤之衆請以靖安民代道潤。是時，張柔、安民實分掌道潤部衆，朝廷乃以瘸驢爲中都東路經略使，自雄、霸以東皆隸之。[3]

[1]涿州：治所在今河北省涿州市。　李瘸驢：瘸驢或是綽號。宣宗時官至中都東路經略使，後降於蒙古。

[2]東平行省：即行東平尚書省事，治所在今山東省東平縣。　蒙古綱：咸平府猛安女真人。章宗承安五年（1200）進士，宣宗時，綱行省於邳州，興定五年（1221），邳州發生兵變，綱遇害。本書卷一〇二有傳。

[3]雄、霸：州名。雄州治所在今河北省雄縣，霸州治所在今

河北省霸州市。

甫、進與永定軍節度使賈仝不協，[1]以兵相攻，奪據仝地。取仝馬以遺經略使李瘸驢，[2]瘸驢受之。朝廷怪瘸驢不能和輯州府，乃有向背，召瘸驢別與官職。詔東平蒙古綱講睦甫與賈仝。綱遣同知安武軍王郁、博野令高常住往平之，[3]輒留瘸驢不遣，因奏曰："張甫本受瘸驢招降，情意厚善，今遣郁先與瘸驢議所以平之者然後可。况甫等不識禮義之人，瘸驢就徵則皆自疑，恐生他變，故不避專擅之罪。"詔從綱奏。未幾，賈仝復以兵補甫部民，殺甫參議官邢琿，[4]甫率兵攻之，賈仝敗走，遂自縊死。甫請符印以安輯部衆，詔與之。

[1]永定軍：州軍名。治所在今河北省雄縣。

[2]遺（wèi）：贈送。

[3]同知安武軍：爲安武軍節度使副佐。正五品。安武軍治所在今河北省冀州市。　王郁：生平不詳。　博野令：即博野縣令。博野縣治所在今河北省蠡縣。　高常住：生平不詳。

[4]參議官：金末行府和宣撫司均有參議官。又稱參謀官，本書《百官志》失載。　邢琿：生平不詳。

無何，李瘸驢歸順大元。甫爲中都東路經略使、遥授同知彰德府事、權元帥右都監。[1]三年，張進爲中都南路經略使。甫奏："真定兵衝，乞遣重臣與恒山公武仙併力守之。"不報。及真定不守，甫復奏："權元帥右都監柴茂保冀州水寨，[2]孤立無援，若不益兵，非臣之所知也。"

[1]同知彰德府事：爲彰德府尹副佐。正四品。彰德府治所在今河南省安陽市。　權元帥右都監：權，代理。元帥右都監，爲都元帥府屬官，掌征伐之事。從三品。

[2]柴茂：生平不詳。

四年，甫封高陽公，以雄、莫、霸州，[1]高陽、信安、文安、大成、保定、静海、寶坻、武清、安次縣隸焉。[2]元光元年，移剌衆家奴不能守河間，甫居之信安。是歲，以功進金紫光禄大夫，始賜姓完顔。二年二月，張進亦遷元帥左監軍，賜姓完顔。

[1]莫：州名。治所在今河北省任丘縣。

[2]高陽、信安、文安、大成、保定、静海、寶坻、武清、安次：縣名。高陽縣治所在今河北省同陽縣東。信安縣治所在今河北省霸州市東北，金宣宗元光元年（1222）升爲鎮安府。文安縣治所在今河北省文安縣。大成，中華點校本據本書卷二四《地理志上》的相關記載，改"大成"爲"大城"。大城縣治所在今河北省大城縣。保定縣治所在今河北省霸州市南。静海縣原爲清州窩子口鎮，金章宗明昌四年（1193）升爲静海縣，治所在今天津市静海縣。寶坻縣治所在今天津市寶坻區，武清縣治所在今天津市武清區西北，安次縣治所在今河北省永清縣北。

靖安民，德興府永興縣人。[1]貞祐初，充義軍，歷謀克、千户、總領、萬户、都統，[2]皆隸苗道潤麾下。以功遥授定安縣令，[3]遷涿州刺史，遥授順天軍節度使，充提控。興定元年，遥控安武軍節度使。[4]

[1]德興府永興縣：德興府原爲遼奉聖州，金初因其舊名，衛紹王大安元年（1209）升爲德興府。永興是德興府依郭縣，與府同治，治所在今河北省涿鹿縣。

[2]謀克、千户、總領、萬户、都統：皆爲金末義軍官名。金末義軍謀克，是專職軍官，衹領三十人。千户衹轄五謀克。義軍千户、謀克已成爲無品級的流外官。義軍萬户轄四千户，正九品。都統轄八萬户，正七品。

[3]定安縣：金宣宗貞祐二年（1214）四月升爲定安州，治所在今河北省蔚縣東北。

[4]安武軍：州軍名。治所在今河北省冀州市。

興定二年，遷知德興府事、中都路總領招撫使。[1]是歲，苗道潤死，安民代領其衆，行省承制以涿州刺史李瘸驢權中都路經略使。三年，詔瘸驢自雄、霸以東爲中都東路經略使，自易州以西安民爲中都西路經略使，西山義軍屯壘諸招撫皆隸焉。

[1]知德興府事：德興府長官。主治府事。正三品。

四年，遥授知德興府事，權元帥左監軍，行中都西路元帥府事。三月，安民上書曰："苗道潤撫定州縣五十餘城，其功甚大。西京路經略使劉鐸嫉其功，[1]反間賈瑀、李琛與道潤不協，轉相攻伐，竟以陰謀殺道潤。鐸令所部劉智元等掠鎮撫孫資孫、招撫楊德勝家人二十餘口，[2]錮之山寨。若鐸常居此，恐致敗事。"劉鐸亦遣副使劉璋指南京自訴，[3]且言：“安民侵入飛狐之境，[4]冒濫封拜，[5]誘惑人心，强抑總領馮通等輸銀粟。[6]索飛狐總領王彦暉，彈壓劉智元、杜貴，[7]欲充偏裨。[8]彦暉等拒之，輒殺貴而杖智元，竟驅彦暉而去。”又言：“經略職卑，以致從宜李栢山等日謀見害，乞許罷去。”廷議，劉鐸本行招誘逋亡，今乃與安民互相論列以起争端。苗道潤死，安民實代領其衆，彦暉等軍本隸道潤，當聽安民節制。乃召鐸還。頃之，封易水公，[9]以涿、易、安肅、保州，[10]君氏川、季鹿、三保河、北江，礬山寨、青白口、朝天寨、水谷、㰍谷、東安寨隸焉。[11]十月，安民出兵至礬山，復取簷車寨。[12]

大元兵圍安民所居山寨，守寨提控馬豹等以安民妻子及老弱出降，安民軍中聞之駭亂，衆議欲降以保妻子，安民及經歷官郝端不肯從，遂遇害。詔贈金紫光禄大夫。

[1]西京路：治所在今山西省大同市。　劉鐸：生平不詳。

[2]劉智元：即下文所記的“彈壓劉智元”。　鎮撫：官名。本書《百官志》失載。　孫資：生平不詳。　招撫：即招撫使。楊德勝：生平不詳。

[3]副使：即西京路經略副使。　劉璋：生平不詳。

[4]飛狐：縣名。治所在今河北省淶源縣。

[5]冒濫封拜：胡亂任命官吏。

[6]輸銀粟：向政府進獻糧食和白銀。

[7]彈壓：官名。本書《百官志》失載，金大定年間有彈壓謀克。出土的金代官印中有“忠孝軍彈壓印”“都彈壓所之印”（見景愛《金代官印集》，第183、184頁）。　杜貴：生平不詳。

[8]欲充偏裨：想讓他們充當自己的偏將副將。

[9]頃之封易水公：據中華點校本本卷校勘記，本卷《苗道潤傳》記，靖安民封易水公在興定四年（1220）二月，此處記在三月之後，似誤。

[10]安肅：州名。治所在今河北省徐水縣。

[11]尹氏川、季鹿、三保河、北江、礬山寨、青白口、朝天寨、水谷、檑谷、東安寨：地名、寨堡名。尹氏川在今河北省涿鹿縣境内，礬山寨在今河北省懷來縣官廳水庫東南。青白口、朝天寨、水谷、檑谷均在今河北省順平縣西北，東安寨在今河北省順平縣北。其餘地點不詳。

[12]簷車寨：所在地不詳。

郭文振字拯之，太原人。承安二年進士。[1]累官遼州刺史。[2]貞祐四年，昭義節度使必蘭阿魯帶請升遼州爲節鎮，[3]廷議遼州城郭人户不稱節鎮，而文振有功當遷，乃以本官充宣差從宜都提控。[4]興定元年，詔文振接應苗道潤，恢復中都，會道潤與賈仝相攻而止。

[1]承安：金章宗年號（1296—1200）。

[2]遼州：治所在今山西省左權縣。

[3]昭義：軍州名。治所在今山西省長治市。　必蘭阿魯帶：女真人。本書卷一〇二有傳。

[4]宣差從宜都提控：提控前加“都”字，意爲“總”。宣差、從宜，均爲官名前所加的號。

文振治遼州，深得衆心。興定三年，遷遥授中都副留守，[1]權元帥左都監，行河東北路元帥府事，[2]刺史、從宜如故。文振招降太原東山二百餘村，遷老幼于山寨，得壯士七千，分駐營栅，防護秋穫。文振奏："若秋高無兵，直取太原，河東可復。"優詔許之。十月，權元帥右都監、行元帥府事，[3]與張開合堅、臺州兵復取太原。[4]四年，詔升樂平縣爲臬州，[5]壽陽縣西張寨爲晋州，[6]從文振之請也。

[1]中都副留守：爲中都留守副佐，兼大興府同知、同知中都路兵馬都總管。正四品。

[2]河東北路：治所在今山西省太原市。

[3]十月，權元帥右都監、行元帥府事：據中華點校本本卷校勘記，本書卷五五《百官志一》記，都元帥府屬官中依次是元帥左監軍、元帥右監軍，皆爲正三品；元帥左都監、元帥右都監，皆爲從三品。本傳上文記文振已"權元帥左都監"，此處不應又"權元帥右都監"。"右都監"疑是"右監軍"之誤。

[4]與張開合堅、臺州兵復取太原：據本書卷一五《宣宗紀中》興定三年（1219）十一月"謀復太原"，非實取。堅，州名。原爲代州繁峙縣，宣宗貞祐三年（1215）九月升爲堅州，治所在今山西省繁峙縣。臺州原爲代州五臺縣，貞祐四年三月升爲臺州，治所在今山西省五臺縣。

[5]樂平縣：原爲平定州屬縣，治所在今山西省昔陽縣。

[6]壽陽縣：治所在今山西省壽陽縣。　晋州：治所在今山西省壽陽縣西。

文振上疏曰："揚子雲有言：'御得其道則天下狙詐咸作使，御失其道則天下狙詐咸作敵。'[1]有天下者審所御而已。河朔自用兵之後，郡邑蕭然，並無官長，武夫悍卒因緣而起以爲得志，僭越名位，[2]瓜分角競以相侵攘，[3]雖有内除之官亦不得領其職，[4]所爲不法，可勝言哉？乞行帥府擅請便宜，妄自誇張以尊大其權，包藏之心蓋可知也。[5]朝廷因而撫之，假權傳授，[6]至與各路帥府力侔勢均，[7]不相統屬。陝西行省總爲節制，[8]相去遼遠，道路梗塞，卒難聞知。故飛揚跋扈無所畏憚，鄰道相望莫敢誰何。自平陽城破以來，河北不置行省，朝廷信臣不復往來布揚聲教，但令曳剌行報而已。[9]所司勞以酒食，悦以貨財，借其聲譽共欺朝廷。姦倖既行，遂至驕恣，變故之生何所不有，此臣所以夙夜痛心而爲之憂懼也。乞分遣公廉之官徧詣訪察，庶知所在利害之實。伏見澤、潞等處芻糧猶廣，人民猶衆，地多險阻，乞選重臣復置行省，皆聽節制，上下相維可臂指使之，則國勢日重，姦惡不萌矣。”是時，澤、潞已詔張開規劃，不能盡用文振之言，但令南京兵馬使术甲賽也行帥府於懷、孟而已。[10]是歲，封晋陽公，河東北路皆隸焉。

[1]揚子雲：即揚雄，亦作“楊雄”，字子雲。西漢蜀郡成都（今四川省成都市）人，王莽時，揚雄校書天禄閣，官大夫，以文章名世。　御得其道則天下狙詐咸作使，御失其道則天下狙詐咸作敵：這兩句話的大意是，有天下者如統治得法，天下的奸猾狡詐之徒都會聽從驅使；如統治不得法，奸詐之徒就會與你爲敵。

[2]僭越名位：超越自身的官位名號。

[3]瓜分角競：瓜分地盤，角逐職權。　侵攘：侵占，侵奪。

[4]内除之官：指由朝廷委任派出的官員。

[5]包藏之心：内懷不臣之心。

[6]假權傅授：即朝廷非正式地權且敷衍授予官職。假，非正式的。權，權且。傅，通“敷”，敷衍之意。

[7]力侔勢均：勢均力敵，不相上下。

[8]陝西行省：軍政官署名。即陝西行尚書省，治所在今陝西省西安市。

[9]曳剌：吏名。本書卷五五《百官志一》尚書省架閣庫有管勾的同管勾官，“掌總察左右司大程官追付文牘，並提控小都監給受紙筆”。下置曳剌二十人，其職掌應是替尚書省遞送官文。

[10]南京兵馬使：本書《百官志》失載。或爲南京統軍使的别稱，待考。　术甲賽也：女真人。生平不詳。　懷、孟：州名。懷州治所在今河南省沁陽市，孟州治所在今河南省孟州市。

文振奏：“孟州每以豪猾不逞之人攝行州事，朝廷重於更代，就令主之。去年，伯德和攝刺史，[1]提控伯德安殺之，[2]奪其職。河東行省以陳景璠代安，[3]安内不能平，因誣告景璠死罪，朝廷未及按問，安輒逐之。恥受臣節制，宣言于衆，待道路稍通當隸恒山公節制。今真定已不守，安猶向慕不已。臣徵兵諸郡，安輒詭辭不遣。臣若興師，是自生一敵，非國家之便也。聞安有女，臣輒違律令爲姪孫述娶之，[4]安遂見許。臣非願與安爲姻，爲公家計，屑就之耳。[5]自結親以來，安頗循率以從王事，法不當娶而輒娶之，敢以此罪爲請。”宣宗嘉其意，遣近臣慰諭之。

[1]伯德和：奚人。生平不詳。

[2]伯德安：奚人。生平不詳。

[3]陳景璠：生平不詳。

[4]律令：法律條文。

[5]屑就之：勉强成全此事。

文振復奏："武仙所統境土甚大，雖與林州元帥府共招撫之，[1]乞更選本土州縣官，重其職任，同與安集，可使還定。"宣宗用其策。

[1]林州：本爲彰德府林慮鎮，後升爲林慮縣。宣宗貞祐三年（1215）十月升爲林州，置元帥府，興定三年（1219）九月升爲節鎮。治所在今河南省林州市。

五年，文振奏："臣所統嵐、管、隩、石、寧化、保德諸州，[1]境土濶遠，不能周知利害，恐誤軍國大計。伏見葭州刺史古里甲蒲察智勇過人，[2]深悉河東事勢，乞令行元帥府事，或爲本路兵馬都總管，[3]與臣分治。"詔文振就擇可者處之便地，仍受文振節制。

[1]嵐、管、隩（ào，亦讀 yù）、石、寧化、保德：州名。嵐州治所在今山西省嵐縣北，管州治所在今山西省静樂縣，隩州治所在今山西省河曲縣東南，石州治所在今山西省離石縣，寧化州治所在今山西省寧武縣西南，保德州治所在今山西省保德縣。

[2]葭（jiā）州：治所在今陝西省佳縣。　古里甲蒲察：女真人。生平不詳。

[3]兵馬都總管：爲路級軍政長官，由總管府府尹兼任。掌統諸城隍兵馬甲仗，總判府事。正三品。出土的金代官印中有"河東南路兵馬都總管印"，印背刻小字"大定十一年"（見景愛《金代

官印集》，第 16 頁）。

上黨公張開以厚賞誘文振將士，頗有亡歸者。詔分遼、潞粟賑太原饑民，張開不與。文振奏其事，詔遣使慰諭之。文振復申前請，以葭州刺史古里甲蒲察分治嵐、管以西諸州，制可，[1]仍令防秋後再度其宜。文振請分上黨粟以贍太原，詔文振與張開計度。頃之，詔以石州隸晉陽公府。

[1]制：皇帝的勅命。

元光元年，林州行元帥府惟良得罪召還，[1]文振奏："近聞惟良召還，臣竊以爲不可。惟良在林州五歲，政尚寬厚，大得民心，今兹被召，軍民遮路泣留。其去未幾，嚢尖之衆作亂，[2]逐招撫使康瑭。[3]乞遣惟良還林州爲便。"不許。

[1]惟良：《高麗史》卷二一有完顏惟孚、完顏惟基，疑此惟良是女真人完顏惟良。待考。

[2]嚢尖：寨堡名。地在今河南省林州市境内。

[3]康瑭：生平不詳。

文振上書："乞遣前平章政事胥鼎行省河北，[1]諸公府、帥府並聽節制，詔諭百姓使知不忘遺黎之意，然後以河南、陝西精鋭併力恢復。"不報。文振復奏："河朔百姓引領南望，臣再四請於樞府，[2]但以會合府兵爲言。[3]公府雖號分封，力實單弱，且不相統攝，所在被兵。朝廷不即遣兵復河北，人心將以爲舉河朔而棄之，甚非計也。”文振大抵欲起胥鼎爲行省，定河北，朝廷不能用。

[1]胥鼎：代州繁峙縣（今山西省繁峙縣）人。尚書右丞胥持國之子，世宗大定二十八年（1188）中進士，哀宗時官至平章政事，封英國公，爲金朝後期一代名相。本書卷一〇八有傳。

[2]樞府：指樞密院和元帥府。

[3]府兵：指各郡公統領的軍隊。

二年，詔文振應援史詠復河東。[1]是歲，遼州不能守，徙其軍于孟州，以部將郝安等爲文振副，[2]護沿山諸寨。文振辭公府，詔不許。頃之，文振部將汾州招撫使王遇與孟州防禦使納蘭謀古魯不相能，[3]復徙衛州，然亦不可以爲軍，迄正大間，寓于衛而已。

[1]史詠：元光元年（1222）爲同知平陽府事，賜號“守節忠臣”，封平陽公。

[2]郝安：生平不詳。

[3]納蘭謀古魯：女真人。生平不詳。

胡天作字景山，管州人。初以鄉兵守禦本州，累功少中大夫、管州刺史。[1]興定二年，遥授同知太原府事，刺史如故。是歲，平陽失守，改同知平陽府事。

[1]少中大夫：文官散階，從四品下。

三年，復取平陽，天作言："汾、潞皆置帥府，平陽大鎮，今稍完復，所管州縣不下十萬户，復業者相繼不絶，其過汾、潞達甚，[1]宜一體置之。"是時，晉安、嵐州皆有帥府，乃以大作充便宜招撫使、權元帥左都監。四年，封平陽公，以平陽、晉安府，隰、吉州隸焉。[2]天作請以晉安府之翼城縣爲翼州，[3]以垣曲、絳縣隸焉。[4]置平水縣于汾河之西，[5]朝廷皆從之。

[1]其過汾、潞達甚："達甚"，中華點校本據殿本改爲"遠甚"。

[2]隰、吉州：隰州治所在今山西省隰縣。吉州原名耿州，金章宗明昌元年（1190）改爲吉州，治所在今山西省吉縣。

[3]翼城縣：治所在今山西省翼城縣。金宣宗興定四年（1220）七月升爲翼州，元光二年（1223）又升爲節鎮，軍名翼安。

[4]垣曲、絳縣：垣曲縣治所在今山西省垣曲縣東南的黄河北岸，絳縣治所在今山西省絳縣。

[5]平水縣：治所在汾河之西，具體地點不詳。

初，軒成本隸程琢麾下，[1]琢死，成率衆保隰州，以爲同知隰州軍州事、兼提控軍馬。[2]成增繕器甲，招納亡命，頗有他志。是時，隰州方用兵，未可制，天作請增置要害州縣，以分其勢。隰州之境蒲縣最居其衝，[3]可改爲州，隰川之仵城鎮可改爲縣，[4]選官守備。詔升蒲縣爲蒲州，以大寧縣隸之，[5]仵城鎮爲仵城縣。天作守平陽凡四年，屢有功，詔録其子定哥爲奉職。

[1]軒成：人名。生平不詳。

[2]同知隰州軍州事：爲隰州刺史副佐，通判州事。正七品。

[3]蒲縣：金宣宗興定五年（1221）正月升爲蒲州，治所在今山西省蒲縣。

[4]隰川之仵城鎮：隰川，縣名。爲隰州依郭縣，治所在今山西省隰縣。仵城鎮，宣宗興定五年（1221）正月升爲仵城縣，治所在今山西省隰縣南的仵城鎮。

[5]大寧縣：治所在今山西省大寧縣。

元光元年十月，青龍堡危急，[1]詔遣古里甲石倫會張開、郭文振兵救之，[2]次彈平寨東三十里，[3]不得進。知府事朮虎忽失來、總領提控王和各以兵歸順，[4]臨城索其妻子，兵民皆潰，執天作出。天作已歸順，詔誅忽失來子之南京者，命天作子定哥承應如故。天作已受大元官爵，佩虎符，招撫懷、孟之民，定哥聞之乃自經死，贈信武將軍、同知睢州軍州事。[5]詔張開、郭文振招天作，天作至濟源欲脫走，[6]先遣人奏表南京，大元大將惡其反復，遂誅之。

[1]青龍堡：寨堡名。在今山西省吉縣東南。

[2]古里甲石倫：女真人。時爲權元帥左都監。本書卷一一一有傳。

[3]彈平寨：所在地不詳。

[4]朮虎忽失來：女真人。生平不詳。　王和：生平不詳。

[5]信武將軍：武官散階，從五品上。　同知睢州軍州事：爲刺史副佐。正七品。睢州治所在今河南省睢縣。

[6]濟源：縣名。治所在今河南省濟源市。

天作死後，宣宗以同知平陽府事史詠權行平陽公府事，後封平陽公。平陽初破，詠父祚、母蕭氏藏於窟室，索出之，使祚招詠，祚乃自縊死，蕭氏逃歸。詠妻梗氏亦自死。宣宗贈祚榮禄大夫、京兆郡公，[1]謚成忠。蕭氏封京兆郡太夫人，[2]賜號歸義。梗氏贈京兆郡夫人，[3]謚義烈。未幾，詠乞内徙，徙其軍于解州、河中府。

[1]榮禄大夫：文官散階，從二品下。　京兆郡公：封爵名。郡公封號，正、從二品。

[2]京兆郡太夫人：封爵名。郡公母封號。

[3]京兆郡夫人：封爵名。郡公夫人封號。

張開賜姓完顔氏，景州人。[1]至寧末，[2]河北兵起，開團結鄉兵爲固守，累功遥授同知清州防禦事，[3]兼同知觀州事。[4]

[1]景州：金衛紹王大安年間，爲避金章宗嫌名（同音字），改爲觀州，治所在今河北省東光縣。

[2]至寧：金衛紹王年號（1213）。

[3]同知清州防禦事：爲清州防禦使副佐。正六品。清州治所在今河北省青縣。

[4]同知觀州事：爲觀州刺史副佐。正七品。

貞祐四年，開率所部復取河間府及滄、獻二州十有三縣。開有宣撫司留付空名宣勑二百道，[1]奏乞從權署置，[2]就任所復州縣舊官，闕者補之。詔遷同知觀州軍州事。開復清州，乞輸鹽易糧，詔與之糧。遷觀州刺史、權本州經略使。至是，始賜姓完顔氏。開奏乞許便宜，及論淇門、安陽、黎陽皆作堰塞水，[3]河運不通，乞開發水道，不報。

[1]空名宣勑：空白官職委任狀。

[2]從權署置：聽從權宜委置任命官吏。

[3]淇門、安陽、黎陽：淇門，鎮名。在今河南省淇縣東南。安陽、黎陽，縣名。安陽縣治所在今河南省安陽市，黎陽縣治所在今河南省濬縣。

觀州糧盡，是歲秋，徙軍輝州，乞麥種三千石、驢騾三百或寶券二百貫，户部不與。[1]御史臺奏：[2]"開自觀州轉戰來此，久著勞績，欲令其軍耕種以自給，有司計小費拒不與。乞斷自宸衷，[3]與之麥種，若無牛可與，給以寶券。"制可。

[1]户部：尚書省六部之一。掌天下户籍、賦税等事。

[2]御史臺：古代國家的監察機構。掌糾察朝儀，彈劾官邪，勘鞫官府公事，審斷内外重大疑案獄。

[3]宸衷：按，"宸"字的原意指帝王宫殿，引申爲帝王。宸衷即皇帝的本意。

是歲，潼關不守，被召入衛南京。興定元年，遥授澤州刺史。[1]二年，遥授同知彰德府、兼總領提控。三年，充潞州招撫使。林州元帥府徙潞人實林州，既復遣還。開乞隸晋安元帥府，或與林州並置元帥府，各自爲治。十月，開以權昭義軍節度使、遥授孟州防禦使、權元帥左都監、行元帥府事，與郭文振共復太原。四年，封上黨公，以澤、潞、沁州隸焉。五年，詔復以涉縣爲崇州，[2]從開請也。

[1]澤州：治所在今山西省沁縣。

[2]詔復以涉縣爲崇州：涉縣於金宣宗貞祐三年（1215）七月升爲崇州，四年八月以殘破復爲縣，興定五年（1221）九月又升爲崇州，治所在今河北省涉縣。

元光元年，復取高平縣及澤州。[1]二年，大戰壺關，[2]有功。既而潞州危急，開奏："封建公府以固屏翰，[3]今胡天作出平陽，郭文振南徙河東，公府獨臣與史詠而已。乞升澤、沁二州爲節鎮，以重守禦。"詔以澤爲忠昌軍，沁爲義勝軍。[4]林州巖尖寨衆亂，逐招撫使康瑭，推杜仙爲招撫使，[5]開請以盧芝瑞爲副，代領其衆。又奏："此聞郭文振就食懷、孟，史詠徙解州，高倫遷葛伯寨，[6]各自保守，民安所仰哉？臣領孤軍，内無儲峙，[7]外無應援，臣不敢避失守之罪，恐益重朝廷之憂。"

[1]高平縣：治所在今山西省高平市。

[2]壺關：縣名。治所在今山西省壺關縣。

[3]屏翰：屏障。

[4]以澤爲忠昌軍，沁爲義勝軍：澤、沁兩州原爲刺史州，至此皆升爲節鎮，澤州爲忠昌軍節度使，沁州爲義勝軍節度使。

[5]杜仙：本書卷一六《宣宗紀下》元光元年（1223）十月，

"徙彰德招撫使杜先於衛州"。"杜仙""杜先"或爲同一人。

[6]高倫：生平不詳。　葛伯寨：所在地不詳。

[7]儲峙（zhì）：儲備。

正大間，潞州不守，開居南京，部曲離散，名爲舊公，與匹夫無異。[1]天興初，起復，[2]與劉益爲西面元帥，[3]領安平都尉紀綱軍五千攻衛州，[4]敗績于白公廟。[5]是時，哀宗走歸德，開與劉益謀收潰兵從衛，不果，遂與承裔西走，[6]皆爲民家所殺。

[1]匹夫：平民百姓。

[2]天興：金哀宗年號（1232—1234）。　起復：重新起用。

[3]劉益：天興元年（1232）十二月，哀宗出奔歸德，劉益扈從，爲西面元帥。

[4]安平都尉：金哀宗時所封十三都尉之一。1984 年 5 月，在今河北省任城縣出土一方金代"安平都尉之印"（見景愛《金代官印集》，文物出版社 1991 年版，第 179 頁）。　紀綱：生平不詳。

[5]白公廟：地名。在今河南省衛輝市東。

[6]承裔：女真人。即完顏承裔，本名白撒。本書卷一一三有傳。

初置公府，開與恒山公武仙最强。後駐兵馬武山，[1]遣人間道請糧二萬石，[2]用事者難之，止給二千石。公府將佐得報皆不敢白，開聞，置酒召諸將曰："朝廷待某特厚，今日與諸君一醉。"諸將問故，曰："頃以糧竭爲請，祈二萬而得二千，是吾君相不以武仙輩待我也。"是時，郭文振處開西北，當兵之衝，民貧地瘠，開又不奉命以糧賑文振軍。文振窮窟，開勢愈孤，以至於敗。

[1]馬武山：所在地不詳。

[2]間道：小路。

燕寧，初爲莒州提控，[1]守天勝寨，[2]與益都田琢、東平蒙古綱相依爲輔車之勢，[3]山東雖殘破，猶倚三人爲重。紅襖賊王公喜據注子堌，[4]率衆襲據沂州。[5]寧擊走之，遂復沂州，語在《田琢傳》。寧既屢破紅襖賊，招降胡七、胡八，[6]引爲腹心，賊中聞之多有欲降者。累官遥授同知安化軍節度使事、山東安撫副使。[7]興定四年，封東莒公，益都府路皆隸焉。

[1]莒州：治所在今山東省莒縣。

[2]天勝寨：度其地當在今山東省青州市和東平縣之間。

[3]益都：府名。治所在今山東省青州市，時亦爲山東東路治所。　田琢：蔚州定安縣人。章宗明昌五年（1194）進士，宣宗時爲山東東路轉運使、權知益都府事。本書卷一〇二有傳。

[4]紅襖賊：是金朝統治者對紅襖起義軍的污稱。　王公喜："王"，原作"五"，中華點校本據本書卷一〇二《田琢傳》的相關記載，改爲"王公喜"，甚是。王公喜，生平不詳。　注子堌（gù）：地名。所在地不詳。

[5]沂州：治所在今山東省臨沂縣。

[6]胡七、胡八：紅襖軍首領。

[7]同知安化軍節度使事：爲安化軍節度使副佐。正五品。安化軍節度使治所在今山東省諸城市。　按撫副使：爲安撫使副佐。

從三品。

五年，與蒙古綱、王庭玉保全東平，[1]以功遷金紫光禄大夫。還天勝，戰死。蒙古綱奏："寧克盡忠孝，雖位居上公，祖考未有封爵，[2]身没之後老稚無所衣食，乞降異恩以勵節義之士。"詔贈故祖臯銀青榮禄大夫，[3]祖母張氏范陽郡夫人，[4]父希遷金紫光禄大夫，母彭氏、繼母許氏、妻霍氏皆爲范陽郡夫人，族屬五十二人皆廩給之。[5]

[1]王庭玉：時爲元帥，行帥府於黄陵崗。
[2]祖考：死去的祖父、父親。
[3]銀青榮禄大夫：文官散階，正二品下。
[4]范陽郡夫人：封爵名。郡公夫人封號。
[5]廩給：由朝廷供給生活費用。

自益都張林逐田琢，繼而寧死，蒙古綱勢孤，徙軍邳州，[1]山東不復能守矣。

[1]邳州：治所在今江蘇省邳州市西南的古下邳城。

贊曰：苗道潤死，中分其地，靖安民有其西之半，中分以東者其後張甫有之，然無北境矣。大凡九公封建，《宣宗實録》所載如此。[1]他書載滄海公張進、河間公移剌中哥、易水公張進、晋陽公郭棟，[2]此必正大間繼封，如史詠繼胡天作者，然不可考矣。

［1］《宣宗實録》：金代史書名。記載宣宗一朝史事。金代歷朝實録在汴京淪陷時落入張柔之手，後元朝人修《金史》，多所采擷。今已佚而不傳。

［2］張進、移剌中哥、郭棟：移剌中哥是契丹人，此三人生平俱不詳。